La passion de guérir
Docteur Hahnemann

Colette Lesens

La passion de guérir
Docteur Hahnemann

Tome 1
1755 - 1796

Suivi de *Essai sur un nouveau principe pour découvrir les vertus curatives des substances médicinales*

Éditions SW Télémaque

Nouvelle édition augmentée :

Éditions Télémaque 7, rue Pérignon, 75015 Paris
www.editionstelemaque.com
ISBN : 978-2-7533-0121-4

NOTE AU LECTEUR

Tout au long de ce récit, j'ai tenu à faire vivre au lecteur la réalité de la médecine au siècle des Lumières en exposant fidèlement ses principes, sa pratique quotidienne et en faisant régulièrement référence aux recherches et réflexions des savants de l'époque.

Pour ce faire, je me suis non seulement inspirée des textes fondateurs de la médecine depuis l'Antiquité, mais surtout des écrits du docteur Samuel Hahnemann dont l'abondance et l'extrême rigueur constituent un témoignage des plus précis et des plus éloquents sur l'état de la science et ses questionnements au XVIIIe siècle.

L'odyssée du docteur Hahnemann
Première période
1755 - 1796

Échelle : 1 cm = 60 km

Légende

1 : 1775, Samuel Hahnemann quitte sa ville natale de Meissen pour étudier la médecine à l'université de Leipzig.

2 : Automne 1776, Samuel Hahnemann quitte Leipzig pour se former à la médecine clinique à Vienne.

3 : Septembre 1777, Samuel Hahnemann quitte Vienne pour Hermannstadt où il assure la charge de médecin privé du gouverneur de Transylvanie.

4 : Automne 1779, Samuel Hahnemann quitte Hermannstadt pour l'université d'Erlangen en Bavière où il obtient son doctorat.

5 : Printemps 1780, le docteur Hahnemann quitte Erlangen pour exercer la médecine à Hettstedt.

6 : Mai 1781, le docteur Hahnemann quitte Hettstedt pour s'installer à Dessau.

7 : Janvier 1782, le docteur Hahnemann quitte Dessau pour assurer la charge de médecin fonctionnaire à Gommern.

8 : Printemps 1784, le docteur Hahnemann quitte Gommern pour s'installer à Dresde où il assure la fonction de médecin de la prison puis celle de médecin chef des services publics.

9 : Septembre 1789, le docteur Hahnemann quitte Dresde pour s'installer à Leipzig où il renonce provisoirement à exercer la médecine.

10 : Juin 1792, le docteur Hahnemann quitte Leipzig pour diriger l'asile d'aliénés de Gorgenthal.

11 : Été 1793, le docteur Hahnemann quitte Gorgenthal pour s'établir à Molschleben dans le quartier moderne de la « petite Karstadt ».

12 : Avril 1794, le docteur Hahnemann quitte Molschleben pour la station thermale de Pyrmont.

13 : Décembre 1794, le docteur Hahnemann quitte Pyrmont pour s'installer à Brunswick.

Le monde germanique à la fin du XVIIIe siècle

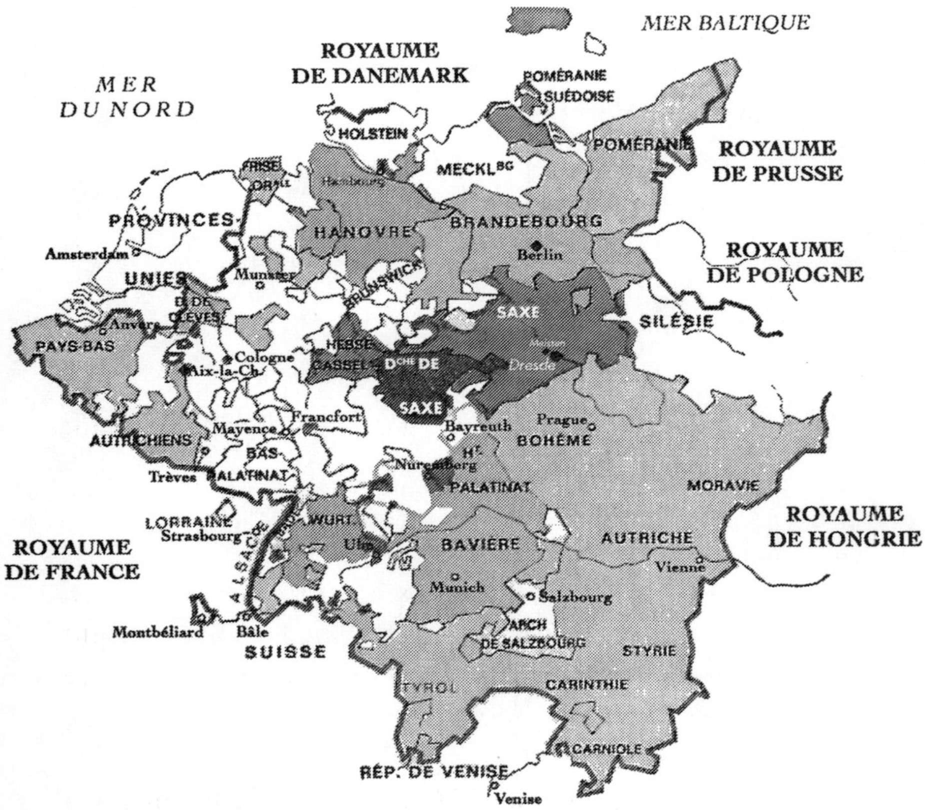

1

– Je ne réalise pas que cette guerre est finie. Sept ans, Christian ! Ce cauchemar a duré sept ans !

– Et ce n'est pas terminé…

– Que veux-tu dire ?

– Qu'un traité de paix ne nous sortira pas de la misère. La Prusse et l'Autriche ont ravagé nos campagnes, détruit nos villes, ruiné nos familles : il faudra des années avant que la Saxe ne se relève de ses blessures. Et tout ça pour quoi, Hans ? Pour rien !

En ce début de printemps 1763, Christian Hahnemann et son ami Hans Schleger se promènent au bord de l'Elbe dans la campagne de Meissen. C'est ici, au cœur de la Saxe, que la guerre a éclaté entre Frédéric II de Prusse et l'impératrice Marie-Thérèse d'Autriche. Dès les premiers combats, l'armée prussienne a assiégé Meissen et pillé sa célèbre manufacture de porcelaine où Christian et Hans travaillent depuis quinze ans. Les soldats se sont emparés des plus belles collections de vases royaux et dans leur fureur ont brisé un nombre incalculable de moules, saccagé les fours, dévasté les ateliers, privant ainsi tous les artistes porcelainiers de leur gagne-pain.

– Quelque chose te tracasse, n'est-ce pas ?

– Oh, ne t'inquiète pas, Hans. Il y a simplement des jours où cette misère est difficile à supporter. Samuel aura huit ans demain et je n'ai pas de quoi lui offrir le moindre cadeau.

– Tu sais, j'ai économisé quelques sous. Peut-être accepterais-tu…

– Non merci, interrompt brusquement Christian, garde précieusement ton argent, tu en auras besoin.

Il est vrai que ce serait folie de gaspiller ses économies quand on vient d'être père et qu'on n'a pas idée de quoi demain sera fait. Aussi, Hans n'insiste pas et se contente de prendre des nouvelles de l'épouse de Christian si durement éprouvée depuis ces derniers mois.

– Johanna est inconsolable de la mort de Carl, soupire amèrement Christian. Elle pleure son fils chaque nuit, et se ronge chaque jour à l'idée que survienne un malheur aux enfants. Elle refuse même qu'ils aillent à l'école et préfère que nous leur fassions nous-mêmes la classe. D'ailleurs, il est temps que je rentre à la maison. J'ai une leçon à donner à Samuel : une leçon de pensée. Cet enfant doit apprendre à penser !

Le cœur impatient de retrouver les siens, Christian salue son ami Hans et presse le pas. Coupant à travers champs en direction de la ville, il rejoint rapidement la Neumarkt Strasse où se dresse sa maison, une large bâtisse haute de deux étages à la façade sombre et à l'allure massive. Voilà dix ans déjà qu'il l'a achetée pour la coquette somme de quatre cents thalers : à cette époque-là, il gagnait bien sa vie et la manufacture était en plein essor. Comme il se félicite de sa prévoyance qui, malgré la misère, assure un toit solide à sa chère famille. Les Hahnemann ne seront jamais des vagabonds, jamais !

– Père ! Vite, vite, venez voir ! s'écrie la petite Benjamina trépignant d'impatience au seuil de la maison.

– Eh bien, ma chère enfant, que se passe-t-il ? Pourquoi tant d'agitation ?

Agrippant vivement son père par la main, la fillette l'entraîne jusque dans la cuisine où, posé sur la table, un petit hérisson gigote sous les regards joyeux des membres de la famille.

– Voyez comme il est drôle ! s'exclame Benjamina pétillant de bonheur.

– C'est moi qui l'ai trouvé, ajoute fièrement Auguste, tout au fond du jardin, bien caché sous la haie.

– Mais ne crie pas si fort, Auguste, s'agace Samuel. Ce n'est qu'un nouveau-né et tu vas l'effrayer.

– Moi, je suis sûre qu'il veut jouer ! s'écrie Benjamina, bousculant sa sœur Charlotta pour s'emparer du hérisson.

Coupant court aussitôt à ces enfantillages, Johanna se saisit du jeune animal et le place tout près d'une écuelle de lait. Alors, le hérisson s'approche du petit bol, en renifle le bord avec grande prudence et se met finalement à laper goulûment.

– Il est sauvé ! exulte Samuel. Il va reprendre des forces et retrouver sa maman.

– Ah non ! Il reste à la maison, proteste Benjamina au bord des larmes.

– Assez, les enfants ! Votre père et moi déciderons de ce qu'il convient de faire. Pour l'instant il est l'heure de vous mettre à vos devoirs.

L'humeur contrariée, Auguste et Samuel suivent leur père au salon tandis que Charlotta se retire dans sa chambre pour revoir son latin : à onze ans, cette enfant a le même caractère studieux et solitaire que son jeune frère Samuel.

– Prends ton ardoise, Auguste, et inscris-y la table de multiplication par sept, commande Christian sur un ton ne souffrant aucune contestation. Quant à toi, Samuel, je te propose de réfléchir à ces vers de Gellert :

« La Vérité dont nous avons besoin,
Elle qui fait notre bonheur d'homme,
Par la main sage qui nous destinait
N'a été que légèrement voilée
Et non profondément cachée. »

Christian tient à donner aux enfants une éducation dépassant largement la commune vulgarité. Il ne se contente pas d'enseigner la lecture, l'écriture et le calcul : il veut développer l'intelligence critique. Persuadé qu'il faut apprendre de ses propres expériences pour être heureux et libre, il fonde sa pédagogie sur l'observation, les leçons de choses et la méditation.

Ayant distribué à chacun ses devoirs, Christian retourne à la cuisine où Johanna prépare le souper familial.

– Benjamina n'est plus avec toi ?

– Non, elle est au jardin. Le hérisson avait envie de prendre l'air et elle n'a pas voulu le laisser seul. Imagine qu'il s'enfuie pour retrouver sa maman !

Éclatant de rire, Christian se rapproche tendrement de sa femme et lui prend doucement l'épaule.

– Ma chère Johanna, je ne sais par quel miracle tu réussis encore à nous nourrir. J'apporte si peu d'argent et j'en suis si contrarié.

– Je t'en prie, ne te désole pas, nous ne mourons pas de faim. Le jardin fournit quelques légumes et les menus services que Charlotta et moi rendons aux voisines varient l'ordinaire.

– Certes, mais que de sacrifices ! Je ne supporte plus que tu cultives la terre comme une paysanne et que notre fille fasse la servante. Je me sens si coupable de vous voir réduites à ces extrémités.

– Mais tu n'y es pour rien ! Si cette maudite guerre n'avait pas ruiné la manufacture, nous n'en serions pas là. Christian, tu es un homme courageux, droit et honnête. Tu es le meilleur des pères et tu es l'homme que j'aime !

S'enlaçant tendrement, Christian et Johanna partagent cette douceur et cet apaisement dont ils ont tant besoin dans la lutte pour survivre. Mais la réalité ne laisse pas de répit et, dénouant doucement les bras de son épouse, Christian reprend d'un ton embarrassé :

– Je n'ai pas pu acheter de cadeau pour Samuel. Tout est tellement cher !

Alors, ouvrant silencieusement la porte d'un placard, Johanna sort avec précaution un petit paquet gris qu'elle tend à son mari. Au regard malicieux que lui lance sa femme, Christian a compris qu'il s'agit d'une surprise destinée à leur fils. Mais que peut-elle bien être ?

– C'est un livre ! déclare fièrement Johanna.

– Un livre ? J'y pensais justement mais je ne pouvais y croire. C'est tellement hors de prix ! Où donc l'as-tu acheté ?

– Je ne l'ai pas acheté. Tu sais que je fais très souvent des travaux de couture pour madame Müller, l'épouse du maître d'école. Hier, comme je lui apportais une nouvelle robe, nous avons longuement discuté des enfants, de leur éducation. Bref, nous avons conversé avec tant de plaisir qu'elle m'a gentiment offert ce livre pour les petits. Bien sûr j'ai refusé, mais elle a insisté pour que j'accepte cette superbe édition des *Fables et Histoires* de Gellert.

– Quelle coïncidence ! Je viens de proposer à la réflexion

de Samuel un poème de Gellert. En tout cas, madame Müller est assurément une personne généreuse que je ne manquerai pas de remercier en personne. Au fait, ma chérie, je voulais t'entretenir d'un projet concernant Samuel. Évidemment, j'apprécie sincèrement qu'il aime la lecture. Néanmoins je tiens à ce qu'il acquière des connaissances pratiques. Aussi, il me paraît grand temps d'initier notre fils à une profession.

– Déjà ! Mais il n'a que huit ans ! Il est si fragile, il s'essouffle si vite !

– Voyons, Johanna, il ne s'agit pas de le faire travailler comme un homme. Je souhaite simplement qu'il découvre le travail manuel et en comprenne les exigences. Je veux qu'il expérimente et éprouve ses capacités : c'est la meilleure façon de trouver sa voie. Et je ne te cache pas que s'il la trouvait rapidement, j'en serais très heureux. Nous avons tant besoin d'argent !

Contrariée, Johanna dresse machinalement la table pour le souper. Les minutes s'écoulent, de plus en plus pesantes, quand enfin elle reprend d'un ton apaisé :

– J'avoue que Samuel passe le plus clair de son temps à étudier et que changer d'horizon, connaître d'autres personnes lui serait peut-être profitable... Au fond, ton idée n'est pas si mauvaise. Mais à une condition : qu'il ne se fatigue pas trop. Tu sais à quel point il est sensible !

– Je le sais, Johanna, et j'en tiendrai compte. Dès demain, je l'emmènerai à la manufacture. Je suis impatient de lui révéler le mystère de la porcelaine et de l'initier à l'art de peindre sur cette merveilleuse matière.

Songeuse, Johanna range soigneusement le cadeau de Samuel et sourit à l'autre surprise qu'elle réserve à son fils pour son anniversaire : une brioche dorée aux formes rebondies confectionnée dans le plus grand secret en économisant chaque jour farine, beurre, sucre et œufs.

– Alors, Auguste, où en es-tu ? s'enquiert Christian en entrant au salon.

Timidement, le gamin tend à son père une ardoise couverte de chiffres écrits avec application.

– Eh bien ! mon garçon, tout ceci est exact. Quel progrès !

Heureux de sa victoire sur l'arithmétique, Auguste pousse un cri de fierté et sautille en tous sens tel un vrai diablotin. Voulant fuir au plus vite un pareil tapage, Christian laisse Auguste à son exubérance et monte au second étage où Samuel l'attend.

– Eh bien, mon fils, où en es-tu de tes réflexions ? Qu'as-tu compris de ces vers de Gellert ?

– Je crois que le poète nous exhorte à rechercher la Vérité car elle nous rend heureux et libres, répond Samuel avec aplomb. Et cette Vérité est plus simple à trouver que nous l'imaginons.

– Vraiment ? Et toi, quel est ton avis ?

– Je crois que Dieu a créé le monde de la meilleure façon qui soit et qu'il suffit d'observer sa Création pour déceler les clés de la Vérité.

– Mais s'il suffit d'observer la Nature, reprend Christian les sourcils froncés et le regard interrogateur, pourquoi tant d'hommes vivent-ils dans l'erreur et le mensonge ?

Samuel est interloqué. Cette question l'embarrasse mais, après réflexion, il finit par répondre.

– Le Seigneur a dit : « Ils ont des yeux et ils ne voient pas. » Aussi, je suppose que leur vue est trop faible pour lever le voile léger qui cache la Vérité.

– C'est juste, mon fils. La Vérité est là, sous nos yeux, mais très peu d'hommes peuvent la distinguer.

– Et vous, père, y parvenez-vous ? demande ardemment Samuel.

– Parfois, lorsque j'examine attentivement la Nature ou que je considère les choses sous un angle nouveau en refusant tout préjugé. L'observation et l'expérience sont indispensables à la découverte de la Vérité. C'est pourquoi je vous emmène si souvent, ton frère, tes sœurs et toi, dans de longues promenades à travers la campagne : j'attends que vous appreniez à voir, à soulever ce léger voile qui enveloppe la Création.

Captivé par les commentaires de son père, Samuel ne dit mot. Une fantastique perspective s'ouvre soudain à lui : décrypter le langage de la Nature ! N'y a-t-il rien de plus passionnant ? Chercher la Vérité pour le bien de l'humanité ! N'y a-t-il rien de plus louable ? Pour la première fois de sa vie, Samuel pressent son destin : il sera chercheur de Vérité pour le bonheur des hommes et la gloire de Dieu.

– Allons, Samuel, réveille-toi ! Dans quelle rêverie es-tu encore tombé ?

– Pardon, père, je songeais à la Vérité.

– Tu as toute la vie pour y penser. Pour le moment, je crois qu'il est l'heure de descendre souper.

Réunis autour de la table, les Hahnemann remercient le Seigneur pour leur maigre brouet quand, troublant brusquement la prière commune, Benjamina s'inquiète du souper du bébé hérisson.

– Voyons, ma chérie, il vient de manger. Et je ne crois pas que la soupe aux choux soit vraiment à son goût.

– Il aime les insectes, intervient Charlotta. Je l'ai vu en manger tout à l'heure au jardin.

– Pouah ! ce n'est pas bon, grimace Benjamina.

– Pour toi, non. Mais lui, il trouve ça délicieux.

– Les enfants, interrompt Johanna avec pédagogie, cette petite bête est encore bien jeune et seule sa maman saura le guider vers la nourriture qui lui convient. Si nous tentons de le nourrir, il risque de mourir : ce n'est pas ce que vous voulez, n'est-ce pas ?

– Oh ! non, s'écrient les enfants.

– Nous allons donc le relâcher au jardin afin qu'il retrouve trace de sa mère.

Déçus et inquiets pour le sort de leur protégé, les enfants font grise mine. Seul Samuel est rassuré car sa mère a agi selon les lois divines de l'éternelle Nature. Elle connaît certainement déjà la Vérité !

2

À demi éveillé, Samuel rêvasse nonchalamment dans l'obscurité de sa chambre. Bientôt l'horloge du salon sonnera sept heures et il faudra s'arracher à la tendre brume des songes. Quittant à regret la douce chaleur du lit, Samuel descend mollement l'escalier et s'arrête au premier étage pour réveiller son frère. Mais, à son grand étonnement, les chambres d'Auguste et de Charlotta sont vides et nul ne se cache sous les couvertures. Intrigué, Samuel accélère sa descente, pénètre dans le salon et s'arrête stupéfait : sa famille au complet est déjà attablée et l'accueille joyeusement pour son anniversaire.

– Mon fils, cette année est exceptionnelle, déclare Christian d'un ton solennel. C'est la première fois que nous célébrons ton anniversaire en temps de paix. Aussi, ta mère et moi avons souhaité que tu gardes un beau souvenir de ce jour.

Christian se tourne vers Johanna qui, le visage rayonnant, sort de son tablier un petit paquet enveloppé de papier gris.

– Tiens, mon chéri, c'est pour toi. Ton père et moi espérons que ce présent te plaira.

Tremblant de joie, Samuel déballe fébrilement son cadeau. Découvrant la superbe couverture illustrée des *Fables et Histoires* de Gellert, son émotion est telle qu'il ne peut dire un mot.

– Tu n'es pas content ? demande Auguste avec impatience.

– Mais si, bien sûr ! s'exclame Samuel. C'est le plus beau cadeau que j'aie jamais reçu. Merci ! Mille fois merci !

Alors, pour couronner ce moment d'allégresse, Johanna apporte avec cérémonie l'appétissante brioche sous les yeux extasiés de toute la famille.

Ému, Christian glisse un sourire complice à sa chère épouse. Comment a-t-elle encore réussi ce miracle ? Et lui, quand pourra-t-il l'étonner à son tour et lui rendre l'insouciance d'une existence prospère ?

– Samuel, reprend Christian avec solennité, j'ai pour toi une grande nouvelle. Ce matin, je t'emmène à la manufacture. Désormais, il est temps d'apprendre un métier.

– Moi aussi, je veux y aller ! s'écrie Auguste.

– Non, Auguste. Un atelier est un endroit dangereux où il faut être maître de soi. Et je ne crois pas que ce soit ton cas.

– Oh ! s'il vous plaît, père. Je vous promets que je ferai attention. Je serai très sage et vous obéirai en tout point.

– Non, Auguste, je ne reviendrai pas sur ma décision. D'ici deux ans, si tu as appris à te discipliner, nous verrons. Pour le moment, tu restes auprès de ta mère. Je crois d'ailleurs que tu as encore des progrès à faire en calcul. Alors, Samuel, je ne t'ai pas entendu ?

– Père, répond Samuel rougissant de fierté, je suis très

impatient d'apprendre votre métier et de vous accompagner à la manufacture.

– Parfait. Dans ce cas, mange bien car la journée sera longue.

Aux côtés de son père, sur le chemin qui mène à la manufacture, Samuel est heureux. Il admire les prairies où pointent les narcisses aux corolles givrées et ressent tout l'honneur d'être présenté aux meilleurs artisans porcelainiers. À huit ans, peut-il imaginer reconnaissance plus éclatante de ses mérites ?

– J'adore ce temps frais et sec, s'enthousiasme Christian. Un ciel dégagé, un lumineux soleil. C'est ce qu'il faut aux hommes pour se revigorer après un rude hiver.

– Moi aussi j'aime cet air vivifiant qui sent le renouveau. Au printemps, c'est comme si une force invisible ranimait la nature.

– Oui, mon fils, le monde est gouverné par une sage volonté. Celle de notre Seigneur qui s'incarne dans cette merveilleuse harmonie et cet élan de vie qui marquent le printemps. Respecte la Création et sers-la sincèrement si tu veux réellement être digne de Dieu.

Perplexe, Samuel se rappelle sa leçon de pensée et songe qu'en observant la Nature et la vie qui l'anime, il finira par comprendre le langage divin et soulever le voile qui cache la Vérité.

– Comme le château d'Albrechtsburg est majestueux du haut de la colline ! s'exclame Samuel avec admiration. Mais dites-moi, père, pourquoi y avoir installé une manufacture de porcelaine ?

– Eh bien, au début du siècle, le prince Auguste le Fort, grand électeur de Saxe et roi de Pologne, avait quelques soucis d'argent. Il dépensait sans compter pour imiter les somptuosités de la cour de France et se distinguer des autres princes de la région. Cette fâcheuse tendance le conduisit évidemment à la faillite : car, souviens-toi, Samuel, il faut vivre et agir sans prétention ni ostentation pour être heureux, en paix avec soi-même et avec les autres. Au bord de la ruine, le prince Auguste le Fort eut alors une idée : engager le célèbre alchimiste Frédéric Böttger pour transmuter le vil plomb en or. Mais à la place du précieux métal, Frédéric Böttger fit une découverte bien plus intéressante…

– Il découvrit comment fabriquer la porcelaine ! devine triomphalement Samuel.

– Exactement. Depuis leur arrivée en Europe, les porcelaines chinoises connaissaient un immense succès, mais personne n'avait réussi à percer le mystère de leur finesse et de leur opalescence. Pour la première fois en 1710, au hasard d'une de ses expériences, Böttger y parvint !

– Il ne suffit donc pas d'observer pour découvrir la Vérité ? Il faut aussi expérimenter ?

– Absolument. La seule observation ne suffit pas : elle doit être complétée par l'expérience.

– Et qu'est devenu le prince ?

– Enchanté par la découverte de son alchimiste, le prince imagina immédiatement le profit qu'il pouvait en tirer. C'est ainsi qu'il construisit la manufacture royale de porcelaine au cœur de son château et redevint très riche. Et quelques années plus tard, il engagea à la manufacture deux artistes de génie : le peintre Höroldt et le sculpteur Kändler, qui firent de Meissen le centre porcelainier le plus réputé d'Europe.

Arrivés à l'entrée du château, malgré l'enthousiasmante histoire qu'il vient de raconter, Christian ne peut retenir un douloureux soupir.

– Ce que tu as sous les yeux ne ressemble en rien à ce

qu'était la fabrique autrefois. Au début de la guerre, elle fut saccagée par les soldats prussiens et, malgré nos efforts, elle n'a toujours pas retrouvé sa splendeur. Regarde sur ta gauche ce triste bâtiment : c'est tout ce qu'il reste de l'atelier de sculpture.

– C'est là où travaille Hans ?

– Oui. D'ailleurs à cette heure, il doit être à l'ouvrage. Allons le saluer.

Frayant difficilement leur passage entre les monticules de roches qui encombrent la cour intérieure du château, Samuel et son père pénètrent dans l'immense atelier de sculpture-modelage où, dans un vacarme épouvantable et un épais brouillard de poussière, une trentaine d'ouvriers s'activent en tous sens.

– Salut, Hans ! lance Christian d'une voix sonore.

Hans, que depuis longtemps le bruit infernal ne gêne plus, a reconnu la voix de son ami et arrête net son tour de potier.

– Comment allez-vous, les amis ? Alors, petit, tu es décidé à apprendre le métier ?

– Oui, Hans, mais ce travail m'a l'air très compliqué.

– Pas du tout ! Il suffit juste de quelques années de pratique assidue pour devenir un bon artisan. Veux-tu que je te montre comment on fabrique la porcelaine ?

– D'accord, Hans, intervient aussitôt Christian sans laisser à son fils le loisir de répondre, mais ne t'attache qu'à l'essentiel car Samuel commencera son apprentissage par ton atelier.

Ravi de cette nouvelle, Hans entraîne joyeusement Samuel dans la cour du château et, d'un air doctoral, désigne un impressionnant monticule d'argile blanche.

– Tu vois ce gros tas de minerai ? C'est du kaolin. En le

mélangeant à l'eau et à cette autre roche que tu aperçois là, on obtient une pâte qui, sous l'effet de la chaleur, se transforme en porcelaine.

Curieux, Samuel plonge la main au cœur du kaolin et goûte avec délice la douceur de cette poudre à la fine texture. Voici donc la pierre magique de l'alchimiste Böttger, pense-t-il émerveillé tout en faisant glisser l'argile couleur d'ivoire entre ses petits doigts. Amusé par l'attrait de son jeune apprenti pour la soyeuse fluidité de la roche, Hans en remplit un plein bol qu'il lui donne en cadeau.

– Oh ! merci, Hans. Mais comment dois-je l'utiliser ?

– Tu le mélanges à l'eau et puis tu pétris bien. Exactement comme pour faire le pain. Quand la pâte sera souple et lisse, tu pourras la modeler à ta guise.

– Ah ! j'ai déjà une idée de ce que je vais faire.

– Fort bien. Je suis très heureux que tu aies des dispositions pour le modelage.

Alors, Hans emmène Samuel au cœur de l'atelier découvrir les métiers qui œuvrent de concert à la fabrication de la porcelaine. Il lui présente les dessinateurs qui tracent les plans des objets, les sculpteurs qui confectionnent les moules de plâtre dans lesquels les modeleurs presseront l'argile, les potiers qui subliment la matière informe sur leurs tours. Samuel est ébloui : l'effervescence de l'atelier l'étourdit et cet extraordinaire enchaînement de techniques l'émerveille. Il tente d'évaluer les années d'expérience acquises par chaque ouvrier pour maîtriser son art et atteindre la perfection, quand la voix puissante de Hans l'arrache à sa réflexion.

– Et voici la dernière étape. La poterie est prête à passer au four et il ne reste plus qu'à lui appliquer une fine couche de cette roche que tu as vue dans la cour et qui s'appelle le feldspath. Ainsi, à la sortie du four, la poterie brillera pareille à un miroir.

– Mais comment est-ce possible ? Que se passe-t-il dans le four ?

– Dieu seul le sait !

Samuel est enchanté. Il aimerait rester des heures à observer la naissance d'un objet, à tenter de comprendre ce qui se produit dans le four à céramique. Mais son père le presse de le suivre : il a hâte de lui faire découvrir l'extraordinaire endroit où il œuvre chaque jour en compagnie de son frère Gottfried.

Devançant Samuel dans l'atelier de peinture, Christian se faufile à travers un sombre dédale d'échelles croulant sous les assiettes, les tasses, les vases et les bibelots de porcelaine blanche. Suivant son père pas à pas dans ce gigantesque entassement de pièces prêtes à la décoration, Samuel est soudain ébloui par un flot de lumière. Comme par magie, l'obscur labyrinthe s'est ouvert sur une immense verrière, haute comme une cathédrale dont la pure et paisible clarté protège jalousement l'ouvrage silencieux des peintres décorateurs.

Saluant les artistes d'un simple hochement de tête, Christian et Samuel avancent à pas feutrés jusqu'au poste de Gottfried. Cet homme bienveillant a remarqué de loin la fascination de Samuel pour le travail des peintres et il se réjouit déjà de lui montrer son art.

– Pendant que ton père met son travail en route, je vais t'expliquer à quoi j'occupe mes journées.

Saisissant son pinceau chargé de bleu de cobalt, Gottfried trace d'un geste sûr un entrecroisement de deux fines épées sur l'envers d'une assiette.

– Et voici imprimée notre marque de fabrique. C'est le peintre Steinbrüch qui l'a inventée il y a quarante ans.

Puis, attrapant vivement une nouvelle assiette, Gottfried reprend le cours de son ouvrage.

– Sur les ailes de celle-ci, je vais peindre une guirlande d'oignons bleus. C'est un de nos plus célèbres et plus anciens motifs. Si je ne me trompe, cela fait bien trente ans qu'on en décore les assiettes à Meissen.

Alors, d'une main vive et souple, Gottfried commence son tracé. Sous ses doigts virevoltants s'étire lestement une tresse d'oignons savamment stylisés. Samuel retient son souffle car il n'oserait troubler l'étonnante fluidité du travail de l'artiste.

– Alors qu'en dis-tu ? demande fièrement Gottfried, achevant son dernier coup de pinceau.

– C'est merveilleux ! Comment pouvez-vous peindre à main levée avec tant de sûreté, sans faire la moindre erreur, la moindre tache ? Il faut un exceptionnel talent pour dessiner aussi habilement.

– Il faut surtout de longues années de travail, une patience à toute épreuve et un courage de lion. Il faut s'entraîner sans cesse pour conserver la sûreté et la précision du geste. C'est à ce prix qu'on atteint la perfection.

Contemplant l'œuvre de son oncle, Samuel s'étonne soudain du choix du pigment bleu pour le motif oignon.

– C'est notre tradition, lui explique Gottfried le regard passionné. Le bleu est une couleur unique ! Une couleur de grand feu qui exige les plus hautes températures pour s'unir à la porcelaine. Au cœur d'un brasier que nulle autre couleur ne pourrait supporter, le bleu fusionne avec l'émail, se vitrifie pour ressortir du four brillant comme un saphir.

– Mais pourquoi la couleur se métamorphose-t-elle sous l'intense chaleur ? Que se passe-t-il dans le four ?

– Samuel, la cause des phénomènes nous est inaccessible. Seul Dieu Créateur de l'univers détient le secret. Contente-toi d'observer le « comment » des choses. Ainsi, tu maîtriseras la Nature et tu œuvreras à la gloire de notre Seigneur.

Samuel est perplexe. Il a fallu des centaines, peut-être des milliers d'expériences pour établir le procédé qui fixe le pigment bleu sur la porcelaine. Alors, comment trouver la Vérité en l'espace d'une vie ? Son projet lui paraît brusquement hors d'atteinte, mais une conviction l'habite et le rassure : le divin Créateur, dans son infinie mansuétude, aura pitié de lui et l'aidera à trouver le chemin de la Vérité.

– Eh bien, mon fils, que penses-tu des talents de ton oncle ? demande Christian que Samuel a rejoint à sa table de travail.

– Sa dextérité est admirable !

– C'est en effet un excellent artiste mais il n'aime peindre que les assiettes et ne jure que par le bleu. Impossible de lui faire décorer un vase ou un bibelot : il déteste la profusion de couleurs. Il déclare même que l'artiste n'atteint au sublime que sous l'extrême contrainte.

– Et vous, père ? Êtes-vous de cet avis ?

– Je le comprends, mais j'aime bien trop les couleurs pour m'en priver. D'ailleurs, je prends autant de plaisir à les préparer qu'à les utiliser. Regarde, je vais te montrer.

Plongeant le bout de sa spatule dans un gros pot de grès, Christian extrait délicatement une pointe de poudre jaune qu'il dilue lentement dans dix gouttes de médium.

– Ceci est une étape cruciale : il faut non seulement doser les justes quantités de médium et de jaune de chrome, mais surtout les malaxer longuement pour obtenir la consistance exacte qui permettra de peindre aisément et d'obtenir la plus intense brillance. Un mélange parfait est indispensable à la beauté de la couleur : c'est comme si l'âme du peintre passait dans le pigment pour en révéler l'essence la plus subtile…

Chaque couleur est unique, Samuel : c'est celle que l'artiste a fabriquée de ses mains pour un motif particulier. Le génie du peintre ne réside pas tant dans son habileté à tracer un décor que dans cette faculté à créer la couleur qui donnera à la porcelaine les reflets les plus vibrants.

Exalté par sa passion, Christian ne s'aperçoit pas qu'il a élevé la voix et que des regards réprobateurs se tournent ostensiblement vers lui.

– Père, je crois que nous faisons trop de bruit.

– C'est vrai, mon fils. Je m'enflamme toujours quand je parle peinture.

– Cependant, murmure Samuel, j'ai encore une question : d'où tenez-vous l'exacte quantité de pigment ou de médium à utiliser pour fabriquer une couleur ?

– De l'expérience, Samuel ! L'expérience, l'observation et la méthode. Regarde ! Au fil des ans, je conserve sur ce nuancier toutes mes tonalités préférées et, dans ce carnet, les formules qui leur correspondent. Ainsi, je connais l'exacte quantité de pigment et le temps de malaxage de chacune de mes couleurs.

– Mais combien avez-vous fait d'essais pour obtenir cette palette de coloris ?

– Oh ! un nombre incalculable. Et j'en fais chaque jour pour découvrir des teintes toujours plus chatoyantes. Souviens-toi qu'il ne faut jamais s'arrêter d'expérimenter pour progresser. Tu vois ce vase royal ? Ce sera le plus beau que j'aie jamais peint car, sans cesse, je peaufine ma méthode.

Porté par sa maîtrise du trait et de la lumière, Christian rehausse magnifiquement le vase de rubans jaunes et expose à Samuel comment étirer la peinture pour qu'elle résiste au four et scintille de mille feux. Engagé corps et âme au service de son art, il enseigne à son fils la cuisson des couleurs, la dorure à l'or fin et imagine déjà son bel avenir de peintre.

Le soir dans sa chambre, enivré par tout ce qu'il vient de vivre, Samuel ne trouve pas le sommeil. Il revoit le pinceau chargé de bleu de Prusse virevolter sur les ailes des assiettes, le dur stylet d'agate polir les filets d'or, la légère spatule malaxer les pigments. Comme il fait encore jour, il sort de sa cachette le bol de kaolin que Hans lui a offert. Doucement il y verse un peu d'eau et commence à pétrir. Il y met tout son cœur, toute son énergie, toutes ses pensées à l'instar de son père préparant ses couleurs. Peu à peu le mélange prend l'allure d'une pâte qui, au fil des minutes se lisse, s'assouplit et s'offre au modelage. Alors, de ses petits doigts inexpérimentés, Samuel façonne l'objet dont il a tant besoin pour ses lectures nocturnes : une petite lampe pigeon.

3

Samuel a terminé son apprentissage à l'atelier de sculpture où, au désespoir de Hans, il n'a révélé aucun talent. En vérité, tout lui échappe des mains : quand il ne brise pas son fusain, c'est une assiette qu'il démoule de travers ou un vase qu'il façonne de guingois. Plus le temps passe, plus il fait de bêtises tant la crainte de l'irréparable maladresse le perturbe. Pourtant, convaincu que c'est à la peinture que son fils donnera le meilleur de lui-même, Christian ne s'inquiète pas et décide de lui enseigner au plus vite l'art du décor.

Samuel assimile la théorie avec une incroyable facilité. Mais, dès qu'il a un pinceau entre les doigts, il se montre exceptionnellement gauche : le geste mal assuré, il est incapable de tracer un trait sans trembler. Déstabilisé par le contact fuyant de l'émail, il ne sait pas étirer la peinture en fines couches transparentes et, à la sortie du four, c'est la catastrophe ! Les décors se fendillent, les motifs se détachent, gâchant irrémédiablement la fine porcelaine. Christian insiste : il est persuadé que pratique et méthode sauront venir à bout des erreurs de son fils.

Mais Samuel sait bien qu'il n'a aucun talent pour manier le pinceau et de toute son âme il songe passionnément à un autre avenir : étudier toute sa vie, embrasser toutes les sciences et devenir savant ! Aussi, quand il n'est pas à la manufacture, Samuel lit. Il lit tout ce qu'il trouve, des traités d'aquarelle, des livres de cuisine, des manuels scolaires. À tout juste neuf ans, il parle déjà latin et rêve de maîtriser bien d'autres langues encore. Comprendre ce qui est caché, décrypter un langage : voici ce qui l'attire !

Mais plus que l'expression des hommes c'est celle de la Nature qui le fascine. Au cours de ses promenades à travers la campagne, Samuel observe chaque plante, guette chaque animal, s'attarde sur chaque pierre, explore chaque cours d'eau et au fil des saisons s'émerveille sans cesse de leur évolution. Attiré par la flore, il commence un herbier et passe des jours entiers à botaniser. Il détaille les formes, les couleurs et textures d'une multitude de plantes et se plaît à chercher dans leurs constitutions ou leurs métamorphoses certaines analogies ou quelques étranges indices qui sauraient le guider vers le but de sa quête : déchiffrer la Nature, comprendre son alphabet et révéler au monde le mystère de cette force qui assure à chaque être croissance et harmonie.

Mais la mélancolie sourd en Samuel. Il est conscient de décevoir son père et n'ose lui avouer sa réelle vocation. Discrètement attentive à l'humeur de son fils, Johanna a compris les causes de son tourment et saisit l'occasion d'une course avec lui pour le faire s'exprimer sur sa morosité.

– Es-tu sûr de vouloir porter seul ces lourdes tentures ?

– Bien sûr, maman. La maison de madame Müller n'est

pas si éloignée et c'est bien plus léger que les piles d'assiettes que je transporte à la manufacture.

– Au fait, comment te sens-tu à l'atelier ?

– Très bien. Tout le monde est gentil avec moi. Père et Gottfried se donnent beaucoup de mal pour que je progresse.

– Je m'en doute. Mais toi ? Aimes-tu ce métier ? As-tu envie d'y consacrer ta vie ?

Hésitant, Samuel baisse les yeux.

– Si tu regardes tes chaussures, c'est que tu n'oses pas me dire la vérité, n'est-ce pas ?

Samuel marmonne une réponse inaudible.

– Tu n'aimes pas ce métier, c'est cela ?

– C'est cela, maman. Je ne suis qu'un bon à rien en peinture. Malgré tous mes efforts et l'infinie patience de père, je n'y arrive pas. Je fais tout de travers, je gâche tout et je vois bien que je le déçois.

– Mais que racontes-tu, mon enfant ? Ton père est fier de toi. Il l'a toujours été. Seulement, il est déconcerté de te voir réagir autrement que lui.

Samuel soupire, peu convaincu et miné de remords. Il regrette tant de ne pouvoir répondre aux attentes paternelles.

– Dis-moi, si ce n'est pas la peinture qui t'attire, qu'est-ce qui t'intéresse vraiment ?

– Apprendre ! s'exclame Samuel avec fougue.

– Apprendre ? Mais apprendre quoi ?

– Tout ! Tout ce qu'on sait ! Tout ce qu'on a découvert !

– Enfin, mon garçon, savant, ce n'est pas un métier. Il faudra bien qu'un jour tu gagnes ta vie.

– Certainement, mais c'est l'étude qui me guidera vers ma vocation. Maman, si je devenais inventeur et faisais une fantastique découverte comme l'alchimiste Böttger, ne seriez-vous pas heureuse ?

– Oh ! évidemment, acquiesce Johanna amusée.

À hauteur d'une coquette demeure badigeonnée de jaune de Schönbrunn, Johanna s'arrête et se tourne vers Samuel.

– C'est ici que demeurent les Müller. Leur maison est petite mais recèle un trésor que tu leur envieras.

Au premier coup de sonnette une jeune domestique à l'allure impeccable les invite à entrer et à patienter dans la bibliothèque. Au centre de cette pièce entièrement tapissée de livres, Samuel reste coi : dans son ravissement, il pivote lentement sur lui-même et cherche à embrasser du regard les centaines d'ouvrages rangés avec soin.

– Alors, n'y avait-il pas ici un fabuleux trésor ? le taquine Johanna.

– Certainement ! Cette bibliothèque est extraordinaire ! Comme j'aimerais lire chacun de ces volumes...

– Il te faudra du temps, mon garçon ! tonne soudain une grosse voix pleine de bonhomie.

Johanna et Samuel sursautent : ils ne s'attendaient pas à l'arrivée de monsieur Müller.

– Bonjour, professeur ! Excusez-nous, nous ne vous avions pas entendu entrer.

– Ne vous excusez pas, madame Hahnemann. Ce n'est pas si souvent que ma bibliothèque accueille un visiteur à ce point enthousiaste. Au fait, mon enfant, quel âge as-tu ?

– Bientôt dix ans, monsieur.

– Et tu aimes lire, à ce que je vois.

– Oh ! oui, monsieur, j'adore la lecture.

– Eh bien, fais donc le tour des étagères et choisis un ouvrage pendant que je m'entretiens avec ta maman.

Déchargeant Samuel de ses lourds paquets, le professeur Müller invite Johanna dans la pièce voisine.

– Chère madame, mon épouse est malheureusement alitée

avec une horrible migraine et vous prie de l'excuser. Cependant, elle tient à vous remercier pour la rapidité avec laquelle vous avez exécuté ces travaux de couture et m'a chargé de vous régler, déclare le professeur, tendant à Johanna une enveloppe de papier bleu. Mais au fait, madame Hahnemann, je ne crois pas avoir vu votre fils à l'école ?

– C'est juste, professeur. Nous n'avons pas souhaité le scolariser.

– Et pourquoi cela ? Il n'a pourtant pas l'air rebuté par l'étude ?

– Oh ! bien au contraire. C'est même la seule chose qui l'intéresse. Mais voyez-vous, j'ai perdu un fils d'une fièvre scarlatine contractée à l'école. Aussi, je ne veux plus courir de risque et préfère instruire nos enfants à la maison.

– Ah ! je vois, reprend le professeur, l'air songeur. En tout cas, si l'envie vous prenait de le mettre à l'école, venez donc m'en parler. Retournons à la bibliothèque, voulez-vous ? Votre fils doit se languir tout seul.

– Cela m'étonnerait, répond Johanna en riant.

Effectivement, Samuel n'a pas vu passer le temps. Parcourant les volumes sans pouvoir faire un choix, il s'est finalement décidé pour un livre dont le titre l'attirait : *Les Aventures de Simplicius Simplicissimus*. Captivé par l'ambiance du récit, le ton de l'auteur, il n'a pas remarqué le retour de sa mère et du professeur Müller.

– Excellent choix ! s'exclame le professeur apercevant entre les mains de Samuel l'œuvre la plus célèbre de Hans von Grimmelshausen. Peut-être un peu difficile pour ton âge mais, sans conteste, un roman qui a mérité son succès. Je te le prête avec plaisir mais fais-y attention, j'y tiens beaucoup. Comme à tous mes livres d'ailleurs !

– Je vous promets d'en prendre le plus grand soin, jure Samuel au comble de la joie.

– Professeur, je ne sais comment vous remercier, ajoute Johanna touchée par une telle preuve de générosité.

– Alors, ne me remerciez pas. Réfléchissez seulement à notre conversation de tout à l'heure.

Sur la route du retour, Samuel tout guilleret sautille au bras de sa mère. Cette gaieté soudaine, cette heureuse insouciance confirment Johanna dans ses intuitions : seules les choses de l'esprit plaisent à son enfant et le travail à la manufacture est l'unique raison de sa mélancolie.

Aussi, le soir même, pendant que Samuel dévore en cachette les aventures de Simplicius Simplicissimus, Johanna s'arme de courage pour convaincre son époux de délivrer leur fils de son apprentissage.

Dans le silence feutré de la salle à manger, Christian fume paisiblement sa longue pipe en terre et regarde vaguement les volutes de fumée s'évanouir dans l'air.

– Dis-moi, Christian, cela fait quelque temps que tu ne me parles plus des progrès de Samuel en peinture. Comment avance-t-il ?

– Il avance lentement, soupire Christian. À vrai dire, je ne suis pas satisfait de son travail : j'imaginais qu'il progresserait plus vite. Deux ans d'apprentissage n'ont pas suffi à le rendre plus habile. Il est hésitant, presque apeuré : franchement, je ne le reconnais pas. Il n'est pourtant pas si craintif quand il s'agit de leçons de pensée : si tu savais comme il faut batailler pour infléchir son raisonnement. Mais où est donc passée cette belle assurance, cette détermination, quand il tient un pinceau ? On ne dirait pas le même enfant…

– Certes et c'est donc sur ce point qu'il faut s'interroger. Samuel est tenace, courageux, intelligent et cherche constamment à aller de l'avant. Mais c'est exclusivement au service de l'esprit qu'il dévoile clairement ses belles dispositions. Tu le vois par toi-même, le travail manuel le rebute foncièrement.

Christian se tait, le visage fermé, l'air profondément contrarié. Sa femme vient de lui dire ce qu'il refuse d'entendre.

– Ne serait-il pas raisonnable de suspendre cet apprentissage si décevant pour vous deux ? ajoute timidement Johanna.

Christian ne répond pas. Il sait qu'elle a raison mais ne veut pas l'admettre. Ce serait si dommage d'abandonner maintenant, après deux longues années d'intense application. De quoi aurait-il l'air en face de ses collègues ? D'un père sans volonté dans l'incapacité de transmettre son art ? Non, assurément ce n'est pas le moment de renoncer, mais bien plutôt celui de redoubler d'efforts.

– Je ne suis pas de ton avis, déclare Christian avec fermeté. Quand on a du tempérament, on en a pour tout et je crains que Samuel ne nous mène en bateau. Nous n'avons pas besoin d'un savant dans la famille, tu le sais, Johanna. C'est de l'argent qu'il nous faut.

– Bien sûr, Christian, je le sais. Mais souviens-toi, nous étions convenus d'une simple initiation. Si nous nous obstinons, nous risquons de le dégoûter à jamais de la peinture, alors que si nous observions une pause raisonnable, Samuel reviendrait certainement à de meilleures dispositions.

Constatant la perplexité de son mari, Johanna reprend avec conviction :

– Samuel est entré à la manufacture à l'âge de huit ans et c'est bien jeune pour vaincre l'âpreté de l'apprentissage. Laissons-lui le temps de mûrir : d'ici deux ou trois ans, il surmontera sans peine toutes les difficultés et appréciera d'autant les beautés de ton art.

– Alors, selon toi, il serait sage de suspendre sa formation ?

– Oui, notre fils est trop déçu de lui-même pour faire le moindre progrès. Il doit reprendre confiance en s'essayant à d'autres activités. Ainsi, j'ai discuté avec le professeur Müller cet après-midi et je me demande s'il ne faudrait pas envoyer Samuel à l'école.

Tirant quelques bouffées de sa fine pipe en terre, Christian prend tout son temps pour considérer l'idée de son épouse.

– Voici ce que je propose, déclare-t-il enfin, laissons Samuel en apprentissage jusqu'à la rentrée des classes puis inscrivons-le à l'école primaire. Qu'en penses-tu ?

– Que c'est une sage décision, répond Johanna complètement rassurée.

Le lendemain matin, sur le point de partir pour la manufacture, Samuel s'enquiert de la prochaine visite chez madame Müller. Étonnée par le subit intérêt de son fils pour son emploi du temps, Johanna a tôt fait de comprendre.

– Samuel, ne me dis pas que tu as lu toute la nuit et que tu as déjà terminé ce livre...

– Non, maman, non ! J'ai dormi, je vous le promets !

– Je ne t'ai pourtant pas appris à mentir, gronde sévèrement Christian. Si tu lis au lieu de te reposer, je ne suis pas étonné que tu fasses tout de travers à l'atelier.

Les joues de Samuel flambent de confusion et ses yeux implorants se remplissent de larmes.

– Ah ! il est temps de pleurer, ajoute rudement Christian. Tu mérites vraiment une sévère punition. Puisque tu aimes tant lire et que tu peins si mal, je ne veux plus de toi à la manufacture. Tu iras à l'école comme tous les enfants qui n'ont pas cette chance d'être initiés à l'art.

Sous le coup de paroles d'une telle dureté, Samuel est

blessé. Mais au fond de son cœur jaillit enfin la joie : bientôt il sera libre ! Libre de se consacrer à sa vraie vocation : l'étude !

Dès lors, les semaines qui le séparent de la rentrée des classes passent en un éclair. Il a retrouvé un tel entrain qu'il fait même des progrès à l'atelier de peinture. Mais Christian n'est pas dupe et il a bien compris ce qui donne des ailes à son fils. D'ailleurs, tous les quinze jours, Samuel rend visite au professeur Müller qui, ébahi par la précocité de son futur élève, sélectionne sans cesse de nouvelles lectures : l'histoire de Till Eulenspiegel, le jeune et malicieux paysan de Saxe, la vie exemplaire de Mère Courage et les poèmes d'Ewald von Kleist. Jamais Samuel n'a été aussi heureux. Son professeur lui ouvre sa fabuleuse bibliothèque, prête la plus grande attention à son herbier, répond à ses questions sur la Nature… Et surtout l'aime comme un fils !

4

Septembre est arrivé et les finances des Hahnemann ne se sont pas améliorées. Depuis deux ans déjà, Christian connaît régulièrement des périodes de chômage et les menus travaux qu'effectue Johanna sont devenus indispensables à la survie du foyer. Pourtant, malgré l'austérité de la vie familiale, Samuel est heureux : chaque soir, il rentre de l'école gai comme un pinson et brûle d'impatience de retrouver la classe du professeur Müller qui sait instruire en distrayant. Cet homme est sans nul doute un brillant pédagogue : il met tout son savoir à la portée des enfants, ménage le suspens pour mieux les captiver. Il incite chacun à s'exprimer sans crainte, développe l'esprit critique, guide le raisonnement sans jamais porter le moindre jugement de valeur. Le professeur Müller a la passion d'instruire et prend un vrai plaisir à transmettre la science, à former les esprits de ses jeunes élèves pour lesquels il déborde d'une immense bienveillance.

Depuis son entrée à l'école, Samuel s'initie à la géométrie, apprend l'histoire et la géographie et perfectionne sa pratique du latin et du grec. À onze ans, il parle et écrit si bien ces langues de savant que le professeur Müller, fier d'une telle précocité, l'invite parfois à faire la classe à sa place. Jouer le rôle du maître est un très grand honneur, mais comporte de tristes déconvenues : Samuel regrette de voir ses camarades le bouder et l'exclure cruellement de leurs jeux. Alors, à l'heure de la récréation, il se plonge dans ses livres et tente d'oublier qu'il n'a aucun ami.

Le professeur Müller, qui n'a jamais rencontré pareil prodige, redoute cependant que la pauvreté des Hahnemann ne compromette le destin de son brillant élève qui, depuis quelque temps, s'absente régulièrement sans raison convaincante. C'est pourquoi, profitant d'une visite de Johanna à madame Müller, le professeur ne tarde pas à prendre des nouvelles de son cher Samuel.

– Mais il va très bien, répond Johanna légèrement surprise. Vous devez d'ailleurs le constater chaque jour.

– Non, justement, il manque souvent la classe ces derniers temps et quand je l'interroge sur la raison de ses absences, il bredouille d'incohérentes excuses ou invoque de mystérieuses indispositions. Comment expliquez-vous cela ?

Johanna se tait quelques instants et affiche une mine des plus embarrassée.

– Samuel ne vous dit pas la vérité. Vous le connaissez, il est comme son père. Cet enfant est si fier qu'il préfère mentir plutôt que compromettre l'honneur de sa famille.

– Que voulez-vous dire ?

– Que nous l'envoyons de temps en temps travailler chez des commerçants pour ramener un peu d'argent. Mais combien d'humiliations cette maudite guerre nous fera-t-elle subir ? murmure Johanna étouffant un sanglot. S'il vous plaît, ne lui tenez pas rigueur de ses petites cachotteries.

– Non bien sûr, ne vous inquiétez pas, promet le professeur un peu désemparé. Je lui ferai plutôt rattraper ses leçons.

Horriblement confuse, Johanna quitte précipitamment la maison des Müller et le brave professeur en est tout secoué. En quête d'apaisement et de sages conseils, il rejoint son épouse occupée à ranger des draps dans la lingerie.

– Eh bien, mon cher ami, vous m'avez l'air fort contrarié. Que vous arrive-t-il ?

– Ah, Lisbeth, je ne sais que faire. Depuis que j'enseigne, je n'ai rencontré plus puissante intelligence que celle du jeune Hahnemann : il doit absolument poursuivre ses études. Mais ses parents sont pauvres et l'envoient travailler chez d'ignares boutiquiers. Quel monstrueux gâchis ! Tout ceci me révolte. Et si je leur propose une aide pécuniaire, ils la refuseront : jamais ils n'accepteront une telle humiliation.

Esquissant un sourire éclairé de malice, l'épouse du professeur reprend d'un ton moqueur :

– Vous qui depuis longtemps promettez de repeindre boiseries et plafonds de notre maison, comptez-vous sincèrement tenir votre parole ?

– Excellente idée ! s'exclame le professeur. Comment n'ai-je pas pensé à demander de l'aide à monsieur Hahnemann ? Un tel artiste ! Ah, ma chère, vos idées sont absolument lumineuses !

Mais l'aide des Müller ne peut durablement soutenir les Hahnemann dont la situation empire de jour en jour. À la manufacture, les clients d'avant guerre ne sont pas revenus : les plus fortunés se sont laissés séduire par les créations de Vezzi, tandis que les plus snobs se sont enthousiasmés pour les extravagances des manufactures de Nymphenburg, précipitant ainsi le déclin de Meissen. L'espoir d'un renouveau s'amenuise chaque jour et l'angoisse des artistes se fait toujours plus oppressante.

Un matin, arrivé au travail plus tôt que de coutume, Christian aperçoit aux portes du château un chariot débordant de porcelaine blanche sur le point de quitter la manufacture. Intrigué, il s'approche et salue le conducteur occupé à serrer les sangles de la remorque.

– Dis-moi, Dieter, où donc emportes-tu cette belle commande ?

– À Augsburg, M'sieur Christian.

– Eh bien ! Ce n'est pas la porte à côté. Il n'y a qu'un hôpital ou des services municipaux pour commander une telle quantité de porcelaine brute.

– Non, c'est pour Strohman et Fils.

– Comment ça ? Les orfèvres ? demande brusquement Christian.

– Oui. Tous les mois, ils en prennent un plein chargement.

Pétrifié de stupeur, Christian vient de comprendre. La manufacture n'a plus d'autre choix que de vendre sa production à de vulgaires doreurs. Que va-t-il devenir ? Bientôt il sera inutile dans une fabrique d'objets sans âme. Affolé, Christian songe tout de suite à un nouvel emploi et il se met en quête dans les rues de Meissen. Mais tous les artisans sont ruinés par la guerre, et la recherche de Christian demeure infructueuse. Alors, désemparé après des semaines d'échec, il échoue dans l'échoppe d'un modeste boutiquier.

– Désolé, monsieur, je n'ai pas de travail, pas même une place de commis. Mais mon cousin Gerhard Metzger tient une superbe épicerie à Leipzig. Pourquoi n'iriez-vous pas lui rendre visite ? Il a peut-être besoin de bras.

Ainsi, un matin de mai 1767, sans même avertir son épouse, Christian prend courageusement la route de Leipzig. Au terme d'une marche de six heures, il est enfin aux portes de la cité du livre et des riches commerces. Dans la Burgstrasse qu'embaume le fumet succulent des ragoûts, les ménagères se pressent, portant de lourds paniers remplis de victuailles. L'œil pétillant, les commères bavardent et lancent sans vergogne un regard malveillant aux coquettes passantes. Hébété par cette foule enfiévrée et avide d'acheter, Christian cherche désespérément l'épicerie Metzger, quand enfin il aperçoit, inscrite en lettres d'or, la pompeuse enseigne : « Grande Épicerie Metzger. Fournisseur des Princes de Saxe depuis 1707 ».

Contemplant la vitrine rehaussée fièrement de guirlandes de saucisses, derrière laquelle trônent de hautes pyramides de choucroute au genièvre, des saladiers garnis de pommes de terre à l'huile et aux oignons craquants et des plats de chou rouge mijoté à la bière, Christian croit défaillir. Il a tellement faim et cela fait si longtemps qu'il n'a pas approché de pareils délices !

Au cœur de la boutique, le supplice redouble face aux gros pots de grès où des harengs charnus marinent dans le vinaigre. Des pâtés succulents, des terrines de goulasch, des bocaux de graisse d'oie et des petits légumes conservés au gros sel excitent douloureusement son palais affamé. Sur de hautes étagères, l'arc-en-ciel des épices, l'or du sucre candi, les formes rebondies des bouteilles de vin blanc et des cruchons de schnaps attisent sa gourmandise et il manque suffoquer à l'odeur puissante des jarres d'huile d'olive entassées sous le comptoir. La boutique tout entière croule sous les victuailles et les femmes achètent, achètent sans compter dans une frénésie à donner le tournis !

Quand, son tour venu, Christian, persuadé qu'il y a du travail pour un homme courageux dans cette débauche d'affaires, informe le patron qu'il est un homme fort, qu'il a de l'endurance, qu'il sait lire, écrire, compter et qu'il est l'employé idéal d'un commerce prospère, Metzger le rabroue avec véhémence. À cette heure d'affluence où la cliente est reine, il n'a pas une seconde à perdre avec un quémandeur. Et c'est deux heures plus tard, le cœur chargé d'espoir et l'estomac bien vide, que Christian reparaît au seuil de l'épicerie. Après le coup de feu, la boutique est déserte et seule une vendeuse recharge l'étalage d'un air renfrogné.

– Bonjour, mademoiselle. Auriez-vous l'obligeance d'annoncer mon arrivée à monsieur Metzger ? Je m'appelle Christian Hahnemann et je suis attendu.

Relevant avec humeur le nez de ses saladiers, elle jette un regard torve à ce vil importun et lance sèchement :

– Si vous êtes attendu, le patron viendra bien. Je n'ai pas l'intention d'aller le déranger.

Mais les minutes s'égrènent et personne ne se montre.

– Mademoiselle, reprend finalement Christian à bout de patience, je dois partir à quinze heures. Pourrais-je être bientôt reçu ?

Feignant de ne rien entendre, la vendeuse s'évertue à reconstituer la pyramide de chou engloutie à midi par les clientes voraces. Poussé à bout de nerfs, Christian tourne déjà les talons quand, du fond de la boutique, surgit enfin Metzger. C'est un petit homme gras, au teint couleur de cire, au cheveu gominé avec application qui, de toute sa superbe d'épicier enrichi, ne prend même pas la peine de saluer son hôte. Christian bout de colère. S'il n'était dans le besoin, jamais il ne se laisserait humilier de la sorte.

– Monsieur, j'aime aller droit au but, annonce crânement

Metzger. Je n'ai pas les moyens d'engager qui que ce soit. Les temps sont durs et il faut veiller à la moindre dépense. Et ce n'est pas à vous que je vais apprendre cela, n'est-ce pas ? reprend le boutiquier redoublant de cynisme. Néanmoins, grâce à Dieu, nos clientes sont toujours plus nombreuses. Car ici, monsieur, on ne mégote pas ! Ni sur la qualité des produits, ni sur le service. Et ça se sait, monsieur ! Ça se sait dans tout Leipzig et bien au-delà ! D'ailleurs, vous-même, qui êtes de Meissen…

– On vous connaît, monsieur, coupe brutalement Christian que l'orgueilleuse parade de ce vil nabot irrite profondément. Puisqu'il n'y a pas d'embauche, permettez-moi de prendre congé.

Furieux du temps perdu en vaines humiliations, Christian franchit le seuil du riche magasin quand l'épicier le hèle avec un air rusé.

– En y réfléchissant, j'aurais bien quelque chose. Oh, un rien bien sûr : une place de commis.

– Payé combien ? rétorque Christian sans ménagement.

– Disons, un thaler par mois.

– Comment ? s'exclame Christian outré. Un vulgaire manœuvre gagne déjà dix fois plus !

– Je vous avais prévenu, j'ai très peu de moyens. Mais, un thaler par mois, logé, blanchi, nourri – et bien nourri car c'est madame Metzger qui cuisine –, c'est à considérer. Surtout si par hasard vous avez un fils à placer…

Interdit par cette offre retorse, Christian essaie en un instant de bien envisager les différents aspects de cet odieux marché. Certes, Samuel pleurera ses chères études mais il en sait assez pour se débrouiller dans la vie. À quoi bon le laisser plus longtemps à l'école si, de toute façon, il est impossible de payer le collège ? Au moins dans ce commerce, il apprendra un métier, il sera bien nourri et gagnera quelques sous. Et puis, Leipzig est une grande ville : d'ici quatre ou cinq ans, avec de l'expérience, il trouvera certainement une bien meilleure place chez un honnête patron.

– En effet, j'ai un fils de douze ans, reprend Christian, le regard dur.

– C'est un peu jeune, chipote le commerçant rapace. Il est costaud au moins ?

– Comme un enfant de douze ans. C'est à prendre ou à laisser.

Faisant mine de peser mûrement sa décision, l'épicier dodeline lentement de la tête puis, comme s'il lui en coûtait, consent finalement à donner son accord. Incapable de serrer la main de ce scélérat, Christian acquiesce sèchement et s'enquiert de la date à laquelle Samuel doit se présenter.

– Au plus tôt, cher monsieur. Qu'il arrive demain, après le coup de feu de midi.

Abattu et honteux de cet accord infâme, Christian quitte la boutique le cœur déchiré. Sur la route du retour, il ne peut apaiser sa conscience torturée et chaque heure qui passe voit croître son angoisse. Aussi, c'est le front enfiévré qu'au milieu de la nuit il rentre enfin chez lui. À cette heure tardive, seule Johanna l'attend, tremblante d'inquiétude.

– Mais où étais-tu ? Que t'est-il arrivé ? J'étais prête à alerter Gottfried de ta disparition.

Rassurant tant bien que mal son épouse bouleversée, Christian finit par lui avouer le sinistre contrat qu'il vient de conclure. Atterrée, Johanna fond en larmes et se mure dans le silence. Elle n'écoute pas Christian qui tente de dresser un portrait idyllique de l'épicerie Metzger car elle a bien compris qu'il ne reviendra pas sur sa décision et qu'elle n'a d'autre choix que de se résigner. Son cœur est en lambeaux :

que va-t-il advenir de son petit Samuel ? Qui prendra soin de lui ? Comment son cœur si tendre et son corps si fragile supporteront-ils cette cruelle séparation ?

– Demain, j'emmènerai Samuel à Leipzig, conclut fermement Christian. Peux-tu préparer ses affaires ?

– Demain ! s'écrie Johanna effarée.

– Oui, il faut battre le fer quand il est chaud. Maintenant, je vais me coucher, je suis épuisé.

Christian fuit le désespoir de Johanna qui, seule dans le silence et dans l'obscurité, laisse à son chagrin le droit de s'épancher. Les joues baignées de larmes et l'esprit stupéfié, elle prépare lentement le paquetage de son enfant jusqu'à ce que bientôt la fraîcheur nocturne engourdisse son être et plonge sa conscience dans un demi-sommeil. Mais au petit matin, quand elle voit son enfant à l'entrée du salon, le visage livide et les yeux rougis, elle n'a plus la force de contenir sa peine.

– Mon petit garçon ! gémit-elle en le serrant très fort dans ses bras. Mon petit chéri !

– Ne vous inquiétez pas, maman, père m'a expliqué. Je serai fort, je vous le promets.

– Je le sais, mon enfant. Je sais bien que tu seras courageux.

Soulevant son baluchon où il a emporté ses chères fables de Gellert, Samuel donne à sa mère un tout dernier baiser et, le cœur meurtri, quitte le doux foyer aux côtés de son père.

5

Quand, vers treize heures, Christian et Samuel arrivent à l'épicerie, Metzger vient juste de partir livrer une grosse commande à l'autre bout de la ville. Décidément, cet homme se moque des honnêtes gens : Christian est furieux mais ne laisse rien paraître de crainte d'ajouter au désarroi de son fils.

– Écoute, mon garçon, je ne peux attendre le retour de monsieur Metzger. Mais ne t'inquiète pas, tout est déjà réglé : tu seras nourri, logé, blanchi et recevras un thaler par mois. Je compte sur toi pour bien apprendre ton métier.

– Quel métier ? Que vais-je faire ici ? demande désespérément Samuel.

– Tu vas apprendre le commerce. J'ai d'ailleurs précisé au patron que tu sais très bien lire, écrire et compter. Monsieur Metzger t'enseignera à tenir les livres de comptes, à acheter et à vendre. Tu auras vite compris comment mener rondement une affaire. Et, qui sait, tu pourras peut-être un jour te lancer à ton compte.

– Mais je n'ai aucune envie de devenir boutiquier !

– Ça suffit, maintenant ! D'abord, tu n'es pas en droit de juger de ce que tu ne connais pas. Ensuite, réalise une fois pour toutes que tu es le fils aîné de la famille et que, à ce titre, tu as des devoirs, le premier étant de contribuer aux besoins matériels de notre foyer. Enfin, mon garçon, ne vois-tu pas qu'il est temps de travailler et de rapporter un peu d'argent à la maison ?

La tête basse, Samuel acquiesce, résigné. Il se mord les lèvres et la peur de fondre en sanglots l'empêche de lever les yeux.

– Tu vas attendre sagement monsieur Metzger. Tiens, voici quelques pièces pour acheter ce dont tu auras besoin. Je reviendrai te chercher dans un mois.

– Dans un mois !

– Un mois, ce n'est pas si long. Tu apprendras tant, que tu ne verras pas le temps passer. Et puis, Leipzig est une ville magnifique : tu n'auras pas assez de tes jours de repos pour en faire le tour. Allez, mon garçon, il est temps de se dire au revoir.

Évitant de rendre la situation encore plus déchirante, Christian embrasse rapidement son fils et quitte l'épicerie sans même se retourner.

Pour la première fois de sa vie, Samuel se sent seul au monde. Que fait-il dans ce lieu inconnu, loin de tous ceux qu'il aime ? Écartelé entre le désespoir et un élan de courage qui lui commande de surmonter l'épreuve, il est soudain surpris par une voix revêche qui s'adresse à lui.

– Tu ne vas pas rester planté là ? Les clients vont arriver. Va dans l'arrière-boutique et surtout ne touche à rien. Il ne manquerait plus que tu fasses une bêtise.

Pétrifié de stupeur dans ce réduit austère, Samuel a

l'étrange impression d'être ici et ailleurs et de se dédoubler. La panique l'envahit et pour se raisonner il répète mentalement qu'il est Samuel Hahnemann et qu'il n'est pas perdu. Peu à peu, la détresse fait place au sang-froid et à la volonté. Il songe qu'il trouvera bien ici quelque chose à apprendre et sera bientôt maître de sa destinée quand une voix tonitruante le sort de sa méditation.

– Bonjour, mon gars ! s'exclame Metzger. Ton père est déjà parti ? Bah ! ce n'est pas bien grave. Franz va t'apprendre le métier : c'est mon premier commis. Tu lui obéis au doigt et à l'œil, c'est clair ? Maintenant file dans la cour et aide-le à décharger. Et n'oublie pas ton baluchon, je ne veux pas de ça ici. Franz te montrera où mettre tes affaires.

Ramassant rapidement son paquetage, Samuel rejoint Franz, un solide gaillard d'une quinzaine d'années à la chevelure fauve et tout ébouriffée.

– Alors, c'est toi le nouveau ? demande Franz en éclatant de rire. Eh bé, le patron devait pas voir ben clair le jour où y t'a engagé ! Qu'est-ce que j'vais faire d'un asticot pareil ?

Un peu vexé, Samuel s'approche de la charrette et s'empare d'une caisse de vin.

– Où faut-il la mettre ? s'enquiert-il, plein de bonne volonté.

– Brave asticot ! T'es p'tit, mais pas manchot. Range-la avec les autres au fond de la cave.

Après trois heures d'effort, l'énorme chargement est finalement rangé. Fourbu, Samuel qu'une faim de loup tenaille ose enfin demander à quelle heure est le souper.

– T'as faim ? Ben, va falloir attendre sept heures. Et t'as intérêt à être à l'heure, parce que la patronne, elle fait pas deux fois le service. Au fait, on t'a expliqué les habitudes de la maison, asticot ?

– Non. Et cesse de m'appeler asticot!

– Te fâche pas, asticot. Oh! pardon, Môssieur. Alors Môssieur sait-il où il crèche?

– Arrête! Appelle-moi Samuel à la fin! Non, je ne sais ni où je dors ni où je mets mes affaires.

– Bon, suis-moi. Je vais te montrer nos appartements. On en profitera pour se reposer un peu.

Empruntant l'escalier qui conduit tout en haut de la maison, Franz, à la manière d'un guide touristique, commente chaque degré de leur délicate ascension.

– Attention, c'est raide! Et fais gaffe, les marches sont étroites: c'est casse-gueule quand on n'a pas l'habitude… Tiens, nous v'là au premier étage. Ici, on stocke la farine, le sucre, le sel. Tout c'qui prend d'la place et s'vend tout l'temps.

– Mais pourquoi ne pas les entreposer au rez-de-chaussée? Ce serait moins fatigant.

– En bas, y a pas d'place. T'as bien vu qu'on prépare les commandes dans l'arrière-boutique… Et puis, y a l'bureau du patron! Tiens, nous v'là au deuxième: ici, c'est l'paradis. Si tu savais la bonne boustifaille qu'y a là-dedans! D'la choucroute, des rollmops, d'la goulasch, des saucisses en bocaux et des jambons secs comme t'en a jamais mangés de ta vie!

– Arrête, Franz! J'ai si faim depuis tout à l'heure.

– Courage, t'as plus longtemps à attendre avant d'goûter à la tambouille d'la patronne. Et après, tu verras, t'auras plus faim du tout…

– La cuisine de madame Metzger est-elle donc si copieuse?

– C'est ça! acquiesce Franz avec un sourire narquois. Nous v'là au dernier étage. Faut pas trop fouiner ici: c'est l'coin du patron, là où y cache ses épices. Y est toujours fourré parce que les épices c'est cher et qu'y a la frousse de s'faire voler. Et puis, ici c'est tranquille pour faire son p'tit trafic.

– Qu'est-ce que tu veux dire ?

– T'inquiète, j't'expliquerai.

– Mais, Franz, où dort-on ? Il n'y a pas de place ici !

– Eh ben, t'es aveugle ou quoi ? lance Franz en pointant du doigt une échelle de meunier accédant au grenier. C'est là-haut qu'on niche. Allez, grimpe !

Sous les combles, Samuel découvre deux paillasses jetées à même un plancher sale et vermoulu. Un faible rai de lumière traversant l'œil-de-bœuf éclaire les grains de poussière qui virevoltent dans l'air. Hébété par l'obscurité malsaine de cette sordide soupente, Samuel reste coi et regarde autour de lui. Rien, à part ces deux paillasses. Rien que la crasse et la pénombre.

– Alors, la chambre est à ton goût ? demande Franz avec ironie.

– C'est dégoûtant ! Jamais je ne dormirai ici !

– Ben va falloir t'y faire ! Tu verras, après une bonne journée de travail, tu demanderas plus qu'une chose : dormir ! Tu t'ficheras ben qu'y a pas de tapisserie à p'tites fleurs sur les murs. T'entendras même plus les souris !

– Les souris ! s'écrie Samuel horrifié.

– Ben ouais. On est dans l'grenier, pas dans un palais.

À l'idée de vivre dans ce taudis insalubre, Samuel éprouve un immense abattement. Épuisé de fatigue et de chagrin, il jette son baluchon et se laisse tomber sur sa couche repoussante. Comme pour oublier l'inhumanité des lieux, il répond de bonne grâce aux questions de Franz et en vient même à confier son immense peine d'être arraché au professeur Müller et à ses chères études.

– Alors, t'es un savant ? conclut Franz impressionné. C'est

pas comme moi. J'sais pas lire et pas écrire. Compter, j'sais pas non plus. Ma mère m'a mis chez des paysans quand j'étais tout p'tit… Alors, j'ai pas été à l'école.

– Mais comment fais-tu pour acheter et vérifier que les clients ont bien payé ?

Stupéfait, Franz fixe Samuel et part d'un gros rire.

– Voyons, mon gars, les écritures, les calculs c'est l'travail du patron ! Nous, on charge, on décharge, on range, on livre. On fait marcher nos muscles, pas nôt' tête ! Qu'est-ce que tu croyais ?

Cette fois, c'est le coup de grâce. Le seul espoir pour tenir bon dans cet enfer vient de s'évanouir. Jamais il n'apprendra quoi que ce soit ici : son père s'est trompé.

– Allez, fais pas cette tête, mon gars, reprend Franz que la compassion gagne pour son jeune compagnon d'infortune. Viens plutôt boire la soupe.

Dans l'arrière-boutique, deux assiettes fumantes et un quignon de pain attendent les commis. Samuel a si faim qu'il se rue sur son assiette, faisant fi de l'odeur suspecte du souper.

– Alors, asticot, qu'est-ce que t'en dis ?

– Ça sent mauvais et ça a un drôle de goût. Je me demande ce que madame Metzger a mis là-dedans.

– Les restes des restes ! s'exclame Franz rageusement. Cette pitance, c'est juste bon pour les chiens ! Rien que les rebuts des patrons et les produits avariés du magasin. La dernière fois, y m'ont donné des harengs pourris. J'ai été malade pendant trois jours et l'patron y a dû se débrouiller tout seul. Ben fait pour lui ! Maintenant, y font un peu attention.

– Tu crois qu'on va être malades ? s'inquiète Samuel.

– Non, ça fait deux jours qu'la patronne sert cette panade. Et tu vois, j'suis encore debout.

Couché sur sa paillasse, Samuel ne trouve pas le sommeil. Malgré la nausée qui lui soulève l'estomac, il a faim. Ses pensées le harcèlent : il est prisonnier d'une souricière dont il ne ressortira pas vivant. Les heures passent et, à force de remâcher qu'il n'y a pas de solution, la révolte gronde en lui. Porté par l'instinct de survie, il ne voit qu'une issue : fuir ! Fuir cet enfer au plus vite. Rentrer chez lui maintenant. Il expliquera à ses parents que cet épicier les a trompés, qu'il n'avait nulle intention de lui apprendre un métier mais cherchait un esclave. Il racontera l'horreur de ce taudis, l'infecte nourriture. C'est sûr, ils approuveront son retour.

Aussi, quand l'aube point à travers l'œil-de-bœuf de l'infâme grenier, Samuel est enfin décidé : il s'en va tout de suite avant que la maisonnée ne sorte de son sommeil. Sans bruit, la poitrine serrée par la peur d'être pris, il saisit son paquetage, dévale l'escalier et s'enfuit par la porte de l'arrière-boutique. Il court, court à toute vitesse dans les rues de Leipzig. Il n'a qu'une seule idée : fuir le plus vite et le plus loin possible ! Personne ne doit le rattraper. Alors il court, il court aussi longtemps que le portent son souffle et ses petites jambes et se retrouve bientôt perdu en rase campagne. Se demandant quelle route prendre, il aperçoit au loin une carriole bringuebalante qui se dirige vers lui. Comme au bord du naufrage, il agite les bras, s'époumone furieusement et parvient à capter l'attention du conducteur.

– Alors, petit, tu es perdu ? s'enquiert le paysan arrêtant lentement son lourd cheval de trait.

– Je crois bien, monsieur. Je ne suis pas d'ici et je vais à Meissen. Quelle direction dois-je prendre ?

– Meissen ! C'est pas la porte à côté. Tu en as pour deux jours avec tes petites jambes.

– Deux jours ! Vraiment ?

– Ouais, sauf que t'es un veinard. Je vais dans cette direction. Allez, monte, mon gars !

Ravi de cette chance et enfin assuré de ne plus être rattrapé, Samuel grimpe lestement aux côtés du paysan qui, après trois heures de route, s'arrête dans un charmant hameau bordé de pruniers en fleurs.

– C'est là que j'habite, mon gars. Tu veux entrer manger un morceau ?

– Non merci, je ne dois pas tarder si je veux être ce soir à la maison.

– J'comprends, fiston. T'as plus que deux ou trois heures de marche avant d'arriver chez toi. Bon courage, petit !

Chaque pas qui rapproche Samuel de Meissen gonfle son cœur d'allégresse. Sous le soleil de juin qui lui chauffe le visage, il marche à un rythme soutenu. Il aime sentir son corps avancer à grandes enjambées, se gorger d'air pur et de senteurs printanières, se fortifier aux ardents rayons du soleil. Chaque pore de sa peau se nourrit de cet élan vital qui jaillit de toute part. Il est heureux ! Heureux de vivre, heureux d'avoir pris son destin en main pour la première fois, heureux de retrouver ceux qu'il aime.

Vers quatre heures de l'après-midi, atteignant enfin au but, il tambourine à la porte de chez lui tant il est impatient de revoir sa mère. Alarmée par ce vacarme, Johanna se précipite et, découvrant son fils sur le pas de la porte, pousse un cri de surprise. Sans qu'elle ait eu le temps de prononcer un mot, Samuel, le visage illuminé d'un large sourire, se jette dans ses bras et la serre de toutes ses forces.

– Samuel, comment est-ce possible ? répète-t-elle à l'envi, éperdue de bonheur. Je n'en crois pas mes yeux. Rentre vite, mon petit ! Ne fais pas de bruit, Benjamina fait la sieste.

Discrètement, Johanna emmène son fils à la cuisine et

s'empresse de lui servir du pain et un grand verre de lait. Bouleversée par ce retour inattendu, elle l'écoute attentivement conter son aventure. Découvrant peu à peu le misérable pacte dont il a fait l'objet, elle s'insurge et c'est sans condition qu'elle approuve sa fuite. Si elle avait imaginé l'ignominie de ce commerçant, jamais elle ne lui aurait confié son enfant. Comment Christian s'est-il laissé berner ainsi ?

– Écoute, Samuel, tu ne peux pas rester ici. Ton père sera furieux s'il te trouve ce soir à la maison et je crains qu'il ne te renvoie immédiatement à Leipzig. Prends tes affaires et ne bouge plus de ta chambre. Il faudra te cacher le temps que j'explique à ton père l'infamie de ce Metzger et que je le persuade de te pardonner.

– Maman, vous croyez sincèrement qu'il sera en colère ? Père m'a toujours enseigné qu'il fallait rester digne et refuser de se compromettre.

– Oui, mais la situation est un peu différente. Ton père s'est engagé vis-à-vis de Metzger et cautionner ta fuite c'est manquer au principe de la parole donnée. Il me faudra du temps et de bons arguments pour obtenir sa clémence. Allez, dépêche-toi de monter dans ta chambre et prends garde à ne pas réveiller Benjamina : elle n'a pas l'âge de garder un secret. Je t'apporte tout de suite ton souper car je suis obligée de t'enfermer à clé : il ne manquerait plus qu'Auguste ou tes sœurs te découvrent avant que j'aie parlé à ton père.

À peine Samuel s'est-il réfugié dans sa chambre que Charlotta et Auguste rentrent bruyamment de l'école. Le babil des enfants fuse dans la maison et de folles cavalcades résonnent dans l'escalier. En un instant, le cours trépidant de la vie familiale emporte Johanna et de toute la soirée elle ne trouve l'opportunité d'annoncer à Christian la délicate nouvelle. Et le lendemain hélas, il s'est levé tôt et elle n'a pas osé le retenir un instant.

Redoutant que l'affaire ne devienne inextricable et malgré les réticences qu'elle a à se confier, Johanna se décide quand même à demander de l'aide à madame Müller dont la clarté de jugement et l'esprit de décision la rassurent plus que tout.

– Monsieur Hahnemann est bien naïf ! A-t-on jamais connu de commerçant honnête ? s'exclame madame Müller consternée au récit des déboires de Samuel. Heureusement, le fils est plus perspicace que le père ! Samuel a eu raison de fuir ce repaire de fripouilles... Décidément mon mari a entièrement raison à propos de ce petit... Mais maintenant, ma chère, il s'agit de présenter l'affaire le plus adroitement possible.

Plissant un peu les yeux, madame Müller réfléchit prudemment puis reprend la parole d'un ton décidé :

– Et si hier soir, craignant votre courroux, votre fils s'était réfugié chez son cher professeur et avait raconté sa triste mésaventure, suggère madame Müller d'un air rusé, mon mari et moi-même aurions jugé ses actes justes et pleins de bravoure. Nous l'aurions invité à une nuit de repos et vous l'aurions ramené en plaidant la clémence. Croyez-vous sincèrement que, dans ces conditions, monsieur Hahnemann oserait renvoyer Samuel dans l'antre de ces crapules ?

– Non, certainement. Il est tellement respectueux de votre opinion.

– Alors, présentez les choses ainsi et comptez sur notre soutien. Je préviendrai mon époux qui, si nécessaire, se fera un plaisir d'infléchir l'humeur de monsieur Hahnemann.

Alors, quand Christian rentre en début de soirée, Johanna n'hésite plus et annonce sans faiblir la version dictée par madame Müller. Dénonçant avec force le traitement sordide qu'a subi son enfant, elle déclare indignée qu'aucun engagement ne saurait être tenu face à la perfidie et l'immoralité et que les Hahnemann n'ont pas de comptes à rendre à ce vil épicier. Évoquant de surcroît la vive émotion de la famille Müller, elle vient bientôt à bout des dernières résistances qu'oppose encore son mari au retour de Samuel. Cette fois, c'est gagné : son enfant adoré ne retournera pas à Leipzig.

Le soir même, par principe, Christian sermonne Samuel mais doit bien s'avouer qu'il est impressionné par le courage lucide et la détermination de cet enfant de douze ans. Son fils n'est pas le doux rêveur qu'il imaginait mais un être d'action pétri de convictions. Il tient déjà ferme les rênes de son destin et pareille attitude mérite mansuétude. Alors, le lendemain, Christian accorde son pardon et autorise Samuel à reprendre l'école.

6

À l'école primaire, des années de bonheur commencent pour Samuel. Passionné par les langues, il parle le latin, le grec et apprend le français. Les sciences naturelles lui sont un amusement et la géométrie un divertissement d'élégante logique. Cet élève surdoué fascine le professeur Müller : rigueur, agilité de la pensée, sûreté de jugement, sensibilité, intuition s'allient au courage et à l'opiniâtreté chez cet enfant exceptionnel. Mais comment guider une telle intelligence ? En pédagogue expert, le professeur instruit Samuel bien au-delà des programmes officiels et l'invite à transmettre à ses jeunes camarades les notions essentielles de l'arithmétique. Le professeur sait bien qu'enseigner est un art difficile qui révèle le juste degré de compréhension des choses et oblige à progresser. Enseigner n'est pas répéter : c'est acquérir un entendement toujours plus clair, toujours plus puissant.

S'évadant du carcan étriqué des disciplines scolaires, le maître guide son élève à travers les questions essentielles de la philosophie. Il aplanit les obstacles qui rendent si difficile la compréhension des penseurs et éveille Samuel à la sagesse des Anciens : bien vivre, c'est vivre en harmonie avec la Nature, force omniprésente et universelle, pouvoir de croissance immanent à toutes choses. Bien penser, c'est adopter la Logique comme principe fondateur du savoir et du discernement.

Samuel a une telle soif d'apprendre que quatre années d'école primaire passent en un éclair. À seize ans, il aspire plus que tout à poursuivre ses études mais la gêne des Hahnemann menace dangereusement son rêve : le moment est venu de choisir un métier. La peine de Samuel est immense et l'infortune de son destin le révolte. Il maudit cette misère qui l'enchaînera sous peu à un labeur ingrat et dénué de sens. Il ressent une telle amertume que, en ce dimanche de Pâques de l'année 1771, il n'a aucune envie de se rendre à l'invitation des Müller en compagnie de sa famille.

Pourtant, cette journée s'annonce sous les meilleurs auspices. Pour honorer ses hôtes, madame Müller a dressé au jardin une table magnifique où trône tel un chef-d'œuvre un des plus beaux services en porcelaine de Meissen. Peu habitués au luxe, les enfants enchantés se pressent pour prendre place et admirent bruyamment la nappe de damas blanc où fleurissent çà et là d'adorables bouquets de muscari bleu nuit. Mais leur ravissement atteint enfin son comble quand madame Müller apporte triomphalement une superbe tarte embaumant la cannelle et le sucre candi.

– Mes amis, déclare solennellement le professeur, mon épouse et moi-même avons tenu à organiser cette petite cérémonie pour célébrer ensemble un événement aussi heureux qu'inattendu. Aussi ai-je l'honneur de vous annoncer ma nomination au poste de Collegia Tertius à l'école princière de Saint-Afra !

– Saint-Afra ! Quelle éclatante reconnaissance de vos mérites ! s'exclame Christian.

– Et quelle juste récompense de votre dévouement ! ajoute Johanna émue. Toutes nos félicitations !

– Merci, mes amis. Évidemment, soupire le professeur avec nostalgie, j'ai le cœur serré de quitter l'école où pendant des années j'ai eu tant de plaisir à former les jeunes intelligences. Mais enseigner à Saint-Afra est un immense honneur : tous les jeunes aristocrates de la province y ont fait leurs armes.

– Même l'illustre Lessing y a fait ses études, ajoute Samuel fier de la promotion de son cher professeur.

– C'est exact, mon enfant. D'ailleurs je te recommande la lecture du *Jeune Savant* : c'est la première pièce de théâtre qu'a écrit ce grand dramaturge qui, j'en suis sûr, t'enchantera.

– Trêve de bavardage. Il est grand temps de partager mon chef-d'œuvre pâtissier, interrompt gaiement madame Müller.

L'après-midi se passe dans la douce insouciance d'un dimanche pascal. Régalés de gâteau, les enfants enthousiastes s'ébattent au jardin tandis que Johanna et madame Müller bavardent en amies sous la fraîche tonnelle couverte de chèvrefeuille. Fuyant l'agitation et les éclats de voix, le professeur Müller invite cordialement Christian à la bibliothèque où il tient à lui faire découvrir une authentique merveille. Ouvrant délicatement la porte marquetée d'un joli secrétaire, le professeur Müller sort un petit cruchon aux formes rondelettes et, d'un regard gourmand, verse avec précaution un précieux élixir dans deux gobelets de grès à peine plus grands qu'un dé. Sûr des charmes puissants du séduisant nectar aux reflets d'or cuivré, il laisse son invité profiter pleinement des arômes exquis de sa liqueur de prune. Et, comptant sur la félicité qui pousse aux confidences et à l'attendrissement, il amène adroitement le sujet qui lui importe.

– Dites-moi, monsieur Hahnemann, quels sont vos projets pour Samuel maintenant que sa scolarité touche à sa fin ?

– Pour l'instant, hésite Christian, je n'en ai aucun. Dans le passé, j'ai tenté de l'initier à la peinture sur porcelaine mais il n'a manifesté aucun don pour cet art.

– Certes, mais il a d'autres dispositions. Votre fils est remarquablement intelligent et ce serait dommage de laisser ce bel esprit en friche. Pourquoi ne pas l'autoriser à poursuivre ses études ?

– Je n'y serais pas opposé, répond Christian avec dans la voix un accent de regret, mais nos finances nous l'interdisent.

– Je sais et j'avoue avoir longuement réfléchi ces derniers jours. En tant que Collegia Tertius, je pourrais appuyer une demande de bourse pour l'admission de Samuel à Saint-Afra. Il suffirait que vous rédigiez une supplique au prince électeur de Saxe et je me porterais garant des aptitudes hors du commun de votre fils. Je m'engagerais même à être son mentor. Alors, qu'en dites-vous, cher ami ?

Le professeur brûle de convaincre Christian qui, le visage impassible, réfléchit longuement. Il n'a pas oublié la cuisante expérience chez l'épicier Metzger et sait bien que son fils n'aspire pas à devenir marchand ou artisan. Aussi, malgré le peu de poids de la requête d'un peintre à un prince de sang, Christian finit par se rallier à la proposition du professeur Müller.

Et six semaines plus tard, la divine providence puissamment soutenue par l'extrême diligence du professeur Müller rend soudainement possible l'impossible : l'admission gracieuse d'un jeune surdoué sans fortune ni titre à l'école des Princes. Au comble de la joie et de la gratitude envers ceux qui lui ont offert la liberté d'apprendre, Samuel sent une force intérieure galvaniser son âme : le voici engagé sur la voie de la connaissance et cette voie, il le sait, il ne la quittera plus.

À Saint-Afra, les talents de Samuel, son caractère indépendant et responsable sont rapidement remarqués par le corps professoral qui décide de lui accorder un traitement de faveur digne d'un jeune assistant. Sous la tutelle du professeur Müller, il est autorisé à choisir lui-même ses cours et à consulter la bibliothèque tant qu'il lui plaira. Pour un adolescent que tout intéresse, c'est un véritable privilège : s'il le pouvait, il suivrait tous les enseignements, il dévorerait la bibliothèque, il vivrait mille ans pour explorer l'immensité des connaissances qui s'offre à lui. Mais la scolarité à Saint-Afra ne dure que quatre années et il faut faire des choix.

Très tôt Samuel a compris que la pratique des langues donne accès au savoir et, passionné du verbe, il apprend en même temps l'anglais, l'italien, l'espagnol, l'arabe et l'hébreu. Il fait preuve d'un acharnement extrême dans son apprentissage : il récite dix fois, cent fois les vocables étrangers jusqu'à ce qu'ils imprègnent sa pensée, son raisonnement et qu'ils produisent en lui une vraie métamorphose. Alors sa voix change de tonalité, de rythme, d'intensité, ses gestes se coordonnent autrement, ses idées s'enchaînent différemment : il est un autre ! Et il adore cette sensation…

Fasciné par l'ordre merveilleux de la Nature, Samuel approfondit les sciences naturelles, la botanique et débute son long périple dans l'univers de la pensée scientifique. Au détour d'une lecture sur la découverte de l'Amérique, il constate que le perfectionnement des instruments de navigation a permis en quelques décennies d'en connaître bien plus sur le monde qu'en dix siècles de spéculations intellectuelles. « Il m'apparaît que, par mon voyage, se trouve réfutée l'opinion de la plupart des philosophes, affirmant qu'aucun homme ne saurait survivre dans la zone torride en raison de la forte chaleur car, au cours de ce voyage, j'ai pu constater tout le contraire… En toute raison, dirai-je à demi-voix, l'expérience vécue vaut assurément plus que la théorie. » Cette phrase d'Amerigo Vespucci trouble profondément Samuel : la logique ne serait-elle donc pas l'outil nécessaire et suffisant à l'édification des sciences ? Aristote se serait-il trompé ? Désorienté, il interroge le professeur Müller qui, ravi de voir son élève gagné par le doute, s'empresse de lui suggérer la lecture d'un ouvrage unique à la bibliothèque de Saint-Afra : un traité d'hydraulique de Léonard de Vinci intitulé *Sur la façon de dévier les cours d'eau quand ils causent des dégâts*.

« Qu'il te souvienne d'invoquer l'expérience, ensuite le raisonnement », affirme Léonard de Vinci. Les souvenirs d'enfance reviennent à Samuel : il se rappelle les exhortations de son père à observer la Nature avec attention. Il l'entend invoquer l'expérience pour expliquer le secret de fabrication des couleurs. Comment a-t-il pu oublier l'observation, point d'ancrage de toute réflexion ? Comment a-t-il pu se laisser aveugler par le discours d'Aristote où les conclusions des raisonnements ne s'apprécient qu'à partir des évidences logiques ?

Samuel s'éveille enfin à la science. Il n'a jamais tant appris de sa vie : son esprit est en ébullition permanente, avide d'aller plus vite, plus loin. Il se passionne pour Bacon qui reproche à Aristote de ne pas effectuer d'expériences mais de bâtir des systèmes en ne suivant que son raisonnement et en manipulant les faits pour qu'ils concordent avec son opinion. Il est fasciné par les arguments et le brio incisif dont use ce philosophe pour éreinter la pensée antique et démontrer que « le savoir doit être fondé sur des faits et des expériences ».

En cours d'astronomie, le professeur Klimus explique à Samuel que les premiers savants rencontrèrent des difficultés qu'ils ne purent surmonter qu'en cherchant au-delà des apparences. « La Vérité n'a été que légèrement voilée et non profondément cachée. » Samuel se souvient de ce poème qui déclencha en lui le désir obsédant de comprendre le langage de la Nature. Les savants auraient-ils décrypté l'alphabet divin ? Auraient-ils levé le voile de la Vérité ?

– Oui, Samuel ! Les savants ont fait une extraordinaire découverte, révèle le professeur Klimus. La Nature est écrite en langage mathématique !

– L'alphabet divin serait-il fait de nombres ? Les mathématiques seraient-elles la grammaire du Créateur ?

– Parfaitement ! Et en voici la preuve…

Illustrant l'harmonie mathématique de l'univers, le professeur Klimus entraîne son élève dans un fabuleux voyage astronomique. Il lui raconte comment Copernic démontra, grâce aux mathématiques, la puissance de son hypothèse d'héliocentrisme de l'univers. Il lui parle de Galilée, convaincu que la conclusion d'un raisonnement doit être confrontée au résultat des mesures. Il aborde la pensée de Newton pour qui « tout ce qui ne se déduit pas des phénomènes est une hypothèse » et « les hypothèses ne doivent pas être reçues dans la philosophie expérimentale ». Samuel s'imprègne profondément de cette pensée rationnelle, d'autant qu'il découvre Descartes et le *Discours de la méthode* : cette méthode, si souvent évoquée par son père dans l'exercice de son art ! Cette méthode, source du fonctionnement adéquat du savoir.

Mais par-dessus tout, c'est Leibniz qui l'enchante. Cette croyance que Dieu et la Nature ne font qu'un, que tout est vie, âme, pensée, désir s'accorde à merveille avec son intime conviction que l'univers vit dans une dynamique de forces spirituelles s'unissant pour créer une parfaite harmonie. Il est convaincu que Dieu a réalisé le monde selon le principe du meilleur : la magnifique construction du corps humain n'en est-elle pas la preuve la plus éclatante ?

D'ailleurs, ce corps humain l'obsède. Depuis que les philosophes l'ont sensibilisé à la puissance créatrice d'une méthode appuyée sur les faits et s'attachant davantage au comment qu'au pourquoi, il n'a qu'une idée en tête : l'appliquer à l'étude du corps humain. Si cette démarche est aussi féconde qu'en astronomie ou en mécanique, elle révélera de l'homme plus qu'on n'a jamais su et ouvrira la voie à une vraie médecine capable de soulager et guérir.

– Professeur Müller, je sais quelle est ma vocation ! annonce fièrement Samuel au début de l'année 1774. Je veux étudier la fabrique du corps humain, comprendre l'œuvre du Divin Artisan. Je crois que le Seigneur nous a doués de sens et d'intelligence pour que nous puissions nous contempler nous-mêmes et toute sa Création. Aussi, je pense qu'en examinant l'homme aussi précisément que les astronomes ont scruté les étoiles et qu'en expérimentant des remèdes avec autant de méthode et de rigueur qu'ils ont usé des mathématiques, il est possible de trouver un moyen de guérir… Et je crois même qu'il s'agit d'un moyen simple.

– Qu'est-ce qui t'autorise pareille affirmation ?

– Kepler était persuadé que l'esprit humain est en mesure de découvrir l'harmonie universelle qui se cache derrière les apparences. Il était convaincu que le Monde est régi par des lois mathématiques simples. Et il avait raison ! Après lui, Descartes et Newton l'ont démontré. Pourquoi l'homme, partie intégrante de la Nature, ferait-il exception à cet ordre divin ? Professeur, je veux me consacrer à la recherche des lois du corps humain et trouver le principe universel de guérir.

– Mon cher enfant, je pense que ces quatre années à Saint-Afra t'ont conduit exactement là où je l'espérais : ta vocation. Mais ce que tu m'expliques est le projet d'une vie, voire de plusieurs : en es-tu bien conscient ? Es-tu prêt à un tel sacrifice ? Car c'est un sacrifice de vouer sa vie entière à une quête qui ne présente qu'une infime probabilité de succès.

– Oui, professeur. J'en suis absolument certain. Si je ne consacre pas mon existence à la recherche du moyen de soulager mes semblables, j'aurai le sentiment d'avoir vécu en vain.

– Si tu es appelé par une voix intérieure si puissante, aie confiance et suis-la. Elle te guidera plus sûrement que quiconque. Mais souviens-toi, Samuel, un travail acharné et un immense courage ne te suffiront pas pour parvenir au but. Il te faudra aussi une foi inébranlable.

– Je le sais, professeur. Mais le Tout-Puissant, dans sa merveilleuse sagesse et son infinie bonté, ne donne rien qu'on ne puisse supporter. Et je me sens armé pour réaliser le dessein qu'Il m'a inspiré.

Samuel aura bientôt vingt ans et je ne l'ai pas vu grandir, songe le professeur. À cet âge, il a l'énergie et la hardiesse de relever les défis les plus fous et n'attend nullement des conseils de prudence et de modération. Il espère simplement que je croie sincèrement en lui.

– Mon garçon, ton projet est celui du courage et je suis convaincu que tu réussiras. Dès ce mois de juillet il te faudra partir pour l'éminente université de Leipzig. Sais-tu que

Gotthold Lessing y a fait ses études de théologie avant de se consacrer à la littérature et que l'excellent Gellert y fut professeur de rhétorique et de morale ? Mon cher enfant, tu t'apprêtes à entrer dans le sanctuaire de la science. Néanmoins, tu as encore six mois pour parfaire ton éducation à Saint-Afra et rédiger un mémoire de fin d'études qui permette à tes maîtres d'apprécier la sincérité de ta vocation pour la médecine.

– Justement, professeur, j'ai une idée.

– Et quelle est-elle ?

– J'ai l'intention de composer à propos de la magnifique construction de la main.

– Excellent sujet pour un jeune savant qui s'applique à observer avec finesse les merveilles de la Nature. Et quel sujet ambitieux pour un premier mémoire !

C'est donc au printemps 1775 que Samuel soutient un discours en latin sur « La merveilleuse conformation de la main de l'Homme », suivi d'une ode en vers à la gloire de Saint-Afra et de ses professeurs. La subtilité, le sens de l'observation, l'esprit d'analyse et la capacité de synthèse de Samuel conquièrent les membres du jury tandis que le respect et la gratitude qu'il exprime à ses maîtres achèvent de les ravir. Profondément ému par la grâce et l'intelligence de son brillant élève, le professeur Müller rayonne d'une fière tendresse et cache pudiquement le chagrin qu'il ressent de voir bientôt partir son fils spirituel.

Ainsi, comme il y a huit ans, Samuel prend la route de Leipzig. Mais cette fois, c'est de gaieté de cœur car il se rend à l'Alma Mater Lipsiensis dont le prestige rayonne sur toute l'Europe. Il est heureux, confiant, plein d'espoir, bien qu'il ressente un vif pincement au cœur de quitter sa famille et son dévoué professeur qui une fois encore s'est entremis pour lui obtenir une modeste bourse.

Dès son entrée à l'université, Samuel s'est inscrit aux cours de médecine et d'anatomie où les professeurs exposent magistralement les théories d'Hippocrate, Aristote, Avicenne et Galien. Rhétorique, exercices de logique formelle, combinaisons d'hypothèses sur l'essence de la vie et l'origine des maladies, spéculations métaphysiques sont les exercices quotidiens des élèves. Et Samuel est déçu.

Il connaît la médecine des Anciens et sait parfaitement que la santé dépend d'une hygiène rigoureuse, d'une pratique régulière d'activités physiques et du juste équilibre entre le phlegme, la bile, l'atrabile et le sang. Il sait que tout conflit entre ces quatre humeurs génère la maladie et il connaît par cœur la liste des affections relatives à chaque tempérament qu'a établie Galien.

Il s'ennuie et s'interroge : pourquoi n'observe-t-on rien à l'université ? Hippocrate affirme pourtant que « mieux vaut l'observation à trop de pensée théorique ». Alors pourquoi les professeurs se contentent-ils de rabâcher les anciennes théories, de discourir et spéculer à loisir sur l'origine des maladies ? D'où tiennent-ils que les affections proviennent d'émanations putrides véhiculées par l'air ou de conjonctions planétaires défavorables ? Sur quoi se basent-ils pour affirmer que les plantes ont l'apparence du mal qu'elles guérissent ?

En entrant à l'université, Samuel espérait découvrir une nouvelle médecine. Il croyait fermement qu'à l'instar de l'astronomie, l'observation avait fait progresser le savoir médical et que ses nouveaux maîtres lui dévoileraient les dernières avancées de la science. Mais il n'en est rien. Il semble qu'on n'en sache pas plus qu'il y a quinze siècles !

Exaspéré par les discours stériles et les joutes oratoires de ses professeurs, Samuel ne supporte plus leurs spéculations présomptueuses, ce fatras d'expressions vagues et pompeuses dont ils usent à l'envie pour paraître savants. Et il quitterait bien l'université s'il ne découvrait dans l'immense bibliothèque de véritables trésors négligés de ses maîtres.

Lisant le meilleur de ce qui l'intéresse, il adhère spontanément à l'idée d'une force vitale irriguant le corps humain et la Nature tout entière. L'hypothèse émise par le médecin italien Jérôme Fracastor de l'existence de « seminaria », petits êtres vivants invisibles, responsables des maladies infectieuses, le fascine. Les magnifiques gravures du *De Humani Corporis Fabrica* de Vesale lui dévoilent la formidable complexité de l'anatomie humaine tandis que la *Chirurgie universelle* d'Ambroise Paré lui révèle la supériorité de la ligature des vaisseaux à l'emploi du cautère pour arrêter les hémorragies. Avec passion, il engrange le savoir médical et puise à la source des nouvelles découvertes car, pour subvenir à ses besoins élémentaires, il passe des nuits entières à traduire les plus récents traités pour le compte des maisons d'édition de Leipzig.

Ces essais de savants étrangers sur l'hydrophobie, le cuivre, les eaux minérales et les bains chauds ouvrent à Samuel des champs d'investigation inédits. *Le Nouvel Art de guérir* de Bell lui prouve qu'il existe des chercheurs en prise avec le réel et qui observent méthodiquement la Nature pour en décrypter les lois. Il y a donc des hommes qui, comme lui, cherchent à guérir leurs semblables plutôt qu'à gloser indéfiniment sur l'origine des maladies !

Pendant près de deux ans, Samuel étudie sans relâche, menant une vie d'ascète sans ami ni divertissement. Le jour, il s'instruit à l'université ; le soir, il donne des cours de français pour payer le loyer de sa modeste chambre et la nuit il traduit sans faiblir la matière scientifique qui afflue des quatre coins de l'Europe dans la cité du livre. Au prix d'un labeur surhumain, il enrichit ses connaissances à une vitesse vertigineuse et acquiert la conviction qu'il existe une autre voie que la médecine spéculative pour soulager l'humanité souffrante.

Cette autre voie, c'est la médecine clinique et il veut à tout prix l'explorer. Aussi, ses examens réussis, Samuel quitte l'Alma Mater Lipsiensis pour rejoindre l'institution la plus réputée pour son enseignement médical au chevet des malades : la faculté de Vienne !

7

« Vienne, hôpital des Frères de la Charité,
15 janvier 1777.

Cher professeur Müller,

Me voici enfin à Vienne ! J'ai bien cru que je n'y arriverais jamais. Il faut dire que je n'ai pas eu de chance. Alors que nous partagions la même voiture, un vieil homme m'a demandé de lui avancer l'argent du voyage jusqu'à Prague. Il m'a expliqué qu'il se rendait en urgence chez sa fille et a promis de me rembourser dès notre arrivée. J'avoue que la mine sincèrement accablée de cet homme m'a ému et que je n'ai pas hésité à le secourir.

À Prague où nous faisions escale, je l'ai attendu tout le jour quand un gamin m'a remis un billet de sa main. En quelques lignes poignantes, le vieil homme m'informait de la mort de sa fille et avouait confus son incapacité à me dédommager. Je me suis senti bien découragé : je lui avais prêté plus de la moitié de mes économies et avec ce qu'il restait, je ne pouvais aller plus loin que Linz. Pourtant, je n'en voulais pas à ce pauvre homme et me disais que cet argent avait été bien employé à accompagner sa fille dans ses derniers instants.

Cependant, il fallait que je trouve un moyen plus économique de terminer mon voyage. J'ai donc abandonné l'idée de reprendre la voiture et j'ai continué à pied. Au bout de trois semaines, je suis enfin arrivé au bord du Danube : par bonheur, il me restait juste assez d'argent pour payer le bateau jusqu'à Vienne. C'est ainsi qu'il m'a fallu plus de six semaines pour arriver à l'hôpital des Frères de la Charité où le docteur Quarin m'a accueilli. À cet instant, j'ignorais qu'il était médecin chef de l'hôpital et qu'il déciderait de mon destin : nous avons passé un long moment à discuter de l'enseignement de la médecine et des raisons qui m'amenaient à Vienne. Je me sentais en accord et en confiance avec cet homme quand il m'annonça qu'il dirigeait l'hôpital et qu'il serait heureux de me compter parmi ses étudiants.

Mon cher professeur, vous ne pouvez imaginer ma joie ! Quel bonheur de côtoyer un homme pour qui l'on éprouve spontanément une vive sympathie, une connivence semblable à celle que nous partageons. Quelle chance d'apprendre d'un homme compétent qui, malgré ses responsabilités et son impressionnante notoriété, a su conserver une grande simplicité : car figurez-vous que le docteur Quarin est le médecin personnel de l'impératrice Marie-Thérèse d'Autriche !

Aussi, depuis deux mois, j'apprends la vraie médecine : celle qu'on pratique au chevet du malade et dont le but est de soulager et guérir. Je savais bien qu'il existait une médecine différente de ces spéculations métaphysiques dont on m'a rebattu les oreilles à Leipzig et dont l'unique finalité est d'impressionner l'ignorant.

À l'hôpital des Frères de la Charité, le docteur Quarin place le malade au cœur de sa réflexion : il l'examine longuement et l'interroge avec précision avant de formuler son diagnostic. Enfin une approche méthodique et rationnelle de la médecine ! Quel réconfort de constater qu'à Vienne, la médecine s'est dotée d'une démarche scientifique qui privilégie l'observation et l'expérience !

Depuis près de deux mois, j'apprends donc à examiner : j'observe l'aspect de la peau, les muqueuses, les sécrétions. Je m'exerce à estimer la température corporelle et le rythme du pouls. J'apprends à identifier les lésions des organes internes grâce à un nouveau mode d'auscultation dit "par percussion" qui permet d'explorer les cavités du corps humain. Je m'entraîne aussi à interroger les patients : je les questionne sur la nature et l'intensité de leurs douleurs, les circonstances de leur apparition, sur leur mode de vie et même sur les sentiments qu'ils éprouvent.

Le docteur Quarin exige que nous maîtrisions parfaitement cette phase d'examen car c'est d'elle que dépend le juste diagnostic. "Pas de bonne synthèse sans analyse rigoureuse", répète-t-il quand l'un d'entre nous examine un malade avec trop de légèreté, "ni sans un peu d'imagination", ajoute-t-il d'un air énigmatique. Je crois deviner ce qu'il veut dire, surtout depuis que j'ausculte les patients présentant des troubles inhabituels. Quand j'ai recueilli toutes les informations nécessaires au diagnostic, quelque chose en moi de plus puissant que la logique pure m'aide à les relier et à trouver un sens à ce formidable enchevêtrement de symptômes et de circonstances parfois contradictoires. Je crois que c'est cette prouesse de l'esprit que le docteur Quarin appelle "imagination" et qu'il possède au plus haut point : il me suffit d'ailleurs de l'observer en plein diagnostic pour évaluer tout le chemin qu'il me reste à parcourir !

Mais je ne suis point découragé, au contraire. Je consulte les centaines de registres d'observations cliniques à la bibliothèque de l'université et, surtout, je demeure nuit et jour au chevet des malades car j'ai l'avantage de vivre à l'hôpital. Le docteur Quarin a proposé de m'y héberger gratuitement contre une participation aux soins infirmiers et à l'entretien des locaux. Aussi, j'apprends les gestes cliniques élémentaires comme le nettoyage et le pansement des plaies, l'application de ventouses, les lavements, les saignées et la cautérisation des vaisseaux. En aidant les employés chargés de la propreté de l'hôpital et de la préparation des repas, je me familiarise avec les mesures d'hygiène et de diététique que le docteur Quarin a instaurées dans cet établissement modèle. Bref, j'apprends à chaque instant. Je suis heureux !

Désormais, cher professeur, je crois que vous savez tout de mes occupations. Si ce n'est que ce matin, j'ai le privilège d'accompagner le docteur Quarin auprès de sa clientèle privée : il m'a avoué que je suis le premier élève auquel il fait cet honneur. J'en suis vraiment très fier et en retire l'assurance que je progresse convenablement dans l'art médical. J'espère que de votre côté, la charge de Collegia Tertius vous apporte toujours autant de satisfactions et que madame Müller se porte bien.

Tâchant d'être digne de votre considération en tout ce que je fais, j'attends de vos nouvelles avec impatience.

Votre bien dévoué Samuel Hahnemann. »

Samuel est satisfait de s'être levé bien avant l'aube pour écrire à son maître d'école avec lequel il n'a jamais cessé de correspondre depuis son départ de Saint-Afra : il a tant besoin de partager son enthousiasme avec cet homme qui le comprend et connaît ses rêves. Dans le réfectoire où il s'est installé pour écrire, une faible lueur traverse timidement les vitraux. Il est bientôt sept heures et le jour se lève lentement quand le bruit lourd et traînant des pas de la vieille Magda résonne dans la cuisine.

– Bonjour, mon gars ! Eh bien, à voir ta tête, t'as pas dû beaucoup dormir cette nuit. Et c'est pas les filles qui te fatiguent, hein ?

– Décidément, Magda, rien ne vous échappe, répond Samuel en souriant. Comment allez-vous ce matin ?

– Mal ! Avec ce brouillard qui perce les os, mes rhumatismes me reprennent. Je vais me traîner tout l'hiver comme un vieil escargot courbaturé.

Samuel éclate de rire. Il aime bien cette femme qui prend toujours avec humour les difficultés de la vie. D'ailleurs, sans cet optimisme et cette gaieté naturelle, comment aurait-elle résisté aux drames qui se jouent quotidiennement à l'hôpital ?

– Je nous prépare un bon petit déjeuner avant que les sauvages n'assaillent ma cuisine.

Les sauvages, ce sont les infirmiers et les médecins de jour qui prennent le café avant de commencer leur journée de travail. Magda ne supporte pas leurs manières hautaines, leurs odieuses exigences et leur manque de respect envers ceux qui les servent. Ils ne ressemblent pas au jeune Samuel qui est toujours poli et ne rechigne jamais à donner un coup de main.

– Bonjour, madame Magdalena. Alors, toujours pas de clients à cette heure ? lance d'une voix puissante le docteur Quarin qui, comme chaque jour, salue celle qu'il estime pour son solide courage et sa rude franchise.

– Dieu merci, docteur ! J'ai encore quelques minutes de paix avant que la horde n'assiège ma salle à manger.

– Vous semblez d'excellente humeur, chère amie, reprend le docteur qui, amusé, se tourne vers Samuel. Jeune homme, je vois que vous êtes prêt pour votre première sortie. Alors suivez-moi, j'ai commandé un fiacre : ce sera plus commode pour circuler dans Vienne. Dehors, le brouillard est si dense qu'on y voit à peine et par un temps pareil, les poitrinaires vont affluer à l'hôpital. À propos, notre première visite est pour le baron Grakov : il crache le sang depuis plusieurs semaines.

– Et quel est votre diagnostic ? demande Samuel en enfilant rapidement un manteau.

– De toute évidence, il est atteint de phtisie. Mais il est surtout victime d'un médecin ignorant qui l'a purgé et saigné jusqu'à l'épuisement. Vous constaterez par vous-même les dégâts de l'incompétence.

Après un court trajet dans la brume hivernale qui enveloppe Vienne encore ensommeillée, Samuel et le docteur Quarin sont reçus avec empressement dans un riche hôtel particulier non loin du palais de la Hofburg. Dans une chambre surchauffée, un homme exsangue et décharné attend, la mine résignée, sur son lit de souffrance. Docilement il se laisse ausculter par le docteur Quarin qui, attentif au moindre souffle de son patient, écoute patiemment sa respiration, analyse la sonorité de sa toux et scrute le crachoir sur la table de nuit.

– Eh bien, cher ami, je crois que votre état s'améliore. Vous respirez plus librement, votre fièvre baisse et je n'observe aucun filet de sang dans vos expectorations ce matin.

– C'est vrai, docteur. Je me sens mieux depuis que je prends ces infusions de thym que vous m'avez prescrites.

Bien que je ne puisse encore me lever, j'ai l'impression que mes forces reviennent peu à peu.

– Très bien, continuez ce traitement. Et surtout, ne prenez aucune autre médecine. Dès que vous le pourrez, mangez de la viande rouge et du chou : c'est essentiel pour reconstituer vos forces. À bientôt, baron Grakov. Je repasserai vous voir dans trois jours.

N'ayant pas l'habitude de gaspiller son temps, le docteur Quarin salue rapidement la famille Grakov et s'engouffre dans le fiacre qui le mène aussitôt chez un nouveau patient. Mais Samuel a hâte de connaître les chances de guérison du baron et il presse son maître de nombreuses questions.

– Sachez, explique le professeur, qu'il y a deux mois le baron Grakov est rentré d'un long voyage sous les tropiques. Il a commencé par ressentir une gêne respiratoire mais ne s'en est pas inquiété croyant que le changement de climat était la cause de son malaise. Cependant, son état empirant, il a fini par consulter un médecin qui, pendant des semaines, s'est contenté de discourir sur l'origine de la maladie. Plus le patient est riche, plus on a intérêt à étaler sa science et multiplier les visites, n'est-ce pas ? Finalement, constatant que son patient se mettait à cracher le sang, ce maudit médecin a décidé de le débarrasser de ses humeurs peccantes[1] ! Il l'a d'abord purgé pour ensuite le faire suer dans des bains de vapeur. Et cela ne suffisant pas, il l'a saigné comme un porc ! Heureusement, l'épouse du baron, s'alarmant de la faiblesse de son mari, est venue me chercher à l'hôpital la semaine dernière. Je pense qu'une journée de plus entre les mains de ce médicastre aurait suffi à faire passer le baron de vie à trépas !

1. La théorie humorale voulait qu'on se fasse du mauvais sang, de la bile, etc.

– Et croyez-vous que ce médecin lui ait administré d'autres remèdes que les purgatifs et les diurétiques ?

– Non et c'est bien heureux ! Vu l'état de ses connaissances, il aurait certainement prescrit toute une série de mixtures, plus complexes et nuisibles les unes que les autres, et aurait achevé le malade en un rien de temps. Voyez-vous, monsieur Hahnemann, le drame de notre métier est que ce genre d'incapables constitue l'immense majorité du corps médical. Ils vident les malades de leur force vitale et leur administrent toutes sortes de potions dont ils trouvent les recettes dans de vieux grimoires nommés pompeusement « dispensaires » et écrits par de cupides et ignares charlatans. Sans compter les pharmaciens peu scrupuleux qui arrangent les prescriptions à leur guise pour les vendre plus chères. Et je ne parle pas de ces barbiers qui se disent chirurgiens et charcutent allégrement leurs patients ! Ni de tous ces barbares dont l'unique vocation est de s'enrichir !

C'est bien la première fois que le docteur Quarin s'exprime avec véhémence contre sa confrérie. Jamais il n'a émis critique aussi acerbe, lui, le médecin renommé dont la modération et la circonspection passent pour exemplaires.

– Excusez mon emportement, ajoute-t-il vivement, fâché contre lui-même. Diffamer n'est pas dans mes habitudes, c'est même contraire à mes principes. Mais je suis ulcéré par le gâchis que causent bon nombre de médecins. Parfois je me sens prêt à dénoncer tout haut leurs monstrueuses pratiques, mais j'imagine trop bien les représailles auxquelles je m'exposerais.

– Mais ils n'ont pas le droit ! s'écrie Samuel révolté. C'est vous qui avez raison ! Vous devez dénoncer les dérives assassines de tous ces malhonnêtes !

– Apprenez que vous n'aurez jamais raison contre la

masse, surtout si votre position porte atteinte à ses intérêts. En conséquence, plutôt que gaspiller mes forces dans un combat incertain contre l'ignorance et la cupidité, je préfère les mobiliser contre la maladie. À force de patience et de détermination, j'obtiendrai des résultats probants et rallierai peu à peu les meilleures volontés. Croyez-moi, monsieur Hahnemann, il n'y a que ce chemin pour transformer le monde. Seul, vous ne pourrez rien !

Les arguments du docteur Quarin ne convainquent pas Samuel. Lui ne renoncerait pas à déclarer la guerre à tous ces criminels, quel qu'en soit le péril, car rien n'est plus essentiel que la Vérité.

– Revenons, s'il vous plaît, au cas du baron Grakov, reprend le docteur Quarin, devinant qu'il ne convertira pas de sitôt son élève à la patience et la modération. Sachant que le patient n'était pas d'un naturel phtisique et n'avait pas non plus la fâcheuse manie de fumer, j'en ai déduit qu'il avait certainement contracté quelques miasmes tropicaux qui attaquent les poumons. Or l'expérience m'a montré que le thym est d'un grand secours dans les affections de l'appareil respiratoire : c'est pourquoi j'ai choisi de le prescrire en infusions très concentrées.

– Auriez-vous choisi le même remède si le baron avait été à un stade plus avancé de la maladie ?

– Tout dépend des symptômes qu'il aurait manifestés. Le traitement ne consiste jamais à appliquer une recette censée correspondre à une maladie : cette cuisine médicale est bonne pour les incompétents qui déshonorent notre métier. En réalité, chaque homme a sa sensibilité propre et réagit de façon personnelle à une même affection : il s'agit donc d'adapter nos médications à la nature unique de chacun de nos patients.

– Et quelle durée de traitement recommandez-vous dans le cas du baron Grakov ?

– Encore une fois, jeune homme, ceci dépend de la réaction du malade. Il y a cinq jours, j'ai commencé les infusions de thym et j'ai pu constater une diminution progressive des saignements, de la fièvre, ainsi qu'une légère libération des bronches. Comme vous l'avez noté, j'ai décidé de poursuivre ce traitement pendant trois jours encore. L'important est de laisser au remède le temps d'agir et, surtout, de ne pas perturber son action en administrant d'autres drogues.

– Ils sont rares les médecins qui usent de la pharmacopée avec tant de mesure et de discernement !

– Certes, médecins et pharmaciens s'entendent à merveille pour empoisonner les patients de toutes sortes de substances : plus la liste en est longue, plus ils ont l'air savant et plus ils s'enrichissent. Et comme toutes ces mixtures ne sont d'aucun secours, ils s'empressent d'en prescrire encore de plus dangereuses. Existe-t-il commerces plus lucratifs que ceux de la médecine et de la pharmacie ?

– Certainement pas, soupire Samuel. Je comprends mieux votre discrétion sur l'état de notre art car, si vous dévoiliez cette honteuse réalité, vous décourageriez plus d'une vocation.

– Évidemment et ce n'est pas mon but. Il faut former toujours plus de médecins compétents pour qu'un jour ils fassent obstacle aux dangers publics qui infestent notre corps médical. Mais, s'inquiète soudain le docteur Quarin, j'espère au moins ne pas avoir entamé votre enthousiasme ?

– Du tout, professeur. L'ampleur de la lutte contre la médiocrité ne me fait pas peur. Je dirais même qu'elle renforce mon engagement dans cette cause suprême qu'est l'art de guérir.

– Dans ce cas, laissez-moi vous décrire l'état des autres patients que nous examinerons aujourd'hui.

Et la journée défile à un rythme effréné. Bien qu'il soit le médecin des bourgeois fortunés et des aristocrates, le docteur Quarin hait les mondanités et ne s'attarde pas en futiles verbiages lors des consultations. Aussi, les visites sont nombreuses et Samuel découvre des cas bien différents de ceux de l'hôpital. Ainsi cette jeune femme atteinte de syphilis qui refuse le mercure de peur de perdre ses dents et qui a accepté l'expérience d'un remède à base de bois de gaïac. Ou ce malheureux homme victime de la pierre[1] qu'un barbier sans scrupule a voulu opérer, déclenchant par là même une horrible gangrène. Ou bien ce militaire abruti de laudanum[2] dont les crises de goutte torturent l'existence.

Mais ces consultations révèlent également tout ce que le docteur Quarin préfère tenir secret : le doute vertigineux, le mystère désarmant, la tragique impuissance et l'heureux hasard qui guérit plus sûrement que toute thérapie. Alors, comment imaginer un réel progrès dans cet art qui n'est fait que de coïncidences ?

Ainsi, au bout de plusieurs mois au chevet des malades, Samuel réalise pleinement que seule la recherche fondée sur l'expérience peut éclairer la nuit dans laquelle s'égare la médecine. Et le docteur Quarin, qui a vite perçu en son brillant disciple le courage surhumain et l'esprit de justice qui peuvent changer le monde, songe que le jeune Hahnemann est une bien belle pierre à joindre à l'édifice…

1. Ou gravelle, ou calculs rénaux.
2. Laudanum de Sydenham : vin médicinal contenant de l'opium.

8

– Cher ami, comme je suis heureux de vous revoir ! J'arrive d'Hermannstadt et ma première visite est pour vous, déclare chaleureusement le baron von Brückenthal.

– Quel honneur, baron ! Vous qui êtes si occupé sur vos terres de Transylvanie.

– Justement, Quarin, c'en est bientôt fini de ces bandes de révolutionnaires. Je vais remettre de l'ordre dans cette province : l'Impératrice vient de me nommer gouverneur.

– Félicitations ! Sa Majesté a fait le bon choix : votre autorité naturelle saura venir à bout de ces redoutables paysans.

– Arrêtez de vous moquer, interrompt le baron en riant, vous savez bien que j'ai tendance à exagérer quand je suis dans le feu de l'action. Vous avez raison, il n'y a aucun dangereux rebelle sur mes terres, juste quelques insoumis. Finalement, ce sont de braves gens qui ont leur fierté. Mon seul regret est que cette nouvelle charge ne me laissera plus de temps pour ma chère collection. Désormais, il me faudra une personne de confiance, un homme d'une moralité irréprochable pour prendre soin de mes précieuses monnaies et médailles. Vous imaginez bien qu'on ne met pas un tel trésor dans les mains du premier venu.

– J'imagine parfaitement, répond le docteur Quarin d'un air songeur. Au fait, combien de temps restez-vous à Vienne ?

– Une quinzaine de jours, le temps de recevoir les instructions de notre Impératrice. Puis je rentre à Hermannstadt pour mon intronisation. Mais parlons un peu de vous, cher ami. Quoi de neuf depuis ma dernière visite ?

– Rien de particulier. L'hôpital, l'enseignement, les patients et quelques corvées mondaines.

– Tant pis pour vous, plaisante von Brückenthal, il ne faut pas être médecin de Sa Majesté quand on déteste faire des ronds de jambe.

– C'est vrai. Enfin, la largesse impériale me permet de soigner les pauvres gracieusement : c'est le plus important, n'est-ce pas ?

– Ah ! je vous reconnais bien. Rien ne me fait plus plaisir que votre zèle à œuvrer quotidiennement dans l'esprit de notre confrérie.

– Merci, cher ami. À ce propos, reprend le docteur Quarin sur le ton de la confidence, j'ai depuis neuf mois un jeune homme bien singulier parmi mes étudiants. Figurez-vous qu'il cherche la Vérité. En tout cas, c'est la réponse qu'il m'a faite quand je l'ai interrogé sur sa vocation. Il m'a expliqué qu'il devait trouver la Vérité pour atteindre au but ultime : soulager et guérir les malades.

– Serait-il initié pour s'exprimer ainsi ?

– Pas du tout. Il m'a fait cet aveu avec une naïveté et une spontanéité déconcertantes. Il ne sait rien de notre idéal et possède toutes les qualités pour le partager : c'est un jeune homme érudit, intelligent, d'excellente moralité et qui désire sincèrement aider le genre humain. Certes, son irréprochable droiture le conduit souvent à trop d'intransigeance mais c'est le fait de la jeunesse de manquer parfois de tempérance. Toujours est-il que je comptais sérieusement le présenter à La Bienfaisance[1] jusqu'à ce que vous arriviez et me donniez une tout autre idée. Voyez-vous, baron, il me semble que vous devez vous entourer d'esprits brillants dans vos nouvelles fonctions. Bien que je ne mette aucunement en doute votre capacité à mener avec succès votre mission, il serait bon que vous puissiez compter sur vos frères en Transylvanie.

– Votre parole est d'or, Quarin. Gouverner est une tâche difficile, parfois très ingrate, et j'ai besoin d'esprits éclairés autour de moi. Aussi ai-je commencé à réunir de belles intelligences au sein de notre loge d'Hermannstadt.

– Justement, cher ami, c'est là où je veux en venir. Il me semble que ce jeune homme dont je viens de parler aurait légitimement sa place à vos côtés. D'abord, c'est un remarquable étudiant qui s'acquitterait parfaitement de votre suivi médical. Ensuite, sa probité incontestable et l'étendue de ses connaissances feraient de lui un excellent conservateur de votre inestimable collection. Et surtout, c'est un esprit plein de promesses qui mérite d'être éveillé.

– Est-ce un homme de qualité ? s'enquiert le baron vivement intéressé.

– Hélas, non. C'est un jeune homme d'une grande pauvreté dont le père est peintre décorateur à la manufacture de Meissen. Mais il porte en lui de telles valeurs morales, une telle foi et tant de générosité qu'il est parfaitement digne de notre confrérie.

1. Loge maçonnique à laquelle appartenait le docteur Quarin.

Von Brückenthal se carre dans son fauteuil, sort de sa poche une élégante pipe en terre et, à travers les volutes de fumée embaumant le bureau d'une douce senteur de miel, il réfléchit longuement, le regard flottant.

– Vous avez toujours montré beaucoup de discernement quant au courage et à la probité des hommes, déclare enfin le baron. Je vous fais confiance, Quarin, et c'est avec plaisir que j'accueillerai votre protégé. Au fait, comment s'appelle ce jeune homme ?

– Il s'appelle Samuel Hahnemann. Il a vingt-deux ans et toute la fougue de la jeunesse.

– Parfait, il n'y a que la passion qui élève l'homme à un destin supérieur ! Je reviens dans quinze jours vous faire mes adieux. Que monsieur Hahnemann se tienne prêt à m'accompagner à Hermannstadt.

Avec la satisfaction d'une affaire rondement menée, le baron se retire sans tarder : c'est un homme qui prend des décisions et passe vite à l'action. Rien ne l'agace plus que les atermoiements des hésitants et l'inertie des lâches. D'ailleurs, il s'est entouré d'hommes qui, comme lui, mettent le courage, la droiture et l'action au rang des plus hautes qualités : n'est-ce pas la condition indispensable d'un gouvernement juste et efficace ? Il en est persuadé, même si son sens de l'équité lui vaut de redoutables ennemis. Jamais le baron n'a renié les valeurs qui, trente ans auparavant, l'ont conduit à devenir franc-maçon en même temps que le docteur Quarin dont le dévouement à la science et au genre humain force son admiration : il a besoin d'hommes de cette trempe dans sa lointaine Transylvanie et il est impatient de rencontrer ce jeune étudiant qui a su se faire remarquer de son ami.

Le docteur Quarin n'a d'ailleurs aucun mal à convaincre Samuel de l'intérêt de ce séjour à Hermannstadt : c'est une occasion inespérée de découvrir de nouveaux horizons et d'améliorer ses finances. Car, bien qu'il n'y fasse jamais allusion, le professeur est conscient du dénuement de son élève et ne supporte plus de le voir vivre comme un gueux. Le savoir ne s'épanouit pas dans la misère : ce jeune homme a besoin d'un protecteur et le baron est l'homme providentiel.

C'est ainsi qu'en ce début d'automne 1777, Samuel fait ses adieux au docteur Quarin dont il a tant appris. La complicité qui les unit est si forte qu'ils ont les larmes aux yeux de se quitter. Mais le maître sait que son disciple se dirige vers la lumière et son cœur en est infiniment radieux.

Le voyage pour Hermannstadt se déroule paisiblement au rythme des visites de courtoisie aux petits seigneurs des environs. Samuel n'a jamais pris la route dans un tel luxe et ne peut s'empêcher de comparer l'inconfort de la vieille guimbarde qui l'a amené à Vienne avec ce nid douillet, capitonné de velours cramoisi dans lequel il est transporté en prince : petits coussins de plumes, couvertures moelleuses, livres, service à thé, flacons d'eau-de-vie et friandises font de ce long trajet une délicieuse promenade d'agrément. Dehors, la blondeur des moissons, le vibrant verdoiement des collines, les paisibles soirées dans de coquettes auberges ravissent l'âme de Samuel. Tout est plaisir et incitation à la rêverie.

– À vous entendre, baron, conclut Samuel après une longue conversation bercée par le doux roulis de la voiture, j'imagine la Transylvanie pleine de mystères et d'étrangetés.

– Oui, toute en secrets jalousement protégés de la curiosité des profanes. Vienne déteste ça ! Pour le pouvoir, tout ce qui est caché est nécessairement subversif, n'est-ce pas ?

– Certainement. D'autant que les hommes sont prompts à

échafauder les hypothèses les plus farfelues quand ils croient être tenus à l'écart d'un savoir réservé à quelques initiés.

– Exactement. D'ailleurs, tous les conseillers de l'Impératrice sont persuadés que la Transylvanie est dirigée par des puissances occultes. Comment des esprits soi-disant éclairés peuvent-ils se fourvoyer ainsi ? Est-il possible que quelques superstitions et légendes paysannes suffisent à influencer leurs imaginations au point qu'ils prennent nos forêts et nos marécages pour l'antre des sorcières et des magiciens ? Décidément, les hommes ont beaucoup de chemin à faire avant de découvrir la Vérité !

– La Vérité… soupire pensivement Samuel.

– Y aspirez-vous au point d'y consacrer votre vie ? reprend brusquement le baron.

– Oui, j'y aspire passionnément. Je veux étudier la Nature pour en découvrir les lois. À force d'observations et d'expériences conduites avec méthode, j'espère déchiffrer l'alphabet du Créateur, puis lire ses mots et enfin comprendre sa grammaire. Cette divine grammaire qui contient toutes les lois de l'univers, qui est la Vérité même ! Cette grammaire qui me révélera le moyen sûr et simple de soulager et guérir mes semblables !

– Pourquoi « simple » ? demande le baron, enchanté par la verve du jeune homme.

– J'en suis persuadé, même si aucune raison logique ne permet de l'affirmer. Je me souviens d'un poème de Gellert qui dit que « la Vérité a été légèrement cachée ». Selon moi ce « légèrement » signifie que les règles qui régissent la Nature sont d'une extrême simplicité. Peut-être ai-je été influencé par les admirables découvertes des astronomes, démontrant que les révolutions des planètes obéissent à des lois mathématiques simples ? Peut-être fais-je un raccourci un peu cavalier en supposant que les lois de la terre sont analogues à celles du ciel ? Pourtant, je ne peux m'empêcher de croire que ciel et terre ne font qu'un, qu'ils résonnent à l'unisson d'une même musique... Une musique si pure, si simple qu'on a peine à l'imaginer. Une musique magnifique dont la beauté et la puissance résident dans une sublime simplicité !

– Votre conviction profonde serait-elle fondée sur une sorte d'intuition ?

– Oui, malheureusement...

– Pourquoi, malheureusement ?

– Parce que tout ceci ne relève d'aucun raisonnement rationnel et manque cruellement de solidité.

– Croyez-vous vraiment que la science soit fille unique de la raison ? Depuis quand un enfant naît-il d'un seul parent ? Il a un père et une mère, il est le fruit des principes masculin et féminin, tout comme le savoir résulte de la fécondation de la raison par l'imagination. Sans l'inspiration, l'esprit, si ordonné et érudit soit-il, reste désespérément stérile. Il n'y a aucune honte à faire appel à votre intuition, à vos sentiments pour vous guider dans la recherche de la Vérité, bien au contraire ! Éveillez-vous à ce mode de pensée qui unit le visible à l'invisible, qui rassemble plutôt qu'il ne sépare, qui a le pouvoir de relier ce qui semble définitivement inconciliable.

Fasciné par les propos du baron, Samuel prend conscience que, de crainte de tomber dans les excès de la pensée spéculative dont il a constaté les errements pitoyables à l'université, il a fait de la raison pure une véritable religion qui risque de l'aveugler, de l'empêcher de découvrir cette Vérité tant désirée. Les idées se bousculent dans sa tête : il se sent à deux doigts de comprendre le sens des paroles du baron quand, soudain, ce sentiment fugace s'échappe et laisse place à une angoissante confusion mentale. Observant le trouble de son compagnon de route, von Brückenthal ne dit mot : il sait qu'il faut du temps pour comprendre qu'il n'y a pas de frontière entre raison et imagination, corps et esprit, force et matière.

Ce 2 octobre 1777, c'est une foule en liesse qui accueille son nouveau gouverneur devant le splendide palais von Brückenthal dont la majestueuse façade jaune pâle surlignée de blanc se détache fièrement sur le bleu limpide du ciel. Toute la ville baigne dans une douce lumière automnale et Samuel s'abîme dans la contemplation de ses jolies maisons bien ordonnées, badigeonnées de couleurs pastel et parées d'une multitude de guirlandes follettes en l'honneur du baron.

Quelle harmonie, quelle clarté ! Samuel est subjugué et réalise à peine que c'est dans ce havre d'ordre et de beauté qu'il va vivre. L'allégresse et la gratitude le submergent : Dieu l'a sauvé de la paralysante misère qui s'acharne sur lui depuis si longtemps. Il lui offre d'exercer la médecine sous la protection d'un des hommes les plus puissants et les plus cultivés de l'Empire. Comment se montrer digne de tant de bienfaits ? Comment remercier la Providence ? En réalisant pleinement son destin, pense Samuel. En dédiant toute sa force, tout son esprit, toute sa vie à soulager ceux qui souffrent. Cette chance inespérée est un signe du Seigneur : Il lui montre la voie et lui rappelle que, même dans les pires épreuves, il faut avoir confiance et ne jamais abandonner.

À l'entrée du palais, les domestiques se pressent pour saluer le maître et ce jeune inconnu qu'avec diligence ils débarrassent de leurs effets de voyage. Traversant le hall d'honneur à grandes enjambées, von Brückenthal entraîne son compagnon dans un petit salon où l'attendent, impatientes, son épouse et sa fille.

– Très chère, annonce solennellement le baron, je vous présente notre nouveau médecin de famille : le docteur Hahnemann, jeune et brillant disciple de notre ami Quarin.

– Enchantée, monsieur Hahnemann. Je vous souhaite la bienvenue à Hermannstadt. Croyez bien que nous sommes ravis de pouvoir compter sur les bons et loyaux services d'un médecin compétent.

– Je ferai tout ce qui est en mon pouvoir pour prendre soin de la santé de votre famille, chère madame.

– Et de ma collection ! interrompt le baron. N'oubliez pas ma collection dans votre passion à vouloir guérir la terre entière.

– Prenez garde, monsieur, souligne la baronne avec malice. Il tient plus à son bric-à-brac de pièces et de médailles qu'à sa propre santé.

– Comment ça, bric-à-brac ? réplique le baron d'un ton faussement fâché. Au fait, docteur Hahnemann, je ne vous ai pas présenté à notre petite Josépha qui vient de fêter ses sept ans.

– Enchanté de faire votre connaissance, mademoiselle, salue respectueusement Samuel. Comment vous portez-vous ?

– Fort bien, monsieur. D'ailleurs, je ne suis jamais malade, déclare fièrement la petite.

– Surtout n'imaginez pas que vous vous ennuierez, cher ami, reprend le baron. Certes, notre famille se porte comme un charme, mais la population de la région souffre de nombreuses affections. En tant que gouverneur, je souhaite mettre vos compétences au service de mes sujets. Vous verrez qu'ils ont cruellement besoin de vous. Croyez-moi, entre les malades, ma collection et la bibliothèque du palais, vous ne manquerez pas d'occupations.

– Sans compter nos réceptions auxquelles bien sûr vous êtes convié, explique la baronne. Notre gouvernante Michaela vous instruira de l'étiquette à la cour d'Hermannstadt. À ce propos, elle vous apportera un costume d'apparat pour la cérémonie d'intronisation de demain.

– Je vous suis très reconnaissant pour toutes ces aimables attentions, remercie Samuel confus et un peu dérouté par ce qu'il pressent de sa nouvelle vie.

– Mais c'est dans l'ordre des choses, docteur Hahnemann ! Vous faites désormais partie des nôtres, explique la baronne avec aménité.

– Ma chère, interrompt le baron, veuillez nous excuser d'écourter cette conversation. Je souhaite présenter le docteur Hahnemann à l'ensemble de mes conseillers et régler quelques urgences avant la fin de la journée.

Quittant à regret son épouse et sa fille, le baron se dépêche de rejoindre son bureau où l'attendent déjà ses collaborateurs. Son charisme, sa manière juste, précise et efficace de questionner, son aptitude à se détacher des passions pour rendre un jugement équitable sont remarquables. En un après-midi, il a résolu avec sérénité tous les problèmes qui l'attendaient. Et en début de soirée, le voici qui convoque Samuel pour l'enjoindre de visiter au plus tôt tous les notables de la région.

– Sachez qu'il vous faut rencontrer des hommes influents. Ne négligez pas ce genre de relations sans lesquelles, je vous l'affirme, vous ne pourrez jamais vivre de votre art. Vous savez bien que seuls les riches peuvent s'offrir les bons soins d'un médecin.

– Certes, mais qui aidera les pauvres, infiniment plus nombreux à souffrir ?

– Vous, docteur Hahnemann ! Soigner les puissants vous dispensera de faire payer les pauvres.

– Mais je n'ai pas d'aptitude pour les mondanités, réplique Samuel contrarié. Je ne supporte pas de gaspiller mon temps en futiles bavardages.

– Je crois l'avoir compris mais faites-moi confiance, suggère le baron sur un ton de mystère. Ceux que je vous présenterai ne vous feront pas perdre votre temps.

9

À Hermannstadt, en compagnie du baron von Brückenthal, Samuel parcourt la province, rencontre les propriétaires terriens, s'entretient avec les paysans, visite les commerçants et les artisans. Il ne se passe pas une soirée sans qu'il soit convié aux réceptions, concerts et bals où le faste de la Cour s'étale, grandiose, sous ses yeux éblouis. Pourtant, les splendeurs baroques, l'étincelante musique de ce fameux Mozart, le raffinement des mets et la flamboyante féminité qui l'entourent ne suffisent pas à enchanter son cœur. Toutes ces séductions n'ont pas de prise sur son âme, irrémédiablement étrangère au luxe et à la vanité de la brillante société.

Il n'est jamais plus heureux que dans ses tournées de médecin de campagne où il réconforte et soulage les maux des petites gens. À ce moment, il se sent vraiment utile et éprouve enfin le sentiment d'accomplir sa destinée. Rien ne lui cause plus de bonheur que d'observer le visage serein de celui qui ne souffre plus et reprend confiance en la vie. Rien ne le réjouit davantage que d'apaiser l'angoisse des familles et de redonner espoir. Rien ne lui procure plus de force et d'enthousiasme que de sillonner la province pour secourir les malades. Et ce pays ne manque pas de misérables enfants mal nourris, incapables de lutter contre la moindre infection, de femmes épuisées par les maternités et le rude travail de la terre, de paysans rongés par la fièvre intermittente. La malaria est une vraie plaie dans cette contrée de marécages et Samuel découvre avec amertume que l'écorce de quinquina qui guérit ses patients délabre gravement leur estomac.

Pourtant, rien n'ébranle sa foi dans la découverte prochaine d'un moyen sûr de guérir qui respecte l'économie du malade. Chaque visite est un champ d'expérience où il observe, collecte toutes sortes de renseignements sur la vie du patient, ses habitudes, son environnement, ses sentiments. Il détaille les symptômes, les confronte, les relie, tente un diagnostic. Et de retour au palais, dans le profond silence de la bibliothèque, il dévore les ouvrages de botanique et de chimie en quête des lumières de la science. C'est ainsi qu'un soir, plongé dans la lecture d'un traité sur les bienfaits du vinaigre, Samuel est surpris par la visite de von Brückenthal.

– Cher ami, je tiens à vous féliciter pour le soin que vous apportez à ma collection. Je m'y retrouve aussi bien que si j'avais moi-même conçu ce nouvel agencement. Je suis sincèrement satisfait de votre travail, d'autant qu'il paraît que vous faites des miracles auprès de mes sujets.

– Oh ! il ne faut rien exagérer. Je n'ai que de pauvres moyens pour soulager les malades et ne suis pas content de mes résultats. La médecine est incroyablement en retard comparée à la physique et la chimie où les savants ne cessent de faire des découvertes toujours plus surprenantes. Hélas, notre savoir médical est bien dérisoire pour réaliser le noble dessein de guérir !

– Vous n'en êtes pas découragé au moins ?

– Non, du tout ! Je n'en ai que plus de raisons de trouver cette Vérité, la plus indispensable à qui veut guérir.

– Je m'en doute, docteur Hahnemann. Sur le chemin d'Hermannstadt, notre conversation m'a clairement révélé vos aspirations. Soyez certain que vous n'êtes pas seul dans votre quête. Il existe des hommes de bonne volonté qui, comme vous, cherchent passionnément la Vérité. Le docteur Quarin et moi sommes de ces hommes.

– J'en suis convaincu. D'ailleurs, j'ai immédiatement senti que je pouvais vous parler à cœur ouvert et que vous me compreniez.

– Alors, sachez que si vous voulez progresser dans la connaissance, il ne faut pas demeurer dans la solitude de vos réflexions personnelles. Vous devez confronter vos idées à celles des autres, éprouver la solidité de vos constructions intellectuelles, enrichir votre pensée à celle de vos pairs.

Un large sourire éclaire le visage de Samuel et le baron, voyant qu'il a fait mouche, reprend à voix basse :

– Avez-vous entendu parler de la franc-maçonnerie ?

– Certes, mais je ne connais pas cette doctrine.

– Il ne s'agit pas d'une doctrine, docteur Hahnemann. La franc-maçonnerie est une association d'hommes dont l'idéal est le perfectionnement des individus pour le bonheur du genre humain. Cette confrérie à laquelle Quarin et moi-même appartenons n'inculque aucun dogme, aucune doctrine. Elle ne prétend pas détenir la Vérité mais nous exhorte à penser, à rechercher le Vrai, le Juste et le Beau. Si vous le souhaitez sincèrement, c'est la voie de l'ordre maçonnique que je vous invite à prendre.

– Tout mon être y consent ! Je ne peux rêver plus grand bonheur que d'appartenir à une sage communauté en quête de Vérité.

– Je vous invite donc à interrompre votre passionnante lecture et à me suivre. L'endroit où je vous mène vous semblera certainement singulier, mais n'ayez crainte et laissez-vous guider en toute confiance.

Dans le crépuscule de la nuit, von Brückenthal et Samuel quittent discrètement le palais, empruntant les ruelles sombres et désertes d'Hermannstadt, prenant garde à chaque bruit suspect, se méfiant des ombres furtives glissant dans les ténèbres. Arrivés au seuil d'une petite maison bourgeoise à la façade d'une inhabituelle sobriété dans cette ville baroque, le baron s'arrête, sort une clé de bronze finement ciselée, ouvre la lourde porte de chêne et pénètre à l'intérieur. L'entrée de la maison est à peine éclairée : seule la lueur d'une haute bougie posée sur une console de marbre se reflète faiblement sur le carrelage en damier blanc et noir.

– C'est ici que nos chemins se séparent, murmure le baron. Patientez au seuil de notre temple jusqu'à ce qu'on vienne vous chercher. Obéissez aux ordres qui vous seront donnés et, surtout, ne craignez rien. Vous allez vivre un moment d'exception, les premiers instants de votre nouvelle vie. Soyez vigilant, observez de tous vos sens, imprégnez-vous de chaque vibration… Et surtout, ne cherchez pas à comprendre ce que vous ressentez. Soyez pleinement à ce que vous vivez, en toute innocence, en toute pureté.

Comme en rêve, le baron s'évanouit dans l'ombre de la pièce. Samuel est seul et son cœur bat plus vite, plus fort : ce n'est pas de la peur, mais une sorte d'anxiété emplie d'espoir et d'interrogations. Il sait qu'il est à un tournant de sa vie et que plus rien ne sera jamais comme avant.

Soudain, émergeant des ténèbres, un inconnu invite Samuel à se défaire de ses biens métalliques et à prendre un escalier sombre, étroit et tortueux, s'enfonçant jusque dans les entrailles de l'étrange maison. Hésitant à chaque marche, tâtonnant dans le noir, Samuel effectue en tremblant cette troublante descente jusqu'à ce qu'il touche terre et aperçoive soudain une source lumineuse éclairant une cruche d'eau, une miche de pain ainsi que deux soucoupes : dans l'une scintillent de minuscules cristaux de sel, tandis que brille dans l'autre une poudre énigmatique d'un jaune fluorescent qui rappelle le soufre.

Promenant lentement un regard anxieux dans ce caveau obscur, Samuel pousse un cri et recule d'effroi. À hauteur des yeux, dans une cavité creusée à même la pierre, un crâne blafard veille, tel Cerbère menaçant aux portes de l'enfer. Choqué un bref instant par cette vision d'horreur, Samuel se reprend, saisit la lampe à huile et examine les lieux avec perplexité. Brusquement, sans raison, surgit à sa conscience le souvenir heureux de sa chambre d'enfant. Par quel étrange mystère cette cave lugubre lui rappelle-t-elle son cher cabinet de réflexion ? Qu'y a-t-il de commun entre cette tombe sinistre et l'endroit le plus tendre où il a appris à penser ?

Chassant de son esprit ces questions troublantes, Samuel reprend son inspection et découvre sur les murs de curieuses inscriptions : la silhouette d'un coq, celle d'un sablier et puis, un peu plus loin, le tracé ferme et net des mots « Vigilance » et « Persévérance », et celui de sentences qu'il décrypte à voix basse :

> « Si la curiosité t'a conduit ici, va-t'en !
> Si tu crains d'être éclairé sur tes défauts,
> tu seras mal parmi nous

Si tu es capable de dissimulation, tremble,
on te pénétrera
Si tu tiens aux distinctions humaines, sors,
on n'en connaît point ici
Si ton âme a senti l'effroi, ne va pas plus loin !
Si tu persévères, tu seras purifié par les éléments,
tu sortiras de l'abîme des ténèbres,
tu verras la Lumière ! »

Ces phrases ne le font pas trembler. Elles résonnent au parfait unisson de son cœur. Il n'est pas un curieux et ne craint pas la confrontation à ses propres défauts. Il ne convoite aucune distinction, lui qui méprise tant la vanité. Il ne croit qu'au courage, à la franchise, à la loyauté, au don de soi pour le bien des Humains et la gloire de Dieu.

Relisant la sentence qui promet la lumière au chercheur opiniâtre, il comprend finalement qu'il est parmi les siens. Pourtant, une sourde appréhension vient altérer sa joie : « Tu seras purifié par les éléments, tu sortiras de l'abîme des ténèbres. » Oui, c'est cela qui le trouble, c'est cette phrase qui lui étreint le cœur. « Tu seras purifié par les éléments. » Faudra-t-il en passer par de terribles épreuves pour trouver la Lumière ? De lointaines paroles du professeur Müller reviennent à sa mémoire : « C'est un sacrifice de vouer sa vie entière à une quête qui ne présente qu'une infime probabilité de succès. » C'est peut-être cela qui l'attend...

Plongé dans sa méditation, il n'a pas entendu s'approcher le mystérieux guide qui l'enjoint de se dévêtir avant de quitter la cave aux funestes emblèmes. Le cœur à découvert, le genou droit mis à nu et le pied gauche déchaussé, Samuel remonte l'escalier qui mène directement au seuil du sanctuaire.

Un bandeau sur les yeux, la démarche vacillante, il pénètre

dans le temple avec appréhension quand la pointe d'un glaive effleure sa poitrine. Surpris, il s'arrête net mais l'obstacle s'évanouit comme par enchantement. Samuel ne bouge plus, il lui faut réfléchir. Il ne peut rien y voir mais il peut ressentir et ce sont donc ses sens qu'il devra maîtriser pour traverser sans heurts ce monde inconnu.

Malgré un vacarme effrayant qui emplit soudain tout l'espace, Samuel continue résolument sa marche dans la direction du nord. Il trébuche, heurte des obstacles mystérieux qui disparaissent subitement. La foudre éclate au-dessus de sa tête, le sol tremble. Il semble qu'une pluie de grêle s'abatte sur lui. Mais fièrement il poursuit son voyage, se dirigeant instinctivement du nord vers l'orient puis vers le sud, avant d'être renvoyé à l'occident par une force puissante et invisible. Éprouvé par ce périple hérissé de dangers et scandé d'incontrôlables événements, Samuel ne bouge plus. Il hésite à reprendre la route. La sentence sibylline qui l'a troublé revient à son esprit : « Tu seras purifié par les éléments. » N'est-il pas en train de vivre symboliquement les épreuves qui l'attendent sur le chemin de la Vérité ?

Soudain, il entend le cliquetis argentin d'armes virevoltant joyeusement dans l'air, telle une pluie fine et rafraîchissante venue apaiser les secousses de son âme. C'est un encouragement des invisibles qui l'entourent : il le sent, il le sait. Il doit avoir confiance et reprendre la route. Alors, opposant calme et sérénité aux nouveaux obstacles qui se présentent à lui, il entreprend son deuxième voyage à travers le temple dans le bruit clair des glaives qui s'entrechoquent au-dessus de sa tête. Il trébuche encore et encore, mais retrouve l'équilibre et reprend son chemin avec plus de sûreté.

Revenu à son point de départ, Samuel tressaille au contact pénétrant d'une pelisse brûlante posée sur ses épaules. Tandis que le vêtement irradie sa chaleur et que plus aucun bruit ne trouble le silence, une douce plénitude gagne le cœur de Samuel qui, confiant, commence son troisième voyage au sein du sanctuaire. Désormais nul obstacle ne se dresse devant lui. Le chemin est merveilleusement facile, la bienveillance émane de toute part et Samuel goûte enfin à la sérénité de l'état de maîtrise.

Puis on porte à ses lèvres un amer breuvage qui, comme par magie, se transforme subitement en suave liqueur. Quel est donc ce miracle qui se produit en lui ? Humblement agenouillé au-devant de l'autel, tenant dans la main gauche un compas grand ouvert et pointé sur son cœur, Samuel promet de consacrer sa vie à la recherche de la Vérité et au triomphe de la Justice. Il jure d'obéir à l'ordre maçonnique, de taire ses mystères, d'aimer et secourir ses frères en toutes circonstances.

Alors tombe le bandeau qui le rendait aveugle et jaillit la lumière sublime du sanctuaire. Peu à peu Samuel distingue les flamboyants reflets de douze lames d'épées convergeant vers sa poitrine : instinctivement il sait qu'à travers ce geste, ses frères lui témoignent leur puissante sympathie et l'assurent pour toujours de leur solide soutien.

Enfin, sous un dais de brocart orné de mille étoiles où rayonne souverainement un delta lumineux, le Vénérable consacre le victorieux novice et le reçoit en frère dans la loge Saint-André des Trois Lotus. Samuel est tellement ému qu'il perçoit à peine les hommes qui l'entourent. Il croit reconnaître le visage du baron, mais sa vue est troublée par le courant d'amour émanant de ses frères, témoins de sa naissance. Prenant place parmi eux au pied d'une colonne rouge, il sent vibrer en lui une intense énergie. Jamais ses sens n'ont été si sensibles, ni sa conscience à ce point éveillée : il est pleinement heureux, il veut offrir sa vie à toute l'Humanité !

10

– Mon Dieu, quelle mauvaise mine vous avez ce matin ! Le docteur Zweig ne vous soigne-t-il pas ?

– Mais si, madame. Il fait le nécessaire.

– Cela fait trois jours que vous tremblez de fièvre. Voyons, ce n'est pas sérieux ! Il doit bien y avoir un meilleur remède que ce quinquina pour soigner votre méchante maladie.

– Assurément non, murmure Samuel épuisé.

Vexée par cette réponse lapidaire, la baronne von Brückenthal grimace un petit sourire pincé. Voici comment le docteur Hahnemann la remercie, elle qui renonce à ses soirées pour le veiller et qui se donne tant de mal pour jouer la garde-malade ! Décidément, ce jeune homme est un sauvage et un inconscient qui attrapera la mort à force de traîner chez les pauvres.

Dans l'obscurité de la chambre où flotte une subtile odeur de camphre, la baronne remet un peu d'ordre dans les potions qui encombrent la table de chevet. Seul le crissement de sa jupe de soie trouble le silence ouaté qui enveloppe le malade.

– Je reviens tout à l'heure, reprend la baronne, vérifiant qu'aucun rai de lumière ne passe à travers les tentures de brocart. Et tâchez de mieux vous porter !

Samuel n'a pas la force de répondre. Depuis trois jours, il traverse de violents accès de fièvre qui le plongent dans d'atroces souffrances : deux ou trois heures durant, son corps tout entier est pris de tremblements, son cœur s'accélère, sa tête est près d'éclater, ses membres se paralysent. Il a chaud, il brûle, son visage est en feu, il meurt de soif. Une terrible angoisse lui serre la gorge. Il étouffe, il se sent mourir. Puis, après cet incendie de tout son être, des frissons lui parcourent l'échine. Il a froid, de plus en plus froid, il est dans un bain d'eau glacée. Le givre perle sur sa peau, il claque des dents, se recroqueville au fond du lit, tire les couvertures jusqu'au-dessus de sa tête pour se réchauffer. Mais l'invincible migraine est toujours là, aiguë, lancinante : elle lui torture le cerveau, ronge ses arcades sourcilières, perce ses orbites, dirige ses élancements jusqu'au cœur comme des coups de poignard. La douleur qui pulse sous son crâne vibre dans sa gorge, au creux de son abdomen et ébranle son estomac détraqué par la souffrance, le jeûne et le quinquina. Sans cesse alternent embrasements et glaciations sans que jamais la migraine ne s'apaise.

Dès les premières heures du mal, Samuel a identifié tous les symptômes de la fièvre intermittente qui tue les habitants des marais. Il connaît cette fièvre qui emporte tant de jeunes enfants et laisse de si lourdes séquelles à ceux qui en réchappent. Il sait aussi que l'écorce de quinquina est l'unique recours contre ce fléau, mais l'incapacité du remède à soulager sa chair lui est intolérable et le révolte davantage contre l'impuissance de la médecine.

Refermant silencieusement la porte de la chambre, la baronne contrariée par l'obstination du docteur Hahnemann à ne pas vouloir guérir se dirige vers le bureau de son époux. À cette heure matinale, il est certainement seul et elle pourra enfin lui dire ce qu'elle a sur le cœur depuis des mois.

– Ah ! mon ami, je dois vous parler, s'exclame nerveusement la baronne en apercevant son époux absorbé dans ses épais dossiers. Apprenez que votre protégé n'est vraiment pas raisonnable !

– Comment donc ? Vous causerait-il des soucis ? demande le baron avec une pointe d'ironie.

– Mais évidemment ! Je me sacrifie tous les jours à son chevet, le comblant d'attentions que je n'aurais pour personne et c'est à peine s'il me remercie. Je me sens profondément blessée par cette attitude. C'est indigne d'un gentilhomme !

– Je comprends votre contrariété, ma chère, répond le baron avec calme. Mais considérez l'état de ce jeune homme que la fièvre dévore. C'est à peine s'il est conscient. Je vous en prie, laissez parler votre cœur que je sais si compatissant, si généreux et pardonnez au docteur Hahnemann ses manquements involontaires aux règles de la bienséance.

Un instant flattée, la baronne semble se détendre mais reprend aussitôt avec intransigeance :

– Soit, mais c'est la dernière fois. D'ailleurs je ne tolérerai plus ses absences à la Cour et son désintérêt pour notre société. Enfin mon ami, de quoi ai-je l'air ? Tout le monde s'interroge sur ce médecin qui préfère la compagnie des gueux à celle des personnes de qualité. Pour qui se prend-il au juste pour négliger ceux qui l'ont accueilli sans réserve, faisant fi de sa misérable condition, et qui le couvrent de bienfaits ? Non, décidément, c'est inadmissible !

– Voici donc les raisons de ce ressentiment que je vous sens nourrir depuis quelque temps. Pourquoi ne pas vous être confiée plus tôt ? Cependant, avouez que le peu d'empressement du docteur Hahnemann à s'acquitter de ses devoirs mondains ne nuit vraiment qu'à lui.

– Je me moque bien de cela ! Qu'il hypothèque son avenir, c'est son affaire ! Pour le moment, c'est nous qu'il ridiculise et j'exige que vous lui fassiez entendre raison. Je ne supporterai plus ses absences insultantes !

– Je vous en prie, ma chère, calmez-vous, tempère le baron. Cette situation ne mérite pas que vous vous rendiez malade. Je vous promets de parler au docteur Hahnemann dès qu'il sera rétabli.

– Il ne s'agit pas de lui parler mais d'ordonner un autre comportement !

– Je crois que ce jeune homme est assez intelligent pour comprendre où est son intérêt, n'est-ce pas ?

– Je n'en suis pas si sûre, réplique la baronne sarcastique. C'est un original qui n'écoute que son extravagance. S'il avait deux sous de bon sens, il aurait déjà compris que ce n'est pas en compatissant au sort des misérables qu'on atteint aux plus grands honneurs mais en s'attachant la sympathie des femmes de haute lignée.

S'approchant de son épouse, le baron lui prend délicatement la main et murmure d'une voix apaisante quelques onctueuses paroles.

– Vous me jurez de faire quelque chose, n'est-ce pas ? insiste la baronne en minaudant. Je compte d'ailleurs que vous lui conseilliez de se mieux vêtir. On ne se promène pas éternellement dans une vieille redingote noir corbeau. Qu'il se mette à la mode, que diable ! Et qu'il abandonne cette dégaine de croque-mort. Ce ne sont pourtant pas les exemples d'élégance qui manquent à la Cour.

Dissimulant sa lassitude derrière un sourire complaisant, le baron acquiesce à tout ce qu'exige son épouse qui, satisfaite, s'en retourne fièrement vers ses appartements.

Cette pénible conversation a mis à rude épreuve la patience du baron qui commence sa journée de fort mauvaise humeur. Certes, la susceptibilité de la baronne est irritante mais il faut bien avouer qu'elle n'a pas complètement tort. Le docteur Hahnemann est en passe de s'attirer de solides inimitiés à force de mépriser les frivolités de la Cour. Il est temps que ce jeune homme change d'attitude et comprenne que travail, honnêteté et dévouement ne suffisent pas pour se faire une place dans le monde.

Quinze jours plus tard, surmontant bravement son état de faiblesse, Samuel se prépare à reprendre le cours de ses activités. Amaigri par la fièvre et flottant tristement dans son humble costume, il se dirige péniblement vers le cabinet du baron.

– Comment, mon ami, vous êtes debout ! s'exclame le baron, surpris par la pâleur du teint et l'étrange limpidité du regard de Samuel. Décidément, vous n'êtes pas raisonnable. Asseyez-vous et épargnez vos forces.

– Mais je vais beaucoup mieux. Je comptais justement…

– Ah ! non, interrompt brusquement le baron. Voulez-vous me mettre en colère ? Il est hors de question que vous repreniez vos consultations dans l'état où vous êtes. J'exige que vous vous remettiez complètement et que vous suiviez scrupuleusement les recommandations du docteur Zweig. Nourrissez-vous bien, reposez-vous, aérez-vous, évitez tout effort, refusez toute contrariété. J'y veillerai, croyez-moi, et ne vous autoriserai à reprendre vos activités que lorsque vous aurez meilleure mine.

– Bien, acquiesce Samuel déçu. Mais pourrai-je au moins m'occuper de votre bibliothèque et de votre collection ?

– À la seule condition qu'il s'agisse pour vous d'une plaisante distraction. D'ailleurs, en fait de divertissement, vous m'obligeriez en participant plus assidûment à la vie de la Cour. La baronne se plaint de votre désertion à son mercredi et aux amusements qu'elle se donne tant de mal à organiser.

– Vraiment ? s'étonne Samuel.

– Il me semble, en effet, que vous l'avez froissée.

– Croyez bien que c'est involontaire. Je me sens si peu à ma place parmi cette société où je ne connais personne et ne trouve rien à dire.

– Eh bien justement, il est plus que temps de remédier à cette situation. Vous n'arriverez à rien si vous persistez à vous consacrer exclusivement à la santé des pauvres. Abandonnez un peu vos patients et tissez un réseau de relations influentes : c'est le seul moyen de surmonter les obstacles qui ne manqueront pas de se présenter sur votre chemin.

– Le soutien de nos frères n'est-il pas suffisant pour vaincre l'adversité ? interroge Samuel incrédule.

– Pour l'éveil de votre âme, ils sont votre soutien mais le combat quotidien exige d'autres appuis.

– Dois-je donc perdre mon temps en bavardages frivoles ? se cabre Samuel. Rivaliser d'hypocrisie et de superficialité tel un vrai courtisan ?

– Voyons, n'exagérez rien et ne vous campez pas dans cette posture rebelle. Vous haïssez la fausseté, c'est tout à votre honneur. Cependant, si vous refusez d'agir en politique, vous ne ferez jamais triompher votre Vérité.

– Mais la Vérité s'impose d'elle-même ! riposte violemment Samuel. Elle n'a pas besoin de toutes ces manigances pour être révélée !

– Décidément, docteur Hahnemann, vous me confirmez que vous avez beaucoup à apprendre de la fréquentation des salons. Vous savez l'estime que je vous porte et combien je souhaite votre réussite. Je ne vous demande ni de vous corrompre, ni de sacrifier votre idéal. J'essaie simplement de vous faire comprendre qu'un homme isolé, même d'une intelligence exceptionnelle et d'une force de travail surhumaine, ne peut se faire entendre. Il a besoin de porte-voix, de partisans qui plaideront sa cause, de ce que j'appelle des « amis ». Et même si ces « amis » ne revêtent pas toujours les qualités morales et intellectuelles qui sont les vôtres, ne les rejetez pas. Utilisez-les ! Ils détiennent le pouvoir que vous ne possédez pas et dont vous aurez besoin pour parvenir au but. Docteur Hahnemann, croyez-en mon expérience, mettez la politique au service de votre cause.

– Vous me conseillez donc de m'accommoder de la médiocrité, du mensonge, de la flatterie, de l'hypocrisie, de la médisance, de l'injustice, de la malhonnêteté, que sais-je encore ? s'emballe Samuel. Bref, vous me conseillez l'immoralité !

– Non ! pas l'immoralité, l'amoralité, rectifie le baron. Séparez une fois pour toutes morale et politique. La morale est le domaine réservé de l'individu, de son élévation spirituelle : c'est le trésor personnel que chaque homme doit préserver et enrichir. La politique est un levier d'action : elle n'est ni bonne ni mauvaise en soi. Elle manipule des hommes plus ou moins honnêtes pour servir un objectif. Ce qui importe, c'est que l'objectif soit juste. Soulager et guérir son prochain est un but parfaitement honorable et le moyen d'y parvenir doit s'affranchir de toute considération morale. Si vous faites preuve d'intransigeance et d'inflexibilité, vous vous retrouverez seul, entouré d'ennemis, et je vous garantis que vous n'aurez pas la force de les vaincre pour faire triompher votre Vérité. Vous devez faire des concessions à la médiocrité des hommes et, au risque de vous paraître cynique, tâchez que leurs faiblesses constituent votre force !

Décontenancé, Samuel que la maladie a épuisé ne parvient à objecter quoi que ce soit à ce discours. Instinctivement, il sent que le baron a raison et pourtant, quelque chose en lui se révolte furieusement : pourquoi ne serait-il pas capable de faire rayonner la Vérité en empruntant un chemin plus glorieux que celui de la bassesse et de l'hypocrisie ? Pourquoi faudrait-il qu'il se renie lui-même ? Pourquoi le travail, l'honnêteté et le don de soi ne suffiraient-ils pas à consacrer le Juste et le Vrai ? Cependant, conscient que le baron ne lui veut que du bien, il s'enquiert avec résignation de ce qu'il convient de faire.

– Tout d'abord, je vous suggère d'assister au mercredi de mon épouse. Vous y rencontrerez ceux qui font l'opinion de notre pays : mes collaborateurs que vous connaissez déjà mais aussi beaucoup d'hommes d'Église et de très jolies femmes. À ce propos, vous auriez tort de négliger ces dames qui, je vous l'assure, pèsent davantage dans l'avenir d'une nation que bon nombre de ministres. Et puis, n'oubliez pas d'honorer de votre présence chaque réception qu'organise la baronne : elle sera ravie que vous participiez enfin au grand train de la Cour.

– Très bien, je vous obéirai en tout point. Loin de moi l'intention de vous déplaire ou de blesser madame la baronne.

– Dans ce cas, allez donc la saluer, suggère le baron. Votre rétablissement la comblera d'aise. Et pas de surmenage, n'est-ce pas ?

Remarquant l'abattement que cette conversation a causé au docteur Hahnemann, le baron doute qu'il soit prêt à affronter la cruauté du monde. Le voici qui se plie à suivre des conseils qui le rebutent dans l'unique dessein de ne pas déplaire. Sans conviction, il n'arrivera à rien. Il doit vouloir acquérir le réflexe politique, croire fermement à son efficacité, le mettre en œuvre en toute occasion, l'intégrer à sa personnalité. Ah ! pauvre docteur, comme il est étranger aux nécessaires roueries de la vie en société...

Pourtant, une semaine plus tard, surmontant ses réticences, Samuel s'apprête à se rendre au mercredi de la baronne. Il flotte toujours un peu dans sa vieille redingote mais son corps a repris vigueur et son teint des couleurs. Rassuré sur la netteté de sa mise, satisfait de son allure sobre et discrète, il avance, déterminé, à travers les couloirs du palais. Tel un soldat se préparant au combat, il rassemble ses forces, mobilise son courage et pénètre au salon, souriant, sûr de lui. Parmi la foule des convives, il repère aussitôt la baronne, agitant autour d'elle des propos volubiles qui semblent captiver un essaim d'invitées.

– Quel plaisir de vous voir, docteur Hahnemann ! s'exclame la baronne avec ravissement. Depuis le temps que je vante vos mérites, ces dames ont fini par désespérer de vous connaître !

– Je vous prie de pardonner mon indélicatesse, s'excuse Samuel en saluant respectueusement son hôtesse et les élégantes qui se pressent autour d'elle. Il est vrai que les malades m'ont accaparé entièrement depuis que je suis à Hermannstadt.

– Nous vous pardonnons, mon cher, mais à une condition, ordonne la baronne sur le ton d'une jeune fille capricieuse. Que vous nous fassiez plus souvent la joie de votre présence.

– Je vous le promets, madame.

– Dans ce cas, laissez-moi vous présenter la princesse von Griesheim et ses filles Mathilde et Gertrude.

Inclinant la tête avec déférence, Samuel sent un frôlement glacial lui parcourir la nuque : le regard d'acier de la vieille princesse au visage de marbre le scrute jusqu'au cœur.

– Dites-moi, mon ami, que pensez-vous de ces nouveaux traitements par les eaux ? s'enquiert la princesse dont la robe fuschia débordant de dentelles ne peut dissimuler l'effrayante maigreur. Savez-vous que c'est très à la mode en France ? Mon médecin, l'excellent docteur Liegon, m'assure qu'un séjour aux thermes me ferait le plus grand bien. Qu'en dites-vous ?

– Que ça ne peut pas vous faire de mal, répond laconiquement Samuel.

S'adressant un regard complice, les demoiselles von Griesheim pouffent de rire tandis que leur mère les fusille du regard et se fige dans un rictus vexé.

– Permettez que je vous vole le docteur Hahnemann quelques instants, intervient immédiatement la baronne. Vous poursuivrez la consultation plus tard, n'est-ce pas, chère amie ?

Saisissant vivement Samuel par le bras, la baronne l'entraîne à l'autre bout du salon, feignant hypocritement un complet ravissement.

– Voyons, monsieur, vous me faites honte ! murmure-t-elle sévèrement. Vous rendez-vous compte de la sottise de votre réponse ? Ah ! vous pouvez dire que vous avez réussi votre entrée. Je vous laisse. Tâchez d'être moins maladroit avec Monseigneur.

Abandonné par la baronne sans comprendre ce qui a pu la choquer, Samuel ose un salut discret à l'évêque Falkenstein, pieusement entouré de toute une cour de prêtres.

– Enchanté, jeune homme ! se rengorge le prélat dont la face joufflue s'éclaire comme une lune. Monsieur le curé Tordjmann m'a dit beaucoup de bien de vous. L'abbé Siefert aussi… Alors, il paraît que vous faites des miracles pour nos pauvres paysans ?

– Oh, Monseigneur, il ne faut rien exagérer. C'est Dieu qui réalise des prodiges. Moi, je ne fais que mon métier, le plus humblement possible.

– Bien, bien, mon fils, reprend l'évêque à court de mots aimables pour ce médecin novice qui vient de le moucher sans même s'en rendre compte tant il est étranger aux palabres de la Cour.

Détournant le regard, Monseigneur fait la moue et, cherchant une contenance, il croise ses mains potelées sur la ceinture de pourpre enserrant ses rondeurs. Ce léger agacement, qui l'espace d'un instant a troublé son visage, assombrit aussitôt les membres du clergé qui toisent avec mépris le médecin impudent, le privant pour toujours des grâces ecclésiastiques.

Désemparé par ce nouvel impair, Samuel s'éclipse maladroitement du cercle des hommes d'Église et se fraye un passage jusqu'à la cheminée où un fauteuil vide lui ouvre grand les bras. Sur son chemin, les crinolines s'écartent, les demoiselles s'observent en étouffant leurs rires, les messieurs se détournent, feignant l'indifférence. Derrière les éventails, on entend çà et là des paroles méprisantes à peine articulées par des bouches goinfrées de petits fours sucrés. Samuel est blessé, humilié, rejeté. Il se sent un paria parmi cette société drapée de ses richesses et jalouse de son rang.

Se réfugiant enfin dans le fauteuil providentiel, Samuel fait mine de se réchauffer au coin du feu et échappe en pensée à cet enfer mondain. Il songe à ses parents qu'il n'a pas revus depuis plus de trois ans, à la douce simplicité du foyer familial qui lui manque tellement. Il pense avec fierté à son frère Auguste qui vient de commencer ses études de pharmacie et imagine ses sœurs devenues jeunes filles, fraîches, épanouies, infiniment plus charmantes que les coquettes chlorotiques, raidies de condescendance, qui peuplent ce salon. Il se rappelle sa campagne natale, le bon sourire du professeur Müller, la bienveillance du docteur Quarin et, plein de nostalgie, il cherche consolation dans la méditation des sentences maçonniques.

Depuis qu'il est apprenti, il vit dans l'intuition pleine d'espoir que les portes de la connaissance sont prêtes à s'ouvrir. Il s'éveille à la puissance du symbole qui réunit ce qui est épars, prodigieuse synthèse d'une réalité infinie et pourtant parfaitement cohérente, essentielle. Il s'émerveille de la fertilité de la pensée analogique, des innombrables pistes de recherche qu'elle ouvre à l'esprit scientifique : quelles applications pourrait-il bien en tirer pour l'évolution de la médecine ? Conformément au raisonnement analogique, ne pourrait-on penser que l'état de santé et celui de maladie ne sont que deux manifestations d'un même principe ? Mais de quel principe ? Et quel peut être le rapport de la maladie avec son remède ? Y en a-t-il un, d'ailleurs ? Plus Samuel réfléchit, plus il s'embrouille. Il bute douloureusement contre un mur infranchissable quand soudain, dans son dos, il entend grasseyer deux voix éraillées aux accents vulgaires.

– Vous l'avez vue comme elle se pavane depuis que son mari est gouverneur ? Quand on sait d'où elle sort… Elle a un sacré aplomb, cette garce !

– Et ce cocu de Brückenthal qui ne voit rien. On dit que la petite est du bel abbé Siefert.

– De lui ou d'un autre, qui sait au juste ? Enfin, ce benêt de Brückenthal l'a bien cherché : on n'épouse pas une chanteuse, on la prend pour maîtresse.

– Certainement et je vous fais confiance en la matière, ricane l'autre voix malfaisante. Au fait, vous avez vu la tête de la Griesheim ?

– Encore une sacrée drôlesse. Ah ! elles en ont fait de belles ces deux coquines du temps où elles chassaient le mari à Vienne. Quoi qu'il en soit, vous avez raison : la Griesheim file un mauvais coton. Elle ne cachera plus longtemps sa vilaine maladie.

Ces paroles odieuses stupéfient Samuel. Qui peut donc se permettre un pareil déballage ? Se préparant à quitter son fauteuil qui l'a malencontreusement placé au cœur d'une conversation malsaine et inconvenante, Samuel s'arrête net, cloué de surprise : l'un des deux médisants vient soudain d'apparaître face à la cheminée sous les traits élégants d'un dandy longiligne portant avec panache un habit de soie bleue.

– Bonsoir, monsieur ! salue courtoisement la voix des bas-fonds qui un instant plus tôt vomissait allégrement son flot d'ordures. Je me présente : Franz Helder, maître boulanger de Son Altesse impériale !

– Bonsoir, monsieur, répond sèchement Samuel. Docteur Hahnemann, médecin privé du baron von Brückenthal.

– Vous êtes bien jeune pour être docteur, remarque Helder avec scepticisme.

– En effet, je dois encore soutenir ma thèse de doctorat.

– Alors, vous vous faites la main à Hermannstadt ? reprend cyniquement le boulanger. Vous avez raison ! Quelques paysans en plus ou en moins, quelle importance ? Le principal est que vous soyez au point quand vous vous installerez à Vienne, n'est-ce pas ?

Interdit par cette ignominie, Samuel ne sait que répondre et Helder continue de plus belle :

– Je suis ici en villégiature. Enfin, si j'ose dire ! Cette chère baronne que j'ai rencontrée à Vienne à l'époque de ses retentissants succès lyriques m'a invité dans ce trou-du-cul de l'Empire car mes croissants lui manquent dans ce pays de sauvages ! Notre honorable hôtesse est une sacrée gourmande, dans tous les sens du mot si vous voyez ce que je veux dire, ricane Helder, l'œil lubrique. Je suis donc ici pour enseigner l'art de la viennoiserie aux boulangers du palais. Tu parles d'une sinécure ! Former aux techniques du feuilletage cette bande d'incapables, ce ramassis de torchons tout juste bons à panifier le seigle ! Fort heureusement, mes honoraires sont à la hauteur de cette sale besogne… En vérité, monsieur Hahnemann, nos occupations sont de la même veine : je suis professeur, vous êtes encore élève. Je transmets mon art et vous apprenez. Oui, c'est cela, vous apprenez à vider les poches des moribonds, conclut crânement Helder dans un rire gras.

– Comment, monsieur ! s'exclame Samuel outré. Mon métier consiste à soulager et guérir les malades ! Pas à les escroquer !

– Pourtant ils se font du gras les médecins, avec toutes leurs visites et leurs méchantes potions. Et ne dites pas le contraire. Vous en connaissez, vous, des pauvres médecins qui crèvent la faim ? Moi non ! Allons, jeune homme, je vous en prie, gardez vos cris de vierge effarouchée pour un autre.

Cette fois, c'en est trop. Ulcéré, Samuel fixe son interlocuteur droit dans les yeux et, rassemblant tout ce qu'il peut imaginer d'injures, s'exclame haineusement :

– Monsieur, vous n'êtes qu'une vermine nauséabonde !

– Pauvre petit merdeux ! lance dans un rire méprisant l'infect dandy.

Arrachés brusquement à leurs propos oiseux, les invités se figent et fixent Samuel. Quel scandale ! Quelle honte ! On n'a jamais vu ça à la cour d'Hermannstadt. On ne peut tolérer pareille outrecuidance ! Le grondement indigné de la foule des convives s'élève plus furieux contre l'infortuné qui s'enfuit du salon, empourpré de colère.

De toute la nuit, regrettant à la fois d'avoir perdu contenance et de n'avoir improvisé expression plus cinglante pour anéantir l'infâme boulanger, Samuel ne trouve pas le sommeil. Et au petit matin, rongé par les remords et perclus de fatigue, il erre dans les jardins du palais Brückenthal. Cherchant auprès de la nature un peu de réconfort, il aperçoit soudain au bord de la roseraie la fine silhouette de la maîtresse des lieux. Poussé par l'impérieux besoin d'apaiser sa conscience, Samuel s'enhardit et va à la rencontre de la fière baronne.

– Bonjour, chère madame. Veuillez excuser l'extrême impertinence qui me fait ce matin troubler votre promenade. Mais je ne peux attendre plus longtemps pour vous parler. Je regrette si vivement mon esclandre d'hier que je ne sais comment vous demander pardon.

La baronne, immobile, raide de colère, ne desserre pas les lèvres. Dans le silence de glace qui fige l'atmosphère, elle fixe Samuel d'un regard rancunier.

– Monsieur, finit-elle par répliquer, vous vous êtes comporté de façon abominable !

– Mais, madame, cet homme…

– Taisez-vous ! Je ne veux rien entendre de vos explications. Cela ne se fait pas ! Vous n'avez aucune éducation, monsieur, et je vous prie de ne plus vous présenter à mes mercredis. Je ne vous retiens pas.

Bouleversé par la façon lapidaire dont il vient d'être expédié, Samuel tourne les talons et repart à la bibliothèque, ruminant un dangereux mélange de révolte et de culpabilité. Bien sûr, il a eu tort de perdre son calme, évidemment il a mis la baronne dans une position délicate. Mais comment pouvait-il tolérer que cet odieux personnage salisse ainsi la médecine, cet art béni de Dieu ? Pourquoi cette femme refuse-t-elle d'entendre ses explications ? Pourquoi ne cherche-t-elle pas à comprendre au lieu de se camper dans une logique de convenances ? C'est exaspérant ! Elle est révoltante de superficialité, idiote et blessante. Finalement, il n'a pas tort le boulanger. Ah ! Je la hais. Je les hais tous !

Pendant des heures, Samuel ressasse son tourment. Quel intérêt y a-t-il à contrer sa nature et s'infliger pareilles souffrances ? Pourquoi gaspiller son temps à ces mondanités alors que la médecine a tant besoin de lui ? Toute cette comédie n'a pas de sens !

Le soir venu, accablé par l'absurdité de sa situation, Samuel est sur le point de quitter la bibliothèque quand le baron paraît.

– Encore au travail, docteur Hahnemann ? Pourtant, je vous ai demandé de vous ménager.

– Tout va bien, baron, je ne suis pas fatigué. Ça me fait du bien de travailler.

– Oui, oui, je sais. Surtout aujourd'hui, n'est-ce pas ? Allez, mon ami, je connais votre peine. J'ai eu écho de votre petit mouvement d'humeur.

– Je suis désolé et…

– Arrêtez ! coupe le baron en riant. Vous vous êtes déjà excusé auprès de mon épouse et c'est la seule chose qui compte. Au fait, savez-vous que vous m'avez sacrément amusé ?

Interloqué, Samuel écarquille des yeux interrogateurs.

– Imaginez-vous que c'est la première fois qu'on ose remettre à sa place l'un de ces détestables parvenus qui grouillent dans nos salons ? Helder est une vermine, comme la majorité des membres de la Cour. Ses parents tenaient une petite échoppe crasseuse dans un faubourg de Vienne. Mine de rien, à force de grappiller, ils ont accumulé un bien joli magot que le fils, à leur mort, a placé dans une boulangerie des nouvelles Halles. On peut dire qu'il a le sens des affaires, le Franz ! Il a tout de suite compris que la fortune se jouait dans ces nouveaux quartiers. Royalement, il a investi en marbres, dorures, meubles de bois précieux, rutilants ustensiles, lustres de bronze antique : rien n'était trop beau pour décorer sa boutique ! Il a fait de son comptoir un autel à la gloire des viennoiseries légères comme des dentelles, craquantes comme des feuilles d'automne. Il a embrasé ses vitrines d'un feu d'artifice de pâtisseries aussi époustouflantes que de précieux bijoux. Il a garni ses échelles d'une débauche d'épis de froment, de couronnes d'épeautre, de miches de seigle, de pistolets d'orge. Bref, il a fait de son magasin un palais de délices, un sanctuaire de la friandise et du raffinement où ont accouru les plus riches gourmandes de Vienne. Fortune faite, il ne lui restait plus qu'à gagner l'honorabilité. C'est ainsi qu'il a séduit la femme d'un banquier qui, pour le remercier de ses assiduités, l'a introduit à la Cour impériale. Dans l'enceinte du pouvoir, il faut bien avouer que notre fieffé coquin a su faire son trou. Moyennant je ne sais quelles intrigues, il a obtenu le titre envié de fournisseur exclusif de notre Impératrice qui le compte désormais parmi ses proches amis. Certes, l'ascension fulgurante de ce vil boulanger n'a en rien effacé les tares héréditaires de sa basse extraction mais lui a conféré un pouvoir de nuisance dont il faut se méfier. Vous comprenez maintenant pourquoi je le tolère. Sachez, mon jeune ami, que votre passion pour la médecine dérangera certainement des individus aussi méprisables que Helder : le génie boutiquier n'est pas le privilège des boulangers.

– Est-ce à dire que les médecins s'enrichissent de la souffrance des patients ?

– Docteur Hahnemann, vous êtes encore bien jeune, soupire le baron. Vous n'avez fréquenté que l'excellent Quarin et ses dévoués disciples dont la moralité n'est plus à démontrer. Bientôt vous comprendrez que bon nombre de médecins ressemblent plus à Helder qu'à vos chers professeurs. Vous devez vous préparer à cette détestable réalité. Pourquoi croyez-vous que le docteur Quarin vous ait confié à moi ?

– C'est une question que je me suis souvent posée. J'ai pensé qu'il avait pitié de ma pauvreté et, pour être totalement franc, que cet emploi à la cour d'Hermannstadt visait surtout à rétablir mes finances.

– Effectivement, mais pas seulement. Quarin a souhaité que vous connaissiez les perfides manigances de la haute société. C'est un savoir précieux quand on est décidé à engager la lutte contre la fatuité et le charlatanisme des médecins renommés. Alors, acceptez-vous d'apprendre ?

– J'ai toujours le souhait de me perfectionner mais je n'ai aucun goût pour la politique. Autant vous le dire tout de suite, je n'ai aucune complaisance pour les individus pleins de suffisance. Je ne peux cautionner la bêtise, la mauvaise foi ou l'injustice et ne respecte un homme que pour sa probité, sa générosité, sa compétence. Jamais je n'estimerai quiconque pour l'argent, l'influence ou le pouvoir qu'il possède ! Jamais !

– Quel emportement pour un convalescent ! Je suis heureux que vous ayez retrouvé vos forces. Toutefois, prenez le temps de réfléchir : j'aimerais tant que votre malencontreuse entrée à la Cour ne soit qu'un faux pas de débutant et que, d'ici quelques années, vous passiez maître dans l'art de manipuler ces méprisables pantins. Je suis certain que vous en êtes capable. Bonne soirée, jeune homme, et que la nuit vous porte conseil !

Mais les nuits passent et Samuel ne démord pas de ses convictions. Les mondanités lui sont intolérables, la flatterie impossible, les commérages insupportables. Une rage l'étouffe dès qu'il est confronté à un être obtus, imbu de son pouvoir, arrogant de richesses. Il n'a qu'une seule envie : l'étrangler de ses mains, lui jeter au visage l'étendue infinie de sa médiocrité.

Son unique bonheur, sa seule consolation est de venir en aide aux malades qui souffrent. Son unique ambition, trouver le moyen infaillible de soulager et guérir. Aussi, convaincu que travail et vertu auront raison de tout, Samuel décide de quitter Hermannstadt et son ignoble cour. À l'automne de l'année 1779, il part loin, très loin de la Transylvanie, en Bavière, dans la petite ville d'Erlangen où l'inscription à l'université est la moins chère de l'Empire.

11

Six mois d'études acharnées ont permis à Samuel d'obtenir brillamment son doctorat de médecine. N'ayant pas épuisé son petit pécule amassé au service du baron, il a décidé de rester quelque temps à l'université d'Erlangen pour approfondir ses connaissances en chimie. Comment ne pas se passionner pour cette science qui met en évidence les propriétés des corps et révèle les antidotes de substances mortelles ? Comment ne pas s'interroger sur le pouvoir de la chimie de guérir les organismes malades ? Cette question obsède Samuel, d'autant qu'il n'y trouve aucune réponse dans la littérature scientifique qu'il dévore depuis des mois à Erlangen. En fait, il ne conçoit qu'un moyen de savoir : expérimenter sur le vivant. Et pas n'importe quel vivant… sur l'homme !

Il est temps de fermer les livres et de se mettre à l'ouvrage : seules la pratique et l'expérimentation permettent d'avancer. Et comme les économies s'épuisent, il est urgent d'exercer.

Ainsi, au printemps 1780, Samuel revient dans sa Saxe natale et se fixe dans la petite cité minière d'Hettstedt. Tout le rassure dans le choix de cette première installation : le retour au pays de son enfance, la modestie de ce bourg de quatre mille habitants où la vie n'est pas chère et qui ne possède pas de médecin. Tout semble idéal pour ce jeune praticien aux finances mal assurées.

Mais le cabinet de Samuel reste désespérément vide. Ce ne sont pourtant pas les malades qui manquent. Il y en a plus qu'il n'en faut sur cette terre empoisonnée par l'exploitation du cuivre : les mineurs étouffent, les bronches rongées par les poussières d'arsenic, les femmes s'intoxiquent à force de manipuler le minerai et les enfants s'étiolent dans la misère et la saleté des baraques construites sur le flanc des monts métallifères. Ils sont si pauvres que, malgré leurs souffrances, ils ne consultent jamais de médecin.

Décidément, Hettstedt n'est pas un endroit où faire fortune. Toutefois c'est un formidable champ d'investigation. Emporté par sa passion des sciences, Samuel rédige quantité de notes personnelles rassemblant tous les symptômes du « mal des métaux ». Il publie des articles sur le cancer du cuivre, affûte ses connaissances en minéralogie. Pendant un an, fidèle à la méthode d'examen du professeur Quarin, il observe les habitants, les interroge sur leurs conditions de vie, leurs souffrances. Il analyse les informations qu'il recueille, les croise, les synthétise, forge des hypothèses quant à l'apparition et au développement de la maladie. Malheureusement son esprit demeure impuissant à trouver le moyen de guérir et ses économies fondent à vue d'œil. Aussi, réalisant le danger imminent d'être englouti par le flot de misère que charrie la mine, Samuel décide finalement de quitter Hettstedt.

Ainsi, à l'aube d'un matin de mai 1781, avec pour seul

bagage une énorme malle bourrée de livres, Samuel prend la voiture de poste. Quand il aperçoit la Mulde bordant la coquette cité de Dessau, le soleil vient de se lever. Le printemps a fleuri les rives du fleuve d'une myriade de narcisses éclatants de lumière et de scilles sauvages aux clochettes d'un délicat bleu parme. Ébloui par le spectacle de cette nature jaillissante, Samuel se souvient avec émotion des tendres paysages de son enfance, de cette campagne verdoyante qu'il aimait parcourir avec son père et dont il collectionnait avec passion les plantes aux inflorescences mystérieuses. Ne résistant pas à l'envie de humer les fragrances matinales, il baisse la vitre de la voiture et aspire à pleins poumons l'air pur et vivifiant. Par quel miracle les pauvres gens de Hettstedt survivent-ils dans la poussière du minerai, dans cette vallée sale et stérile qui ne donne ni fleurs, ni fruits ? Comment résistent-ils à cette terre mortifère qui instille à chaque instant les miasmes de la maladie ? Peut-on ainsi se priver du bonheur de nourrir son corps d'air frais et pur, d'apaiser son esprit au vert des prairies, d'égayer son cœur au parfum des fleurs, de fortifier son âme à la majesté des arbres ? Mon Dieu, comment est-ce possible ? N'est-ce pas tout simplement dans ce confinement ouvrier, dans cet isolement de la Nature vivante que réside l'incurabilité de leurs maux ? Quand bien même on trouverait un remède au mal des métaux, comment pourrait-il être efficace si les patients n'ont pas de source où puiser la force de guérir ? Pris dans ses pensées, il regarde vaguement les bâtisses bourgeoises à l'allure pimpante qui défilent sous ses yeux. Il remarque à peine le théâtre baroque à l'audacieuse façade badigeonnée de rose et ornée d'arabesques que la voiture de poste est déjà arrivée sur la place du marché. D'un mouvement alerte, le conducteur saute sur le pavé et décroche les bagages solidement arrimés à l'arrière de la voiture.

– Vous voici arrivé, monsieur ! déclare-t-il fièrement. Puis-je faire autre chose pour votre service ?

– Peut-être, répond Samuel en réglant le prix de son voyage. Connaîtriez-vous quelqu'un qui loue un logis dans cette ville ?

– Non, mais renseignez-vous auprès de Karlheinz Steinmetz. C'est le propriétaire de cette auberge, indique le cocher pointant du doigt un établissement cossu, aux fenêtres ornées de cascades de géraniums vermillon. C'est la plus belle taverne de Dessau. Quand c'est jour de marché, y en a du monde qui défile chez Steinmetz. Il est au courant de tout !

Suivant ce conseil avisé, Samuel entre à l'auberge et s'installe tranquillement à proximité du comptoir. À cette heure, les tables sont désertes et le patron désœuvré se réjouit de l'arrivée de ce client inattendu.

– Bonjour, monsieur ! Avez-vous fait bon voyage ? salue l'aubergiste avec bonne humeur. Je vous ai aperçu à l'instant descendre de la malle-poste de Mülhausen. Venez-vous de là-bas ?

– Non, j'arrive de Hettstedt.

– Oh ! triste pays, soupire le patron avec compassion. Et vous faites escale à Dessau ?

– Pas exactement. En fait, je compte m'installer dans votre charmante ville en qualité de médecin.

– Vraiment ? s'exclame l'aubergiste examinant avec perplexité le modeste costume de son client. Eh bien, puisque vous êtes pour rester, que diriez-vous de goûter à la spécialité de notre petite brasserie locale ?

Acquiesçant à la proposition du tavernier qui aussitôt apporte une chope de bière, Samuel approche ses lèvres d'une mousse très fine au doux parfum d'épices. Goûtant prudemment cette étrange boisson, il découvre avec délice la subtile alliance du houblon amer avec les capiteux arômes d'Orient.

– Quelle étonnante saveur ! déclare Samuel. Quelle est donc la recette de cette bière extraordinaire ?

– C'est un secret ! Et notre maître brasseur n'est pas prêt de le révéler, croyez-moi. Même le duc d'Anhalt-Dessau, grand amateur de blanche, ne l'a pas convaincu de le dévoiler. Alors, vous pensez bien…

Savourant le plaisir de son client, le patron ne quitte pas des yeux Samuel qui saisit l'occasion pour s'informer d'un logis à louer.

– À brûle-pourpoint je ne vois pas, répond l'aubergiste pensif. Mais faites donc un tour à la pharmacie du Maure. Le docteur Häseler avait un petit rez-de-chaussée à louer cet hiver : peut-être n'a-t-il pas encore trouvé preneur.

– Ah, si c'était possible ! soupire Samuel. Et où se trouve cette pharmacie ?

– C'est à deux pas d'ici, je vais vous montrer. Laissez donc votre malle à l'auberge : inutile de vous encombrer, n'est-ce pas ? Et n'hésitez pas pour cette nuit : nous avons d'excellentes chambres, propres et très confortables. Les meilleures de Dessau !

Après avoir réglé généreusement sa consommation, Samuel quitte l'auberge et, suivant les indications du patron, traverse la place du marché pour s'engager dans l'avenue principale de Dessau. Décidément, c'est une bien jolie ville pour s'installer : tout y respire la prospérité. Des rues larges et propres, pavées de grès flambant neuf, des vitrines aguichantes : cette fois, c'est sûr, la clientèle sera au rendez-vous. D'ailleurs, si la ville possède une pharmacie, il ne fait aucun doute que les patients ont les moyens de consulter un médecin.

Le cœur léger et plein d'espoir, il chemine tel un promeneur dans la Hauptstrasse. La douce odeur du pain chaud berce la rue à demi ensommeillée. Le fumet corsé des volailles qui grésillent dans les rôtissoires taquine l'appétit des passants, tandis que les saluts sonores des ménagères matinales fusent joyeusement d'un trottoir à l'autre. Sous le regard attendri de Samuel se succèdent les devantures regorgeant de marchandises fraîches et bigarrées qui exhalent leurs succulents parfums. Enfin, interrompant ce défilé gourmand, s'élève large et austère une sombre façade taillée dans le granit. Levant les yeux juste au-dessus de la porte d'entrée, Samuel aperçoit une étrange statue d'homme noir tenant un parasol : il est bien à la pharmacie du Maure.

Sans hésitation, il franchit l'entrée et pénètre dans l'officine. Pas un client, pas un bruit ne trouble le silence de cette vaste pièce tapissée d'une multitude de bocaux de porcelaine, aux étiquettes délicatement peintes à la manière des vases royaux de Meissen. Tels de précieux trophées, d'énormes calices de cristal, ventrus comme des poires géantes, trônent dans un arc-en-ciel de couleurs derrière le comptoir de chêne massif.

Alertée par le carillon de la porte d'entrée, surgit de la pénombre une femme imposante, aux formes généreuses, fermement comprimées dans un corsage vert bronze. Coiffée d'une mousseline blanche et le port altier, madame Häseler s'avance avec dignité et, telle une Majesté, salue avec condescendance celui qui a osé entrer en son palais.

– Mes hommages, madame. Pourrais-je m'entretenir un instant avec monsieur Häseler ? demande respectueusement Samuel.

– Je suis désolée, le docteur n'est pas disponible, répond sèchement la maîtresse des lieux. Mais rassurez-vous, je sais parfaitement lire une ordonnance et dispenser les remèdes prescrits par votre médecin.

– Je n'en doute pas, madame, reprend Samuel conscient d'avoir vexé la fière pharmacienne, mais je n'ai pas besoin de médicament. Je recherche simplement un local ou une petite maison à louer et on m'a dit que vous auriez peut-être quelque chose.

Surprise, madame Häseler dévisage Samuel avec méfiance et scrute avec dédain son humble redingote.

– Vous souhaitez vous établir à Dessau ? demande-t-elle vivement.

– Certainement, madame. La ville me paraît florissante et à vrai dire fort agréable. D'ailleurs, en arrivant j'ai pu admirer votre splendide théâtre.

– Oh ! Ainsi vous venez d'arriver ?

– Effectivement, j'ai quitté Hettstedt ce matin même.

– Hettstedt ! s'exclame la pharmacienne, comme si on venait de lui parler de l'enfer.

Cependant, son instinct commerçant reprenant le dessus, madame Häseler poursuit spontanément son interrogatoire.

– Mais que cherchez-vous au juste ? Un local ou une maison ?

– L'idéal serait un rez-de-chaussée composé de deux ou trois pièces.

– Deux ou trois pièces ? Voyons, se raidit la pharmacienne, vous n'êtes pas sans savoir que cette ville est très prisée. Surtout depuis que Son Excellence le duc d'Anhalt-Dessau y a établi sa résidence. Les loyers ne sont pas comparables à ceux de Hettstedt et je doute que vous trouviez un logement de cette taille en rapport avec votre budget. Enfin, je dis cela, mais c'est à vous de voir. Tout dépend de vos moyens, n'est-ce pas ?

– Certainement, madame. À propos, j'ai manqué à tous mes devoirs en omettant de me présenter : docteur Samuel Hahnemann, ancien médecin privé de Son Excellence le baron von Brückenthal, gouverneur de Transylvanie.

– Comment ! Médecin du gouverneur ! s'exclame la pharmacienne, transfigurée. Mais pourquoi ne pas l'avoir dit plus tôt, cher monsieur ?

Et, radieuse, soupirant d'aise, elle ajoute d'un air de connivence :

– Entre gens du même monde, on se comprend tellement mieux, n'est-ce pas ? Veuillez patienter quelques instants, docteur Hahnemann, je préviens mon mari de votre présence.

À la façon miraculeuse dont madame Häseler est passée de cerbère à aimable commerçante, Samuel se dit qu'il s'est bien joué d'elle en déclinant pompeusement sa qualité de médecin. Mais il songe amèrement qu'une société où seules comptent les apparences est vraiment pitoyable.

Penché sur son mortier, attentif au broyage qu'effectue le pilon, le docteur Häseler prépare méticuleusement un extrait de jusquiame noire[1] quand son épouse surgit dans le laboratoire.

– Häseler ! Il y a ici un médecin qui cherche une maison à louer.

– Ah ! vraiment ? marmonne avec indifférence l'apothicaire absorbé par son travail.

– Mais arrêtez donc votre mixture et écoutez-moi, bon

1. Plante toxique, très commune sur le bord des chemins et dans les lieux incultes.

sang ! Je vous dis qu'il se présente enfin un locataire solvable pour le deux pièces de Leopoldstrasse. Un médecin ! Et pas n'importe lequel : celui du baron je-ne-sais-plus-quoi. Allez vite le voir ! Pour sûr, il a de l'argent, celui-là. Et tâchez de conclure, cette fois ! lui ajoute-t-elle à l'oreille sur un ton ne souffrant aucune réplique.

Rompu au caractère cupide et autoritaire de son épouse, le docteur Häseler ne s'émeut pas outre mesure et sans empressement salue le locataire inespéré. Cependant, apercevant cet homme d'une cinquantaine d'années au regard pénétrant et à l'allure simple, Samuel éprouve immédiatement une vive sympathie.

– Permettez-moi d'insister, docteur Hahnemann, souligne le pharmacien, cette habitation n'a rien à voir avec le luxe que vous avez connu à la cour d'Hermannstadt. Il s'agit d'un humble deux pièces. Vous risquez d'être à l'étroit si vous consacrez la salle principale à vos consultations et si…

– Voyons, il faut visiter pour se rendre compte ! interrompt sans ménagement madame Häseler en foudroyant son mari du regard. Monsieur Hahnemann jugera bien par lui-même, n'est-ce pas ?

– Certainement, madame, acquiesce Samuel soucieux de ménager la susceptibilité de cette femme qu'il pressent toute-puissante.

Pendant que Samuel et le pharmacien visitent le petit logis de Leopoldstrasse, madame Häseler, qu'aucun client n'est venu déranger, échafaude déjà des projets ambitieux. À raison de dix thalers par mois, cela fait cent vingt thalers par an : ce sera largement suffisant pour retapisser le salon de ce magnifique reps jaune paille qu'elle a tant admiré chez madame Zwiecker. Et peut-être assez pour acheter la méridienne d'acajou et velours fauve qui fait l'attraction de la vitrine de

Wiegelstein. Enfin elle disposera d'un salon digne de ce nom, d'un lieu élégant où recevoir la belle société de Dessau ! Évidemment, elle aura son jour : le jeudi soir par exemple, c'est très à la mode en ce moment. Et elle invitera madame Zwiecker, le pasteur Keller, le juge Gernstein et sa femme, le docteur Mahler et sa fille, monsieur Ziegler, l'adjoint au maire et propriétaire de la fabrique de rubans. Et le docteur Hahnemann, naturellement : ce sera adorable d'avoir quelqu'un qui connaît l'aristocratie ! Et puis, qui sait si ce jeune médecin plein d'avenir...

Madame Häseler sourit béatement quand, soudain, un violent claquement de porte l'arrache à sa rêverie.

– Eh bien, Henrietta, tu ne peux pas faire attention ! houspille la commerçante.

– Pardon, mère, c'est un courant d'air. Je crois que père a oublié de fermer la fenêtre du laboratoire avant de partir.

– Il ne va pas tarder à revenir. Monte vite au salon et prépare des rafraîchissements. Nous attendons du monde. Un jeune médecin très comme il faut et spécialiste de l'aristocratie.

– Parce que les nobles ont des maladies d'un genre particulier ? demande malicieusement Henrietta.

– Tais-toi donc, insolente, et dépêche-toi de préparer l'apéritif.

Excitée à la perspective de recevoir un visiteur, Henrietta grimpe joyeusement l'escalier comme un petit animal polisson. À seize ans, c'est une jeune fille adorable, gaie et fraîche qui possède déjà le mystère et la séduction de la femme. Fille unique du pharmacien Küchler, décédé alors qu'elle avait à peine quatre ans, elle a été élevée en petite princesse par sa mère et choyée par son beau-père, le docteur Häseler. Instruite comme une jeune fille de la haute bourgeoisie, elle joue plaisamment du piano, chante, aime la poésie et s'essaie à l'aquarelle. Elle a tout pour ambitionner un beau parti : jeunesse, allure, charme, éducation raffinée. Sans oublier une dot conséquente, prudemment constituée en prévision d'un beau mariage. Car le rêve de madame Häseler est de marier sa chère fille à un de ces jeunes aristocrates de l'entourage du duc d'Anhalt-Dessau. Bien sûr, les Häseler ne sont que des bourgeois, mais la pharmacie rapporte suffisamment d'argent pour prétendre à une union de qualité. Et si le beau-fils n'est pas noble, il sera au moins notable.

– Ah ! cher monsieur, vous voilà fixé j'espère, s'exclame madame Häseler au retour de Samuel et de son mari.

– Mais oui, madame. J'emménage à Leopoldstrasse dès cet après-midi.

– Parfait, j'en suis ravie, ajoute-t-elle dans un roucoulement de commerçante satisfaite d'une bonne affaire. J'étais certaine que ce petit logis vous plairait. Comme vous allez être bien situé pour votre pratique ! Allez, faites-moi plaisir, cher docteur, acceptez de partager un apéritif en l'honneur de votre arrivée.

Se laissant convaincre, Samuel pénètre au salon où, face aux rafraîchissements et fines pâtisseries disposées avec soin sur un plateau d'argent, Henrietta vêtue d'un camaïeu de rose, la taille menue, la gorge ronde sous un corsage de moire, brode sagement, le front penché sur son ouvrage. Touché par l'aimable sourire qu'esquisse Henrietta en guise de salut, Samuel marque un temps d'arrêt. Jamais il n'a contemplé plus ravissant visage que celui de cette jeune brodeuse au teint diaphane et aux fines boucles blondes. Jamais il n'a vu de mains aussi délicates que les siennes.

– Monsieur Hahnemann est notre nouveau locataire. Et

médecin de surcroît ! annonce madame Häseler remarquant avec plaisir les hommages émus de son hôte à sa fille.

– Encore un nouveau médecin, relève malicieusement Henrietta. Nous ne risquons pas d'être malades à Dessau !

Désapprouvant cette taquinerie, madame Häseler fronce les sourcils et reprend énergiquement en mains le cours de la conversation. Impassible au flot de paroles de son épouse, le pharmacien se tait pendant que Samuel acquiesce avec indifférence tant il est sous le charme de l'innocente beauté de mademoiselle Häseler.

Mais le commerce n'attend pas et, estimant avoir reçu son hôte avec tous les honneurs, madame Häseler s'empresse de le raccompagner à la porte de l'officine. Cependant, après le départ de Samuel, une question la taraude. Une question si cruciale qu'elle l'empêche de se remettre au commerce et la ramène promptement au salon où se trouve encore son mari.

– À propos, Häseler, à combien avez-vous fixé le loyer ?

– À quatre thalers par mois.

– Comment ! Vous êtes complètement fou, s'écrie la pharmacienne hors d'elle. Ça vaut trois fois plus !

– Vous savez bien que non.

– Êtes-vous inconscient ou de mauvaise foi ? Demander quatre thalers à un médecin de l'aristocratie qui a dû gagner des millions. Si ça tombe, il est plus riche que nous !

– Voyons, arrêtez de dire des bêtises. Le docteur Hahnemann a passé un an à soigner de pauvres paysans et le petit pécule qu'il a durement gagné a tout juste suffi pour couvrir les frais de son doctorat.

– Mais d'où tenez-vous cette histoire ridicule ?

– De lui, ma chère. Le docteur Hahnemann n'a jamais fait fortune à la cour d'Hermannstadt. Il n'était pas courtisan mais médecin, ne l'oubliez pas !

– Ah ! le misérable. L'usurpateur ! Quand je pense que j'étais prête à accueillir ce brigand dans notre famille !

– Je crains que votre imagination ne vous ait joué un vilain tour, s'amuse le docteur Häseler, habitué aux folies de grandeur de son épouse. Pourtant, sachez que je ne reviendrai pas sur l'accord que j'ai conclu avec le docteur Hahnemann : quatre thalers est le juste prix pour un petit deux pièces sans confort et chichement meublé. Et si ça peut vous tranquilliser, je vous informe que notre locataire a réglé trois mois d'avance.

– Évidemment, à ce prix-là ! Il a bien manœuvré pour qu'on ne le déloge pas de sitôt. Ah, j'imagine parfaitement quelle comédie il vous a jouée !

– Ça suffit maintenant ! interrompt sévèrement le pharmacien. J'estime que le docteur Hahnemann est un honnête homme qui mérite qu'on lui laisse le temps de se faire une clientèle.

– Ah, vous voyez bien qu'il vous a extorqué un loyer de faveur !

– Taisez-vous à la fin ! Votre âpreté au gain vous fait perdre la raison. Préparez-vous plutôt à le voir régulièrement : je l'ai invité à suivre mes expériences autant qu'il lui plaira.

– Comment ! Vous avez osé ! Et sans me consulter !

– Jusqu'à preuve du contraire, je dispose de mon laboratoire comme je l'entends, n'est-ce pas ?

Fulminante et à bout d'arguments, madame Häseler claque violemment la porte du salon et, tremblante de rage, retourne à son majestueux comptoir.

Le soir même, alors qu'à l'officine l'ambiance est à l'orage, le cœur de Samuel tressaille de bonheur. Mademoiselle Häseler a enchanté son âme, sa candide beauté a éclairé sa vie et son gracieux sourire s'inscrit en filigrane dans toutes ses pensées.

12

Quelques jours après son installation à Leopoldstrasse, Samuel s'est décidé à rendre visite au docteur Häseler. Conscient de l'extrême susceptibilité de madame Häseler, il a apporté un bouquet de violettes qu'il compte lui offrir en témoignage de son profond respect. Mais à peine a-t-il franchi le seuil de l'officine que la commerçante le salue sur le ton le plus tranchant. Stupéfait, Samuel se demande quelle bévue il a commise pour que cette femme aimable il y a quelques jours se transforme aujourd'hui en redoutable mégère. Franchement, il ne voit pas et, n'ayant pas le cœur d'éclaircir ce point, il s'empresse de rejoindre le laboratoire.

– Bonjour, docteur Hahnemann ! Quel plaisir de vous voir ce matin, s'exclame le pharmacien visiblement heureux d'avoir de la visite. Alors, comment se passe votre installation ?

– Ma foi, très bien. Il ne manque que les clients.

– Si ce n'est que ça, ne vous inquiétez pas. Ils finiront bien par venir et ne plus vous laisser une seconde de répit. Vous permettez un instant que je termine cette prescription ?

Se penchant attentivement sur une longue ordonnance, le docteur Häseler se met à grommeler :

– « Une poudre constituée à parts égales de myrrhe et de camphre » ! Ah, qu'est-ce encore que cette ineptie !

– Il est vrai qu'en triturant ces deux substances vous ne risquez pas d'obtenir une poudre, remarque Samuel en riant. Un baume à la rigueur…

– Comment savez-vous cela, docteur Hahnemann ? demande l'apothicaire interloqué.

– J'ai étudié la pharmacie comme tout médecin devrait le faire et j'ai pris l'habitude de préparer moi-même toutes mes prescriptions.

– Eh bien, il ne reste plus beaucoup de médecins comme vous ! Depuis que les pharmaciens ont obtenu le monopole des remèdes composés inscrits aux dispensaires, plus un médecin ne fabrique ses potions : ils s'en remettent entièrement aux pharmaciens. En tant qu'apothicaire, je ne m'en plains pas, d'autant qu'il est plus rémunérateur de vendre des médicaments composés que des drogues simples. Mais force est de constater que les médecins ont oublié les procédés de fabrication des remèdes et qu'ils sont incapables d'écrire la moindre formule magistrale sans faire un tas d'erreurs.

– Tout vient de ce que le gouvernement a cautionné ces maudits dispensaires. S'ils contenaient des formulations efficaces, aux indications et effets parfaitement identifiés, on tolérerait que les médecins les prescrivent. Mais c'est exactement l'inverse ! Ces dispensaires ne sont que compilations de recettes farfelues, d'absurdes mixtures écrites par de cupides charlatans ! Dès lors, qui est la victime de cet odieux commerce ? Dites-moi, docteur Häseler, qui est la victime ? s'emporte Samuel. Le patient bien sûr !

– J'en suis conscient, docteur Hahnemann, et je le déplore. Une fois investis du monopole des médicaments, les apothicaires n'ont cessé de favoriser la vente de ces mélanges dont ils tirent bien plus de profit que des drogues simples. D'ailleurs, ajoute le pharmacien enhardi par le cours passionné que prend la discussion, je crois bien qu'il n'existe plus une maladie contre laquelle les apothicaires n'aient inventé au moins une cinquantaine de médicaments ! Heureusement que le temps a fini par rayer des formulations les perles, pierres précieuses, alcool cohobé[1] dix fois ou calomel[2] douze fois sublimé[3], jadis d'un si grand rapport. Néanmoins, personne ne peut nier que médecins et patients sont à la merci des pharmaciens. Passe encore, s'ils étaient compétents et parfaitement honnêtes. Mais j'avoue que c'est rarement le cas. Ils commettent des méprises de toutes sortes par ignorance, inattention et surtout par calcul. Vous n'êtes pas sans savoir que bon nombre d'entre eux substituent des substances onéreuses aux drogues bon marché dans l'unique but de se remplir les poches. C'est scandaleux mais inévitable puisque les médecins ne sont pas capables de reconnaître les falsifications faute d'avoir pratiqué la pharmacie.

– Quoi qu'il en soit, falsification ou pas, toute la matière médicale n'est qu'une immense collection de recettes assassines ! s'enflamme soudain Samuel. L'approche universitaire

1. Distillé à plusieurs reprises pour obtenir une plus grande concentration.

2. Chlorure de mercure.

3. La sublimation est le passage d'un corps, par la chaleur, de l'état solide à l'état gazeux, sans passer par la phase liquide.

qui fonde les vertus médicinales des drogues sur des théories nébuleuses plutôt que sur l'expérimentation rigoureuse et méthodique me révolte. Dans nos écoles, on ne veut pas voir les maladies telles qu'elles sont. On veut en trouver la source et on bâtit de monstrueux systèmes qui tendent unanimement à prouver que l'origine des affections réside dans une espèce de poison qu'il faut anéantir. De là cette thériaque, mélange infâme d'un nombre ahurissant de substances censé tout guérir. Personnellement, je m'oppose formellement à l'utilisation de ces mixtures pour la simple raison que personne n'est en mesure d'évaluer leurs effets sur les malades. On ne connaît même pas les vertus des substances qui les composent ! Tout ceci est absurde et homicide !

– C'est vrai, mon ami. Nous ne savons rien de l'interaction des substances que nous mélangeons et encore moins des effets de ces mixtures complexes dans l'organisme du patient. Il faudrait assainir tout cela et revenir au temps où les apothicaires vendaient des drogues simples que les médecins combinaient eux-mêmes en toute connaissance de cause. Mais c'est impossible, vous l'imaginez bien : tout le monde tire tant de profit de ce système ! Les pharmaciens, qui vendent infiniment plus chers leurs médicaments composés, et – je suis désolé de vous le dire – les médecins. Maintenant qu'ils ne consacrent plus une minute à la préparation des remèdes et que leurs honoraires dépendent toujours du nombre de formules prescrites aux patients, vous pensez bien que les ordonnances s'allongent démesurément. Le métier de médecin est devenu tellement plus lucratif ! Là où, en une journée, il ne pouvait examiner que trois ou quatre patients, obligé qu'il était de fabriquer ses remèdes, le médecin peut maintenant visiter jusqu'à vingt malades auxquels il prescrit un nombre effarant de médicaments. Et dans le cas de patients fortunés, il arrive même qu'il renouvelle le contenu de ses ordonnances plusieurs fois par jour !

– C'est une honte pour notre art ! Ça me rend fou de voir des médecins assommer leurs malades à coups de potions, pilules, élixirs, sans cesse répétés, toujours différents, toujours plus forts, dans l'unique but de s'enrichir.

– Je comprends votre révolte, docteur Hahnemann. Moimême je souffre de la façon dont mes confrères exercent leur métier. Mais que faire ? Si ce n'est préparer honnêtement ce qu'on nous demande et corriger les erreurs mortelles que les médecins commettent dans toutes leurs ordonnances.

Samuel ne répond pas : il songe à sa dispute avec le boulanger Helder qui accusait les médecins d'escroquerie. À cette époque, il ne mesurait pas encore l'étendue de la corruption du monde médical. Mais aujourd'hui, il en a une conscience si nette qu'il aurait bien du mal à contredire ce détestable parvenu.

Souhaitant donner un tour plus agréable à la conversation, le pharmacien, qui connaît l'intérêt du docteur Hahnemann pour la chimie, s'offre de lui présenter son matériel de distillation. Fier de ses cornues de toutes tailles, de ses serpentins conçus pour condenser les plus subtils éthers, il décrit, rayonnant, chaque détail technique de ses alambics, mortiers, éprouvettes et autres astucieux accessoires. Il est dans son laboratoire comme dans un paradis, aux prises avec la Nature, cherchant à découvrir et maîtriser ses lois. Car le docteur Häseler ne fait pas que préparer des médicaments : il cherche ! Il cherche passionnément le remède qui guérira l'humanité. Cet élixir de vie, cette médecine universelle capable de soulager et de rendre la santé à ceux qui l'ont perdue. Il ne vit que pour ça, il n'a choisi le métier de pharmacien que dans cet espoir !

Remarquant l'intérêt de Samuel pour ses étagères couvertes de tubes à essais aux contenus multicolores, il présente fièrement le fruit de ses recherches.

– Vous avez sous les yeux le travail d'une vie ! Les produits de toutes les expériences que j'ai menées depuis des années. Comme vous le remarquez, chaque éprouvette est numérotée. Chaque numéro est recopié dans ces registres et précise le nom ainsi que le procédé d'obtention de la substance.

– C'est formidable ! Ça me fait penser à la manière dont mon père confectionnait sa palette de couleurs. Il était peintre décorateur à la manufacture royale de Meissen et avait pour habitude de tenir un cahier où il répertoriait les formules et les modes de fabrication de ses teintes.

– Voilà un homme rigoureux, un vrai exemple pour la science ! Je comprends mieux votre intérêt pour l'observation, l'expérience et la méthode.

– Et quelle utilisation faites-vous de ces substances ?

– Rien de particulier. C'est une sorte de collection privée. Certaines ont des vertus curatives connues. Voyez par exemple ces quelques remèdes contre les spasmes : nitrates de potasse contre les palpitations des pléthoriques, élixir de vitriol[1] pour raffermir les fibres, sels de *calcarea carbonica*[2] purifié contre l'éclampsie[3], esprit-de-sel ammoniacal[4], phosphore contre les convulsions. Et puis, il y a des substances nouvelles dont je ne sais si elles possèdent des propriétés médicinales. Elles sont pour ainsi dire des sous-produits

1. Mélange de plusieurs plantes.
2. Extraits de coquilles d'huîtres.
3. Complication de la grossesse.
4. Mélange de chaux vive et d'ammoniaque.

d'une expérience bien plus vaste et bien plus précieuse pour l'humanité.

– Mais quelle expérience ? demande Samuel, vivement intéressé par cette révélation inattendue.

– La recherche de la pierre philosophale !

– Oh ! vous êtes alchimiste ? reprend Samuel, visiblement déçu. Votre grande expérience n'a donc pour objet que la transmutation du plomb en or ?

– Pas du tout, docteur Hahnemann ! Vous évoquez là le but de l'alchimiste vulgaire, de l'individu cupide dont la richesse est l'unique préoccupation. Moi, je vous parle d'autre chose : de l'alchimie vraie et pure, de celle qui œuvre pour la découverte du remède universel. Voyez les contenus de ces éprouvettes : ce ne sont que les états intermédiaires de la matière que l'alchimiste tente de purifier jusqu'à la quintessence, source de tout ce qui existe dans l'univers. C'est cette quintessence que nous nommons « pierre philosophale » et que nous qualifions de « panacée universelle » car, en tant qu'élément originel, constitutif de chaque être minéral, végétal ou animal, elle est capable de redonner santé et vie à toute la Création !

Interpellé par cette quintessence dont il entend parler pour la première fois, Samuel tente une analogie :

– Votre pierre philosophale serait-elle ce que les scientifiques appellent la « force vitale », cette force invisible qui anime toute la Nature et lui donne son dynamisme ? Ce principe de vie qui octroie au corps humain toutes ses sensations et lui permet d'accomplir ses fonctions vitales ?

– Exactement ! La pierre philosophale est une condensation active du *Spiritus Mundi*, le commencement et la fin de toute chose !

– Mais qu'est-ce qui vous permet d'affirmer que la pierre philosophale est une médecine universelle ?

– Parce que, comme vous le pressentez en vous révoltant contre la médecine actuelle, la guérison d'un malade ne consiste pas à détruire les symptômes morbides qu'il manifeste. Nous, alchimistes, pensons que le retour à la santé résulte d'une exaltation de la force de vie momentanément affaiblie. Et il nous paraît évident que seul un remède de même nature, de même essence, en un mot, analogue à la force vitale, est capable de s'accorder avec elle et de l'exalter pour le plus grand bien du patient. La pierre philosophale, en tant que condensation du principe de vie, est analogue à la force vitale ; elle peut donc agir sur elle et rétablir l'économie du malade. Voici pourquoi nous la qualifions de « médecine universelle » !

La thèse du docteur Häseler ranime soudain toutes les réflexions de Samuel sur l'homme et la Nature. Depuis sa plus tendre enfance, il croit en une force de vie universelle animant l'univers et reliant tous les êtres. Il a toujours pensé que l'homme est inséparable de la Création. Les philosophes comme Leibniz ont renforcé son intime conviction que tout est vivant. Les humains, les plantes, les animaux et même les minéraux ont une âme. Tous sont animés du même principe de vie qui a présidé à la naissance de l'univers et assure sa conservation. La vie évolue, se transforme sans rupture de continuité sous l'influence de cette force originelle, ineffable et toute-puissante. La vie et la mort ne s'opposent pas : elles sont deux états de la matière en perpétuelle évolution. « Réunir ce qui est épars », comme l'exhortent ses frères maçons, c'est comprendre qu'il n'existe pas de barrière étanche entre les choses : tout est en devenir, la réalité est vivante.

Alors, c'est clair ! La maladie ne s'oppose pas à la bonne santé. Ce ne sont que deux manifestations différentes du même principe de vie. La maladie est l'évidence du dérangement de la force vitale : c'est donc elle qu'il faut rétablir pour retrouver la santé. Rien ne sert de s'acharner contre les symptômes, il faut utiliser une puissance analogue à celle de la force vitale pour soigner les malades.

La pensée analogique n'a jamais été aussi fertile dans l'esprit de Samuel. Le corps ne s'oppose pas à l'esprit, ni la force à la sagesse, ni le visible à l'invisible, ni le poison au remède, ni l'homme sain à l'homme malade. Ce qui est en haut est comme ce qui est en bas, le microcosme est analogue au macrocosme : l'homme est un résumé de l'univers. « Connais-toi toi-même et tu connaîtras le monde des dieux. » Mais oui ! Comprendre l'homme, c'est comprendre la Nature ! Il en a toujours eu l'intime conviction : c'est pour cela qu'il cherche passionnément à décrypter l'alphabet de la Nature.

Remarquant la profonde perplexité de son visiteur, le pharmacien ne dit mot. Il constate avec plaisir qu'il a semé en terrain fertile et attend patiemment la réaction du jeune médecin.

– Docteur Häseler, puisque vous m'avez dévoilé l'objet de vos recherches en toute confiance, j'aimerais vous dire mon intime conviction. J'ai toujours pensé que Dieu, dans son infinie bonté, a mis à notre disposition un moyen simple et sûr de guérir que nous parviendrons à trouver en observant la Nature avec méthode. Comme vous, je crois à la force vitale qui anime toute chose et je viens de comprendre que de son équilibre dépend l'état de bonne santé. J'avoue que cette déduction doit beaucoup à l'enseignement de mes frères maçons. Ils m'ont appris à rapprocher, à mettre en correspondance des éléments apparemment disparates. Ils m'ont dévoilé la puissance du symbole.

Accueillant avec bienveillance cette révélation de l'engagement spirituel de Samuel, le docteur Häseler renchérit passionnément :

– Je crois, mon cher ami, que la franc-maçonnerie a adopté le plus merveilleux des langages. Un langage symbolique qui me fascine et que je considère comme la manifestation la plus achevée de l'Esprit Tout-Puissant. Car le symbole est une expression divine ! Il dépasse les définitions figées des hommes incapables de décrire un monde en devenir, il évoque une réalité vivante et infinie, il relie l'imagination à la raison… Mais, excusez-moi, docteur Hahnemann, je vous ai interrompu. Continuez, je vous en prie.

– Eh bien, j'arrive au point où j'ai du mal à suivre votre raisonnement. Certes, je suis d'accord avec l'idée que seul un remède aussi subtil que la force vitale peut guérir le malade. Cependant, je n'imagine pas comment une pierre engoncée dans toute sa matérialité peut être de nature aussi éthérée que la force vitale. En un mot, votre pierre philosophale n'est pas analogue au principe de vie et ne me semble pas apte à guérir.

– Voilà qui est bien raisonné. Mais gardez-vous du raisonnement pur et laissez-moi plutôt vous expliquer le procédé par lequel nous obtenons la pierre philosophale : ce que nous appelons le Grand Œuvre.

À cet instant, un léger coup frappé à la porte interrompt le docteur Häseler et Henrietta paraît telle une douce aurore éclairant la pénombre du laboratoire. Discrètement, elle est venue prévenir son père que le docteur Mahler l'attend à l'officine et qu'il a l'air d'un homme fortement contrarié.

Pressentant quelque fâcheux effet de l'étrange potion qu'il

a préparée la veille selon l'ordonnance du docteur Mahler, le visage du pharmacien s'assombrit brusquement. À coup sûr il va encore se retrouver au centre de l'éternelle querelle sur la responsabilité de l'apothicaire et celle du médecin. Qui est responsable des conséquences néfastes d'une prescription ? Le médecin qui a écrit la formule ou l'apothicaire qui l'a préparée ? Le médecin arguera que sa recette est exactement celle inscrite au dispensaire et que le pharmacien a fait une erreur de préparation, tandis que ce dernier répondra qu'il a parfaitement exécuté la formule, mais qu'il n'est pas responsable si elle est mortelle ! Encore une des dérives de cette nouvelle médecine qui ne daigne plus préparer ses remèdes. Plus personne n'est responsable de rien !

Le docteur Häseler parti voir son client, les deux jeunes gens se retrouvent seuls dans le laboratoire et bien embarrassés du silence gêné qui s'installe entre eux.

– Avez-vous terminé votre emménagement à Leopoldstrasse ? finit par demander Henrietta.

– Oui, mademoiselle. Je suis parfaitement installé.

Samuel aimerait ajouter quelque chose, trouver une parole cordiale qui animerait la discussion, mais le trouble le gagne. Son cerveau se vide dès qu'il est en présence de cette jeune fille de dix ans sa cadette et son cœur tressaille des plus vives émotions.

– Recevez-vous déjà des patients ? reprend aimablement Henrietta, plus habituée que Samuel à faire la conversation.

– Pas encore. Je crois qu'il faut que je commence par mettre une plaque à la porte.

– Certainement ! confirme Henrietta en riant. Et il faudra aussi vous faire connaître car il y a beaucoup de médecins à Dessau.

– Vraiment ? Et que me conseillez-vous, mademoiselle ?

– Vous pourriez suivre l'exemple du docteur Mahler qui se rend si souvent au théâtre où il est connu de toute la belle société.

Remarquant la lueur dans les yeux d'Henrietta à l'évocation des plaisirs du spectacle, Samuel ose l'interroger sur ses goûts artistiques.

– J'adore la musique de monsieur Mozart, s'enthousiasme la jeune fille. Avez-vous déjà assisté à l'un de ses concerts ?

– Malheureusement non, mademoiselle. On jouait des œuvres de monsieur Mozart à la cour d'Hermannstadt mais j'avoue ne pas avoir eu le loisir d'assister à la moindre représentation.

– Quel dommage ! Moi, je n'en aurais pas raté une. Et la poésie, docteur Hahnemann, l'aimez-vous ?

– Énormément ! s'exclame Samuel, ravi de cette invitation à discourir d'un art qui le touche profondément. Rien ne m'émeut autant que la mélodie et le rythme de la langue poétique dont la puissance évocatrice m'enchante au-delà de tout. Les poètes antiques m'ont révélé le beau, le sens de l'harmonie. Puis, nos poètes allemands ont bouleversé mon âme. Existe-t-il description plus radieuse et plus fervente de la Nature que celle qu'offre Barthold Brockes dans *Les Joies terrestres en Dieu* ? Peut-on imaginer récit plus lyrique de la vie du Christ que l'admirable *Messiade* de Friedrich Klopstock ?

– Certes, docteur Hahnemann. Moi-même j'ai été transportée par ses chants merveilleux à la gloire du fils du Seigneur. Mais n'y a-t-il pas évocation plus pure, plus simple, plus naturelle que ce fabuleux *Printemps* d'Ewald von Kleist où la vie renaît dans toute la force de sa jeunesse ?

– C'est vrai, ce *Printemps* est une ode sublime à la Création ! Décidément, mademoiselle, je crois que nous aimons les mêmes poètes.

– Je le pense aussi, ajoute Henrietta d'un ton de douce complicité. Si j'osais, monsieur Hahnemann, mais je crains que vous vous moquiez…

– Comment, mademoiselle ! Il n'y a rien que vous puissiez dire qui soit sujet à raillerie. Je vous en prie, confiez-vous sans crainte.

– Eh bien, j'écris moi-même. Bien sûr, je n'ai pas l'ambition d'égaler nos grands auteurs. Mais j'aime exalter la sonorité des mots, inventer un rythme, créer une mélodie émouvante jusqu'aux larmes. J'ai l'impression de composer une symphonie quand j'écris un poème. Vous allez me considérer comme bien vaniteuse, n'est-ce pas ?

– Mais pas du tout ! réplique Samuel, ayant reconnu dans l'expression de la jeune fille le feu de la passion créatrice. Ce n'est pas la vanité qui vous anime mais l'enthousiasme. Et votre enthousiasme m'enchante… Vous savez, mademoiselle, je suis convaincu que rien n'est possible sans passion. Vous avez la passion d'écrire, c'est évident. Alors croyez en vous, persévérez dans l'art poétique. Ne vous laissez pas décourager par les difficultés : elles ne sont que passagères et témoignent de la qualité de votre apprentissage. Bientôt vous écrirez de bien belles choses, j'en suis certain !

– Oh ! merci, monsieur. Merci de votre gentillesse, murmure Henrietta rougissante d'émotion. Comme vous me donnez du courage !

Mais soudain, coupant court à toute effusion, le docteur Häseler, l'air visiblement agacé, fait irruption dans le laboratoire.

– Excusez-moi, docteur Hahnemann, je vais devoir

remettre à plus tard notre conversation. Revenez donc demain, nous serons plus tranquilles.

– Je n'y manquerai pas, docteur Häseler. Mademoiselle, ajoute Samuel en prenant doucement la main d'Henrietta, ce fut un plaisir.

D'un hochement de tête charmant de distinction et de naturel, Henrietta salue Samuel qui, l'esprit éveillé par le père et le cœur bouleversé par la fille, s'en retourne rayonnant dans son petit logis de Leopoldstrasse.

13

Depuis deux mois, Samuel vient presque chaque jour à la pharmacie du Maure sous l'œil réprobateur de madame Häseler qui ne décolère pas contre celui qu'elle traite d'usurpateur sans le sou. Son aigreur est si vive qu'elle fait tourner au vinaigre chacun de ses propos et qu'elle contamine jusqu'au sacro-saint thé avec madame Zwiecker.

– Croyez-moi, chère amie, tout ceci est très inquiétant. Cet homme passe le plus clair de son temps dans le laboratoire de mon mari au lieu de se consacrer à sa pratique. De quoi peut-il donc vivre ?

– Il a sans doute quelque fortune cachée, murmure madame Zwiecker, grignotant de délicieux petits macarons achetés à grands frais chez le confiseur Demler.

– Non, il n'a pas un sou de côté. Il l'a avoué lui-même à mon mari.

– Et vous lui louez quand même ? s'étonne madame

Zwiecker en tendant machinalement la main vers une autre friandise.

– Si ça ne tenait qu'à moi, nous n'aurions jamais loué à ce vagabond ! Mais Häseler est un imbécile : il s'est laissé avoir par de belles paroles et a abandonné l'appartement pour un loyer dérisoire.

– Oh ! ma chère, comme je vous plains, compatit faussement madame Zwiecker, tout émoustillée par la déconvenue de son amie. Si ça tombe, il ne pourra bientôt plus payer.

– C'est bien ce que je crains ! Vous rendez-vous compte ? Il n'a pas encore fait un seul client depuis deux mois ! Et mon mari le reçoit comme si de rien n'était. J'en deviens folle !

– De toute évidence, monsieur Häseler s'est fait embobiner… Et si cet homme n'était pas médecin ? insinue madame Zwiecker d'un air songeur. Cela expliquerait bien des choses. Premièrement qu'il ne reçoive pas de malade et qu'il n'en cherche pas. Deuxièmement, qu'il se mette dans les petits papiers de monsieur Häseler : d'abord il séduit le père, ensuite la fille. Et voilà un bon à rien installé sans encombre dans une des plus aisées et plus honorables familles de Dessau.

– Ah ! mon Dieu, quelle horreur. Je n'avais pas pensé à cela ! C'est vous qui avez raison, c'est évident ! Comment ai-je pu être aussi naïve ? Oh ! mon Dieu, comment ai-je pu être aveugle à ce point !

– Allons, chère amie, ne vous faites pas tant de reproche, reprend calmement madame Zwiecker, toute réjouie de ce petit drame qui se joue sous ses yeux. On est toujours les derniers à réaliser ce qui se trame chez soi. Il faut un peu de recul pour y voir clair : c'est à ça que servent les amis, n'est-ce pas ?

– Oh ! oui, ma chère Martha. Heureusement que vous êtes là pour me dessiller les yeux. Dire que mon mari ne tarit pas d'éloges à propos de ce gredin et que ma petite Henrietta le trouve charmant… Il faut absolument que j'intervienne, que je démasque cet imposteur, que je sauve notre famille.

– Vous devez le confondre publiquement. À votre place, j'organiserais une petite soirée en compagnie du docteur Mahler et je trouverais un moyen de l'obliger à présenter ses diplômes.

L'heure du souper approchant, madame Zwiecker prend rapidement congé, jubilant à l'idée de colporter ces passionnantes nouvelles aux commères de Dessau.

Pendant ce temps, dans sa chambre de jeune fille sage, Henrietta, saisie d'un regain d'inspiration, compose des poèmes d'un style nouveau. Jadis, elle chantait délicieusement la beauté des fleurs, la puissance et l'agilité des animaux, la grâce d'un paysage champêtre. Elle goûtait mille douceurs dans les variations lyriques à la gloire de Dieu. Mais depuis quelque temps, sans qu'elle en comprenne la cause, elle ne trouve plus plaisir à ses thèmes favoris. L'envie de louer le Seigneur et sa Création s'est évanouie. Pire, elle n'en supporte plus l'idée. Elle trouve ses anciens poèmes navrants de puérilité, dégoulinants de béatitude. Non ! Elle ne veut plus écrire de telles niaiseries. Elle désire ardemment parler des sentiments humains. N'y a-t-il rien de plus passionnant que les tourments de l'âme, les élans du cœur, les vagabondages de l'imagination ? Quel sujet infini ! Mais par où commencer ? Crier le désarroi, gémir l'incertitude ou bien chanter l'espoir ? Le monde des émotions est inépuisable et Henrietta n'a pas la force de choisir. L'inspiration est meilleur guide que la raison : alors pourquoi ne pas la suivre ? Comme il serait bon de se laisser porter, de débrider son cœur et de s'abandonner !

Embraser les feuillets de mots réinventés, s'enivrer à plaisir de ses propres désirs, s'effrayer du tourment d'un amour sans retour, chuchoter tendrement le nom de l'adoré !

Dans la paix de sa chambre, Henrietta enfiévrée laisse courir sa plume : « Je façonnerai pour toi mon rêve le plus glorieux : composer un poème qui ravisse le monde et dont toi seul serais le vrai destinataire. Un poème dont personne ne saurait le secret. Jusqu'à ce que le sort le mette entre tes mains et qu'au fil des mots, finalement, tu comprennes. » À dix-sept ans, Henrietta aime pour la première fois dans la pure ardeur de sa virginité. Mais ses doutes sont immenses : est-elle au moins aimable ? Est-elle digne de lui, prodige d'intelligence, exemple de courage, de générosité ? Elle, si étrangère aux sciences, juste assez bien élevée pour jouer du piano et composer des vers ? Elle, petite poupée choyée, éloignée des soucis, tellement insignifiante. Pourquoi porterait-il un seul regard sur elle ? Pourtant, elle a bien remarqué au hasard d'une rencontre l'esquisse d'un sourire, la courtoisie d'un geste. Mais lui plaît-elle vraiment ? Quel sortilège lancer pour attendrir son âme ? Quelle magie invoquer pour conquérir son cœur ?

Henrietta ne sait pas qu'elle règne en souveraine sur le cœur de Samuel, qu'elle décide de sa joie, de sa mélancolie et donne le diapason de toute sa journée. Il a un tel désir de croiser son regard, de sentir sa présence que chaque jour il vient à l'officine pour participer aux expériences alchimiques du docteur Häseler. L'initiation au Grand Œuvre, cette incroyable remontée des étapes de la Création, cette fascinante transmutation de la matière au cœur incandescent de l'athanor embrase son imagination. Et si la pierre philosophale était vraiment l'élixir de vie ? Si cette pierre rouge et parfaite était le moyen simple et sûr de guérir ? Si, comme l'affirme le docteur Häseler, un minuscule éclat de cette pierre guérissait en un jour une maladie qui nécessiterait des mois de traitement ? Si elle détenait réellement le sublime pouvoir de parfaire à l'infini, de déclencher une réaction en chaîne où la guérison d'un organe entraînerait celle d'un autre ? Si tout ceci était vrai, le remède universel existerait et serait inépuisable : il suffirait de purifier une substance quelconque de la Nature pour obtenir la pierre philosophale dont une dose infime permettrait de tout soigner.

Comme cette théorie est séduisante ! Comme Samuel aimerait se laisser convaincre par cette thèse d'un remède que Dieu, dans son immense bonté, n'aurait que « légèrement voilé » et offert en quantité illimitée à ceux qui savent observer et expérimenter ! Mais la raison l'empêche d'adhérer à la théorie alchimiste : il ne peut accepter l'idée d'une panacée universelle. Le principe d'un remède omnipotent le heurte : il lui rappelle trop l'abominable thériaque, mélange d'un nombre invraisemblable de substances supposé tout guérir. L'aboutissement du Grand Œuvre semble un raccourci, un escamotage indigne du raisonnement scientifique. De quel droit décréter cette pierre rouge « élixir de vie » ? Pourquoi arrêter arbitrairement les transmutations à l'obtention de cette pierre ? Pourquoi ne pas poursuivre les sublimations jusqu'à ce que la gangue de matière qui enveloppe la force vitale ait disparu ? Cependant, si la matière a disparu, comment contenir et administrer cet éther invisible, impalpable ? Tout ceci est absurde. D'ailleurs, les alchimistes ont-ils obtenu des guérisons probantes par l'action de la pierre philosophale ? Les preuves du docteur Häseler sont loin d'être convaincantes. Il raconte qu'un certain Sethon aurait transformé une once de mercure en mille cent cinquante-cinq onces d'or et que Van Helmont aurait transmuté autant de vif-argent en dix-huit mille sept cent quarante onces d'or par la seule entremise d'un quart de grain de pierre philosophale ! Mais de guérisons, il ne parle pas. Décidément, tout ceci ressemble à un tour de magie et ne peut satisfaire un esprit logique et raisonnable.

Pourtant, sur plus d'un point la théorie alchimiste est extrêmement pertinente. L'existence de la force vitale, principe de vie universel, est incontestable. La maladie comme manifestation d'un déséquilibre de cette force est une évidence. L'idée que le remède efficace est celui porté au niveau le plus subtil pour être analogue à la force vitale est lumineuse. Le procédé de purification de la matière sous l'action de la chaleur est intéressant à maints égards. D'abord, parce qu'il permet d'obtenir des corps nouveaux, comme l'esprit âcre des alcalis, le foie de soufre ou le mercure soluble. Ensuite, parce qu'il établit la cuisson en tant qu'agent spécifique de l'exaltation de la force vitale. Mais justement, ne pourrait-on pas l'exalter autrement ? On sait bien qu'en frottant deux silex on obtient une étincelle : l'apparition du feu n'est-elle pas la manifestation de la force vitale ? Par analogie, parviendrait-on à la quintessence en frictionnant la matière plutôt qu'en la chauffant ? Pour le savoir, il faudrait expérimenter. Mais comment ? On pourrait introduire la matière dans une éprouvette contenant un liquide et secouer le tout énergiquement : ainsi, par l'entremise du liquide, on reproduirait l'effet de frottement.

Les interrogations, les suppositions fusent et se bousculent dans l'esprit de Samuel qui autorise désormais son imagination à s'exprimer autant que sa raison. Néanmoins, même s'il est convaincu que l'inspiration est le ferment de la recherche, la dynamique géniale et essentielle qui conduit aux plus extraordinaires découvertes, il est intraitable sur la validation scientifique des théories. Il faut les soumettre à l'expérimentation, les éprouver au vu des résultats observés, les réajuster ou les détruire. Puis recommencer à expérimenter jusqu'à ce qu'on parvienne à la Vérité.

Aussi, la collaboration avec le docteur Häseler passionne Samuel. Elle lui ouvre un champ d'investigation bien plus fertile que la chimie. Car, là où la chimie mélange, compose, décompose et recompose à l'infini sans rien obtenir de plus que des combinaisons de substances employées à l'origine, là où elle travaille les formes extérieures des corps sans que rien ne se perde ou ne se gagne, l'alchimie, elle, développe et rend actif ce qui existe déjà à l'état de germe dans la Nature. L'alchimie ne mélange rien, ne compose rien : elle dynamise et rend agissante l'énergie latente renfermée au cœur de la matière. Et c'est précisément là où Samuel pressent une piste nouvelle pour la médecine, où il bouillonne d'idées, d'intuitions. Son âme de scientifique se consume d'impatience de passer au crible de l'expérience les innombrables hypothèses qu'il échafaude et son cœur de jeune homme est puissamment ému, merveilleusement vivant, délicieusement languissant.

Ainsi les semaines passent à une vitesse vertigineuse et les mois se succèdent sans qu'il en ait conscience. Il devient un homme, un scientifique, un être en quête d'Amour et de Vérité. Cette transformation intime le mobilise tant que, depuis son arrivée, il n'a toujours pas de clientèle régulière et se contente de soigner épisodiquement et souvent gratuitement les malades incapables de payer les honoraires exorbitants des praticiens renommés. Certes, il n'est pas près de s'enrichir mais il n'en a cure : l'important, c'est la science et l'élue de son cœur.

D'ailleurs, depuis quelque temps, Samuel forme en secret

le vœu le plus tendre et le plus indispensable à son bonheur : épouser Henrietta. Jusqu'ici, il n'a osé avouer sa flamme mais il est convaincu d'une inclination réciproque tant leurs yeux parlent clair et dévoilent leurs cœurs. Et puis, il y a ce feuillet tombé par hasard du cahier d'Henrietta. Samuel l'a ramassé un soir, au fond du laboratoire. Dans l'obscurité de la nuit tombant sur les cornues, à la lueur de l'athanor cuisant patiemment la matière dans l'œuf philosophique, il a découvert un poème sublime de tendresse, bouleversant d'émotion :

« Samuel,
J'aime tant ton sourire, le rire de tes yeux,
L'éclat de ton regard, le vif de ce bleu.
J'aime tant ton sérieux, ta droiture inflexible,
Ton courage discret, ta puissance invincible.
J'aime tant ton esprit, acéré et rapide,
Le sens de tes paroles, précises, décisives.
J'aime tant quand, soudain, tu ne sais plus cacher
Le doute qui t'envahit, que tu veux partager.
À ce moment enfin, je peux soigner ton cœur,
Porter ton émotion et apaiser ta peur,
Ranimer ton courage pour que demain encore,
Tu renaisses à toi, infiniment plus fort. »

Les larmes aux yeux, il a lu et relu ces phrases magnifiques, au comble du bonheur d'être tant adoré, au dernier désespoir de ne pas mériter un amour si pur. Il a appris par cœur ce précieux madrigal pour jouir sans cesse de l'extrême douceur de se savoir aimé. Dans l'extase de la passion, il a voulu tout avouer, confier spontanément au docteur Häseler son irrésistible inclination pour Henrietta et son ardent désir de l'épouser. Cependant, réflexion et sagesse l'ont convaincu d'agir tout autrement.

Conscient de l'antipathie de madame Häseler à son égard et certain qu'il lui faut gagner la confiance de cette femme souveraine, il veut prouver qu'il est homme à pouvoir entretenir un confortable foyer. S'interrogeant sur la manière la plus sûre et la plus rapide de gagner de l'argent, il a soudain une idée : trouver un emploi de fonctionnaire médical. Pas de clientèle à conquérir, la garantie d'un salaire régulier, du temps libre pour poursuivre ses recherches : ce serait une occupation parfaite ! Gagné par l'impatience d'obtenir au plus vite ce poste idéal, Samuel se décide à demander de l'aide au docteur Häseler.

– J'ai conçu depuis quelque temps un projet qui me tient fort à cœur, annonce gravement Samuel.

Étonné de la solennité de son jeune ami, le pharmacien relève immédiatement le nez de son cahier de laboratoire et écoute, intrigué.

– Mais ce projet exige que je puisse compter sur un salaire sûr et régulier, ajoute Samuel. Aussi ai-je décidé de devenir médecin fonctionnaire dans une ville proche de Dessau afin de poursuivre notre collaboration. Qu'en dites-vous ?

Interloqué, le docteur Häseler ne sait trop quoi répondre et se demande quel dessein peut conduire Samuel à une décision aussi radicale.

– Certes, un emploi public est une garantie, remarque le pharmacien, mais une garantie de bien maigres revenus et d'un profond ennui. Vous n'êtes pas sans savoir qu'un médecin fonctionnaire a beaucoup de temps libre.

– Je le sais, docteur Häseler, mais justement, j'ai besoin de ce temps pour lire, réfléchir. La science évolue à une vitesse vertigineuse et je dois me tenir au courant des plus récentes avancées en médecine, en chimie et physique.

– Alors c'est cela votre projet ? C'est la recherche ?

s'enthousiasme soudain le pharmacien, persuadé d'avoir percé le secret de son jeune ami.

Samuel reste un instant muet, n'ayant jamais envisagé ainsi sa propre situation. Et pourtant c'est bien vrai ; son cœur n'est pas seulement le siège d'une passion amoureuse mais l'autel flamboyant de deux vibrants amours : Henrietta et la Science.

– Oui, docteur Häseler, vous avez deviné juste ! Existe-t-il occupation plus noble et plus utile que celle de chercher pour soulager l'humanité ? En vérité, je n'ai d'autre ambition que d'apaiser les souffrances et guérir mes semblables.

– Je l'ai toujours su, mon ami, et je conçois aisément que vous fassiez le choix d'une profession peu accaparante pour l'esprit et, si j'ose dire, purement alimentaire pour vous consacrer entièrement aux progrès de la science. Comme je vous comprends et comme je vous envie, moi qui suis contraint à passer le plus clair de mon temps à cette besogne d'apothicaire pour nourrir ma famille.

Cette dernière phrase achève de conforter Samuel dans sa décision : il ne rentrera pas dans la spirale du médecin libéral qui, notoriété aidant, cesse de lire, de s'interroger, d'évoluer. Négliger d'apprendre est un crime qu'il ne commettra jamais !

– Le problème est que je ne sais pas comment trouver un tel emploi, reprend Samuel d'un air soucieux.

– Je pense pouvoir vous aider. Je vais écrire à quelques confrères de la région et leur demander s'ils n'auraient pas connaissance d'un emploi de fonctionnaire dans leur commune. J'en profiterai pour interroger monsieur Ziegler, l'adjoint au maire : en tant que propriétaire de la fabrique de rubans, il a beaucoup de relations. D'ici quinze jours, je crois que nous aurons des nouvelles.

Et en effet, dix jours après cette conversation, le docteur Häseler annonce triomphalement à Samuel que la petite bourgade de Gommern située non loin de Dessau recherche un médecin fonctionnaire municipal, chargé des questions d'hygiène.

Encouragé à présenter rapidement sa candidature et muni d'une lettre de recommandation du docteur Häseler, Samuel se rend à Gommern où il est fort bien accueilli par le conseiller municipal chargé des affaires sociales et des travaux de voirie. Cet homme, sincèrement concerné par le drame de la mortalité infantile et soucieux de la santé de ses administrés, a décidé d'éduquer la population aux règles de l'hygiène. Aussi a-t-il besoin d'un bras armé, pédagogue et compétent, pour mener à bien son grand projet de salubrité publique et le docteur Hahnemann lui paraît tout désigné. Son dynamisme, ses solides références ont convaincu le conseiller de le nommer au poste de médecin municipal chargé des questions d'hygiène de la ville de Gommern. À ce titre Samuel bénéficiera, outre son salaire, d'une maison de fonction attenante à la mairie. Certes, le salaire est modeste, la maison minuscule et sans confort mais ses vœux ne pouvaient être mieux exaucés !

Aussi, au retour de Samuel, le docteur Häseler qui jusqu'ici n'avait rien dévoilé des intentions de son protégé ne peut plus résister à l'envie d'en informer sa famille.

– Ma chère épouse, déclare le pharmacien à l'heure du souper, j'ai une excellente nouvelle à vous annoncer !

– Cela m'étonnerait bien, répond sèchement madame Häseler. Vous êtes heureux quand le monde est au désespoir, triste quand il y a lieu de se réjouir. Vous êtes fait à l'envers des gens normaux. Alors, quelle catastrophe me préparez-vous encore ?

– Ne soyez pas injuste, ma chère. J'ai le plaisir de vous annoncer le départ prochain de notre locataire.

– Comment ! s'écrie douloureusement Henrietta, le visage blême.

– Est-ce possible ? s'exclame madame Häseler, si agréablement surprise qu'elle n'a même pas remarqué la stupéfiante métamorphose de sa fille. Comment ça ? Hahnemann s'en va ?

– Parfaitement. Il a été engagé en tant que médecin fonctionnaire à Gommern.

– Mais c'est merveilleux, inespéré ! Enfin débarrassés de ce va-nu-pieds ! Pour une fois, nous avons de la chance. Et quand part-il ?

– À la fin du mois, je suppose. Il doit prendre ses fonctions début janvier.

– Ah ! c'est un cadeau du ciel, soupire la commerçante avec ravissement. Tiens, pour l'occasion, je ne lui demanderai pas de payer ses trois mois.

Le pharmacien esquisse un rictus ironique, déplorant une fois de plus l'odieuse mesquinerie de son épouse.

– Nous allons enfin pouvoir louer au juste prix, reprend énergiquement madame Häseler. Et cette fois, je vous préviens, Häseler, c'est moi qui me chargerai du contrat.

– Comme vous voudrez. Vous savez bien que tout cela m'ennuie et que je n'ai aucune envie de m'occuper des affaires d'argent.

– Très bien. Je prends Henrietta à témoin de ce que vous venez de dire, au cas où vous seriez encore tenté de faire la charité à quelque sans-le-sou sachant vous attendrir. Henrietta ! Eh bien, ma fille, qu'as-tu donc à faire cette tête d'enterrement ? Va plutôt chercher une bonne bouteille de vin à la cave. Nous allons fêter ça !

Les lèvres serrées, les yeux embués de larmes, Henrietta se précipite à la cave, soulagée de pouvoir y laisser éclater son chagrin. Une main invisible, terriblement puissante, lui serre la gorge, écrase sa poitrine, lacère son cœur. Chancelant à chaque pas, au comble de la douleur, elle se laisse tomber à genoux, désespérée. Qu'a-t-elle fait, qu'a-t-elle dit pour que son bien-aimé parte si brusquement ? Ne l'a-t-il donc jamais chérie ? Sa pauvre tête a-t-elle tout inventé ? Comme elle s'en veut d'avoir espéré, d'avoir ressenti une tendre complicité, là où il n'y avait qu'indifférence galante. Comme elle se maudit de l'aimer ! Comme elle se sent misérable !

14

Dans son bureau à la mairie de Gommern, Samuel s'ennuie à mourir. Depuis six mois, toutes ses tentatives pour sensibiliser la population à l'hygiène ont échoué. Il a commencé par rédiger dans un langage simple et clair des conseils pratiques destinés aux mères de famille pour la toilette des enfants et l'entretien de la maison. Séduit par cette initiative pédagogique, le conseiller municipal a fait imprimer et distribuer ces recommandations dans tous les foyers, oubliant que la population paysanne ne savait pas lire. Sans s'arrêter à une erreur si stupide, Samuel a décidé d'organiser des réunions de quartier, mais personne n'est venu. Alors, il a tapé aux portes des chaumières, ne ménageant pas ses efforts pour évangéliser les rudes campagnards. Mais hygiène et diététique n'ont intéressé personne.

Il n'y a rien à faire pour sortir ce peuple de l'ignorance et Samuel n'a d'autre occupation que les tâches administratives pour justifier son salaire. Cette paperasse le met à bout de nerfs et pourtant il tient bon, reprenant courage en se rappelant l'enjeu de ce misérable exil : épouser Henrietta.

Henrietta ! Comme elle lui manque ! Quel vide sidéral depuis que sa présence n'éclaire plus ses jours ! Loin d'elle, la vie n'est qu'une succession d'heures atrocement monotones, sans but, sans espoir. Loin de la pharmacie où il s'attendait chaque instant à la voir, loin du docteur Häseler qui densifiait le temps dans sa recherche fiévreuse, loin de toute source de savoir dans cette campagne isolée, Samuel est au supplice. Ce calvaire lui serait plus supportable s'il pouvait retourner à Dessau une seule fois par mois, mais le coût du voyage mettrait en péril les petites économies qu'il constitue bien difficilement depuis six mois.

Dans sa solitude, il a longuement réfléchi à l'alchimie et n'a pu adhérer qu'à deux propositions : l'existence de la force vitale dont le dérangement se manifeste par la maladie et la nécessité de porter un remède à son plus haut degré de subtilité pour qu'il soit efficace. Hormis ces deux points, toute l'alchimie lui paraît arbitraire, imprécise, non vérifiable, non reproductible. Que signifie « exalter la force vitale » du malade ? Lui faire avaler une potion à base de pierre philosophale pour augmenter sa quantité de force vitale ou provoquer un sursaut de cette même force par l'entremise de la pierre ? Pourquoi choisir le chauffage comme moyen de sublimation de la matière et quel protocole de cuisson faut-il suivre exactement ? Pourquoi arrêter arbitrairement les transmutations à l'obtention de cette matière couleur rubis ? Et quelles preuves existe-t-il de l'efficacité curative de la pierre philosophale ? Non, décidément, l'expérience alchimique ne répond en rien aux critères scientifiques de la recherche de la Vérité.

Néanmoins, Samuel s'interdit une critique aussi vive dans la correspondance qu'il entretient avec le docteur Häseler et expose plutôt ses axes de recherche.

« Gommern, le 17 juin 1782.

Cher docteur Häseler,

J'enrage de perdre mon temps à Gommern, alors qu'il y a tant à faire ! Il me faut comprendre le mécanisme de la force vitale dans l'organisme pour imaginer comment la restaurer en cas de maladie. Aussi dois-je étudier son mode d'action en toutes circonstances, c'est-à-dire dans un corps en bonne santé, malade ou en voie de guérison spontanée. Mais pour cela, j'ai besoin d'être au contact des patients, d'échanger avec mes confrères, de les voir pratiquer. Je dois m'instruire, expérimenter. Ici, dans ce trou, je ne puis rien faire d'utile à la science. J'ai la nostalgie de Vienne où chaque jour je puisais aux sources de la connaissance, que je travaillasse à l'hôpital, à la bibliothèque ou aux côtés de l'admirable professeur Quarin.

Vous aviez raison : je m'ennuie à mourir ! Pourtant, c'est bien un poste de fonctionnaire qu'il me faut. Mais dans une grande ville universitaire où j'exercerais à l'hôpital, poste d'observation et d'expérimentation idéal. Je serais parmi mes confrères, apprenant d'eux, confrontant nos hypothèses, mettant en commun nos recherches. La bibliothèque de l'université nourrirait mon cerveau de ce savoir qui chaque jour progresse.

Surtout, cher docteur Häseler, ne voyez dans ces lignes aucun reproche : je vous suis trop reconnaissant de m'avoir trouvé cet emploi ! En vérité, c'est à moi que j'en veux car je n'ai pas compris qu'il me faut pratiquer dans une cité des sciences et je dois désormais sortir de cette impasse.

Mais tranquillisez-vous, ne vous alarmez pas de ma mélancolie car j'occupe mon esprit. Je viens de publier deux articles que je joins à cette lettre : l'un traite des effets nocifs du café, l'autre de l'abus d'alcool. Actuellement, je rédige un essai dénonçant l'usage des emplâtres de plomb : le style en est très polémique et me vaudra certainement quelques inimitiés, mais il faut absolument mettre fin à ces procédés si toxiques pour l'organisme ! Je viens également de recevoir d'un éditeur de Leipzig un imposant traité du chimiste français Demachy sur l'art du distillateur d'eaux-fortes dont je vous enverrai une synthèse dès que je l'aurai traduit.

Voici, cher docteur, l'ordinaire de ma vie à Gommern. J'espère que vous et votre aimable famille vous portez bien et que je pourrai vous rendre visite cet été.

Dans l'attente de vous revoir bientôt, je vous prie de croire en toute mon amitié et vous remercie de transmettre mes plus sincères salutations à madame votre épouse ainsi qu'à votre très gracieuse fille.

Votre bien dévoué docteur Samuel Hahnemann. »

Cependant, à Dessau, dans l'euphorie du départ du docteur Hahnemann, madame Häseler a entrepris de coûteuses rénovations dans l'appartement de Leopoldstrasse. Dès le mois de janvier, elle a fait repeindre les boiseries et tapisser les murs d'un superbe reps de soie bordeaux. Elle a aménagé un élégant cabinet de toilette et installé un adorable petit boudoir, là même où Samuel recevait ses rares patients. Faisant fi de l'opposition de son mari à ses folles dépenses, elle s'est entêtée dans son luxueux projet avec une idée fixe : attirer un riche célibataire qui paiera au prix fort ce joli pied-à-terre.

En mars, la chance a finalement souri à madame Häseler puisqu'un noble héritier de l'illustre famille von Egelstein s'est installé à Leopoldstrasse. Depuis, elle ne tarit plus d'éloges au sujet de ce bel avocat qu'elle invite chaque semaine à prendre le thé et convie à souper dans l'unique dessein qu'il nourrisse bientôt une tendre inclination pour sa très chère fille. Mais l'inexplicable morosité de la jeune Henrietta perturbe ses projets et, en mère soucieuse de préparer l'avenir, madame Häseler est bien décidée à élucider cet inquiétant problème.

– Avez-vous remarqué l'air mélancolique que traîne notre fille en toutes circonstances ?

– Oui, ma chère, mais je croyais qu'avec le temps ça lui passerait, répond distraitement le pharmacien en pleine préparation d'une longue ordonnance.

– Il y a des choses qui ne passent pas mais empirent avec le temps, déclare solennellement madame Häseler. J'espère que vous saisissez ce à quoi je fais allusion.

– Certainement et je suis ravi que vous ayez compris, bien que ceci ne doive pas vous être agréable.

– Que voulez-vous dire ? se rebiffe madame Häseler. Il me serait très agréable qu'Henrietta se marie, même si mon cœur saigne déjà à l'idée de la perdre… L'amour a raison de tout, n'est-ce pas ? Même des réticences bien légitimes d'une mère.

– Vraiment ? s'étonne l'apothicaire. L'idée que notre fille aime le docteur Hahnemann ne vous contrarie point ?

– Quoi ! Que dites-vous ? s'écrie madame Häseler, furieuse. Vous êtes complètement fou ! Jamais Henrietta n'a eu la moindre affection pour ce misérable !

– Détrompez-vous. Ces deux jeunes enfants sont tombés amoureux dès leur première rencontre. Chaque jour j'ai vu grandir leur passion naissante : Henrietta ne cessait d'embellir tandis que le docteur Hahnemann se laissait plus souvent aller à la rêverie. J'ai cru sincèrement qu'il se déclarerait, mais il n'en a rien fait. Et savez-vous pourquoi ?

Abasourdie par cette révélation cauchemardesque, madame Häseler se tient coite.

– Eh bien, parce que le docteur Hahnemann est un honnête homme et n'envisage pas un mariage avec notre fille sans être assuré de gagner décemment sa vie. C'est pourquoi il est parti à Gommern. Il compte percevoir un revenu régulier et se constituer quelques économies qui l'autoriseront à nous faire sa demande. Voici la vraie et honorable raison de son exil !

– Vous délirez ! Je ne vous crois pas un instant. Votre insupportable obstination à couvrir ce Hahnemann de toutes sortes de qualités m'exaspère à la fin !

– Eh bien, si vous ne me croyez pas, parlez à notre fille et vous serez fixée sur les origines de sa mélancolie.

– C'est hors de question ! Absolument inutile ! Je sais mieux que quiconque et surtout mieux qu'elle ce dont elle a besoin. Il lui faut un mari riche et plein d'avenir, un homme issu d'une noble famille dont nous pourrons tous nous enorgueillir. Un homme qui...

– Un von Egelstein par exemple, interrompt rudement le docteur Häseler.

– Exactement ! Ce jeune homme est le gendre idéal et je vous prie de croire que je vais en convaincre Henrietta rapidement et définitivement. J'en ai plus qu'assez de cette mine chlorotique et de cette allure de cloîtrée qu'elle trimballe depuis des semaines. C'est mauvais pour le commerce et, si ça continue, elle ne sera même plus bonne à marier !

Las de l'entêtement absurde de son épouse, le docteur Häseler préfère abandonner cette discussion stérile car il sait qu'Henrietta, sous son apparente douceur, cache une volonté de fer que nul ne peut fléchir.

Le lendemain, après le rituel du thé auquel madame Häseler convie désormais la meilleure société de Dessau, le pharmacien s'étonne de bruits de bousculade et de claquements de porte au premier étage. Soudain, il entend son épouse tancer sévèrement Henrietta dont les pleurs douloureux deviennent rapidement des cris désespérés. Des sommations résonnent violemment, des hurlements éclatent, un déchaînement de violence ébranle la maison et semble aller croissant vers un inéluctable drame. Épouvanté par la scène qui se joue à l'étage, le docteur Häseler se précipite hors du laboratoire quand un claquement mat ramène le silence total, immédiat, quasi surnaturel. Le regard dur, les lèvres contractées dans un rictus de rage, madame Häseler descend l'escalier d'un pas lourd et s'installe gravement derrière son comptoir.

– Mais que s'est-il passé ? s'empresse de demander le pharmacien, effrayé par la mine livide de sa femme.

– Débrouillez-vous avec elle. Je ne peux rien en tirer. C'est une gamine stupide et insolente qui a reçu ce qu'elle méritait. Quand je pense à toute la peine que je me donne pour préparer un bel avenir à cette effrontée !

– N'oubliez pas qu'elle n'a que dix-sept ans. À cet âge on n'envisage pas le mariage comme le meilleur moyen de se garantir une rente à vie.

– Eh bien moi, à son âge, j'avais autrement les pieds sur terre. Et croyez-moi, j'aurais béni ma mère si elle m'avait apporté un aussi beau parti que le jeune von Egelstein. Ah ! quel gâchis, quelle injustice d'avoir une telle nigaude pour fille !

Cet épanchement de colère soulage merveilleusement madame Häseler qui, reprenant ses esprits, repasse immédiatement à l'offensive :

– Et vous, que faites-vous à part vous terrer continuellement dans votre laboratoire, bien à l'abri des soucis familiaux ? Ah ! ce n'est pas vous qui vous ruinerez la santé à faire tourner cette maison. Je porte tous les fardeaux, j'affronte tous les ennuis, je débrouille toutes les affaires ! Seule, toujours seule ! C'est insupportable à la fin ! Häseler, vous n'êtes pas un mari. Vous n'êtes qu'un lâche, une loque sans ambition !

Fulminante, madame Häseler est partie pour solder dix années de rancœur mais son mari la coupe avec dureté :

– Un peu de dignité, madame. Vous oubliez que vous êtes au comptoir d'une respectable officine et pas sur une scène de théâtre. Mais si vous souhaitez vous donner en spectacle, allez-y ! Rapprochez-vous donc de la vitrine et déclamez vos reproches furibonds. Vous amuserez tout le quartier. Ah ! vous me découragez, vos enfantillages m'épuisent. Je monte voir notre fille et tenter de réparer vos dégâts.

– C'est ça, occupez-vous d'elle pour une fois, lance madame Häseler horriblement vexée. Et puisque vous êtes si malin, tâchez de lui faire entendre raison.

Traumatisée par l'horrible dispute, Henrietta s'est réfugiée dans sa chambre où, enfermée à double tour, elle peut s'abandonner sans crainte à son chagrin. Mais, au coup discret frappé à sa porte, elle reconnaît son beau-père et ouvre à celui qui, depuis sa plus tendre enfance, la console toujours après l'orage des corrections maternelles.

– Père, je vous en supplie, ne m'obligez pas à me marier. Je serais si malheureuse ! J'en mourrais !

– Voyons, mon enfant, reprend le docteur Häseler d'une voix tendre et bienveillante qui a toujours eu le pouvoir d'apaiser les sanglots d'Henrietta, il n'a jamais été question de te marier de force. Tu as bien le temps, tu es si jeune.

– Mais, mère veut que j'épouse von Egelstein et moi, je ne veux pas ! Oh non, je ne veux pas. Je déteste cet homme !

– Écoute, ma petite, ta mère et moi te trouvons une bien

triste mine depuis quelque temps. Tu es pâle, tu ne ris plus, tu maigris à vue d'œil. Et surtout, je n'entends plus cet adorable petit rossignol qui chante à tue-tête au-dessus de mon laboratoire et perturbe les expériences qui exigent ma plus grande concentration.

Tout heureux de voir sa fille esquisser un vague sourire, le docteur Häseler poursuit avec douceur :

– Ta mère et moi avons pensé que tu devais te sentir un peu seule entre tes vieux parents. Nous avons supposé que cette vie routinière et bien huilée commençait à te peser et qu'il était temps que tu rencontres un jeune homme qui sache te distraire, te plaire et prendre soin de toi. Ta mère a tout naturellement songé à monsieur von Egelstein.

– Mais je ne m'ennuie pas du tout ici avec vous ! Je suis très heureuse. Je n'ai besoin de personne !

– En es-tu bien sûre ? demande le docteur Häseler d'un sourire plein de sous-entendus.

– Absolument certaine. Je ne veux plus entendre parler de mariage avec cet affreux von Egelstein !

– Très bien, ma fille. Mais dis-moi la raison de ta mélancolie ?

Henrietta baisse les yeux, rougit légèrement et ne dit mot.

– Voyons, ma chérie, reprend avec tact le docteur Häseler, tu sais que je suis fin observateur et je crois pouvoir affirmer que tu es malheureuse depuis l'instant où j'ai annoncé le départ du docteur Hahnemann.

Redressant la tête, Henrietta jette à son père un regard effaré.

– Je t'en prie, mon enfant, ne crains pas de dévoiler tes sentiments. Es-tu peinée de ne plus voir le docteur Hahnemann ?

– Quelle importance ? répond la jeune fille d'un ton faussement désabusé.

– Comment ça, quelle importance ?

– Le docteur Hahnemann ne se soucie guère de moi. Seule compte sa recherche médicale.

– Comment peux-tu dire une chose pareille ?

– S'il avait eu le moindre sentiment à mon égard, il ne serait pas parti ainsi, sans même avoir une parole pour moi.

Attendri par cette susceptibilité de femme naissante, source de tant d'interprétations hâtives et creuset de tant de tourments, le docteur Häseler ajoute en souriant :

– Ma chérie, tu te trompes sur l'intérêt que te porte le docteur Hahnemann. Dans chacune de ses lettres, il me demande de tes nouvelles.

– Vraiment ? s'étonne Henrietta, le regard étincelant, les lèvres tremblantes.

– Absolument. Et il m'a promis de venir à Dessau cet été. N'est-ce pas une nouvelle propre à nous rendre le sourire à tous les deux ?

La mine radieuse d'Henrietta ne laisse plus un doute sur ses sentiments pour le docteur Hahnemann. Le docteur Häseler en est vraiment heureux mais appréhende déjà les trésors de diplomatie qu'il faudra déployer pour que son épouse accepte l'amour de ces enfants.

Aussi, au terme d'interminables semaines de crises de nerfs, de chantages menaçants, de prostrations hargneuses, madame Häseler finit par renoncer à ses plans de mariage et admet à grand regret l'inclination de sa fille pour le docteur Hahnemann. Le calme revenu, l'officine reprenant son train-train quotidien, la pharmacienne retrouve enfin son amabilité commerçante, Henrietta sa joie de vivre et le docteur Häseler la paix.

C'est à ce moment que Samuel revient à Dessau pour rendre visite à l'apothicaire qu'il n'a pas revu depuis huit mois. Ce jour-là, le docteur Häseler est seul au laboratoire et sa joie est immense de retrouver son ami qui ne tarde pas à demander des nouvelles d'Henrietta.

– Elle va bien, cher ami. Enfin, mieux qu'elle n'a été…

– Comment ça ? A-t-elle été malade ?

Pressé de questions au sujet de sa fille, le pharmacien finit par avouer le désastreux projet de mariage avec von Egelstein.

– J'aimerais tant que cette chère enfant ait la chance de rencontrer un homme intelligent, sincère et courageux, ajoute le docteur Häseler, remarquant le désarroi de Samuel. Pas un de ces godelureaux vaniteux qui passent leur vie à fanfaronner parce qu'ils ont la chance d'être bien nés. Non, surtout pas un homme comme cela ! D'ailleurs, ma fille n'en voudrait pas : elle ne prise que la simplicité, la franchise et le vrai talent… Finalement, c'est un compagnon de votre trempe qui la rendrait heureuse.

Galvanisé par cet aveu inattendu, Samuel trouve brusquement le courage de dévoiler son cœur et d'avouer enfin les vraies raisons de son exil au docteur Häseler qui, imaginant déjà la joie de sa fille, le prie de se rendre auprès d'elle.

Tremblant d'émoi, le cœur débordant d'allégresse, Samuel va jusqu'au jardin où Henrietta admire la beauté d'un parterre de pivoines. Comme elle est gracieuse dans sa robe de tulle blanc, telle une jeune mariée fine et souple comme un lis ! Porté par sa passion, Samuel s'approche de l'aimée et plonge son regard dans celui d'Henrietta. À cet instant précis, sublime, hypnotique, ils se sont tout avoué : puissance de leur amour, fièvre de leur désir, espoir de bonheur et de complicité. Alors, ivre d'extase, éperdu de tendresse, Samuel enlace follement Henrietta infiniment précieuse dans l'éclat lumineux de sa virginité. Ils ne se quitteront plus, ils s'aimeront toujours et uniront leurs vies dans un même destin.

Dès le lendemain de leur mariage, le 18 novembre 1782, Henrietta et Samuel prennent la route de Gommern dans la joie immense de rejoindre leur foyer. L'enthousiasme d'une vie nouvelle, l'excitation d'un avenir à créer donnent aux jeunes mariés toutes les envies, tous les espoirs. Henrietta que les arts ont bercée dans la belle cité de Dessau est à peine contrariée de la rusticité de Gommern. D'ailleurs, dans la fougue de son nouveau bonheur, elle est bien décidée à faire de son logis spartiate un petit nid douillet où choyer son amour. Ainsi la maisonnette du jeune couple prend-elle rapidement l'allure d'un confortable ménage bourgeois. D'épaisses tentures de velours rose pendent aux fenêtres, un tapis de laine moelleux s'étale royalement dans la chambre, de jolis coussins de soie multicolores illuminent les quatre coins du logis. Des napperons délicatement crochetés ornent les meubles, un pot de cyclamen égaie le salon tandis qu'à la cuisine le poêle ronronne paisiblement, enveloppant la maison d'une douce chaleur.

Samuel est heureux : il y a si longtemps qu'il n'avait pas goûté au confort d'un foyer, ce paisible refuge où consoler ses peines et retrouver des forces. Henrietta est si gaie, si vivante, si adorable ! Comme il aime cette femme d'humeur toujours égale et si déterminée à répandre la grâce ! Comme son cœur est fort, raisonnable et pourtant si sensible, si vulnérable !

La présence d'Henrietta ayant illuminé la grise monotonie de la vie campagnarde et allégé le fardeau de son ingrat travail de médecin fonctionnaire, Samuel a retrouvé le souffle créateur. Il vient de se lancer dans une vaste étude sur le traitement des plaies anciennes et des ulcères putrides, sujet brûlant en ces temps belliqueux. Cet important travail devrait l'occuper toute une année, après quoi il a bien l'intention de quitter Gommern pour rejoindre une grande ville où sa chère épouse pourra savourer les plaisirs du théâtre et de la musique et où il disposera des meilleures conditions pour exercer la médecine et mener ses recherches.

Henrietta que ce projet de déménagement enchante a d'ailleurs son idée. Elle aimerait vivre à Dresde, cette cité féerique que les grands rois de Saxe appellent « Florence de l'Elbe » : d'ailleurs, Maria Städler, son amie d'enfance, y réside depuis son mariage et ne se lasse pas de louer les trésors artistiques de la ville. Pourquoi ne pas lui écrire pour demander conseil sur le choix d'un logement ? Son mari est médecin et il aidera certainement Samuel à trouver un emploi. Peut-on espérer meilleure installation que celle qui rapproche de ses amis ?

Conquis par l'enthousiasme de son épouse, Samuel s'accorde à choisir Dresde pour future résidence. Il y trouvera les conditions de son épanouissement professionnel et y gagnera plus d'argent qu'à Gommern, ce qui n'est pas négligeable. Car force est de constater que le maigre salaire de Samuel ne suffit pas aux besoins du ménage. Il a sous-estimé les ressources qu'exige l'entretien d'un chez-soi confortable et plaisant. Au train où vont les dépenses, ses économies ne feront pas long feu. D'autant que sa « petite dame Henrietta », comme il se plaît à l'appeler, vient de lui annoncer la plus belle nouvelle : elle attend un enfant ! Samuel est fou de joie : il sera bientôt père et ce miracle de la vie le bouleverse au-delà de tout.

15

C'est en novembre 1783, par un jour de brouillard glacial et pénétrant, qu'Henrietta met au monde une jolie petite fille potelée et pleine de vie. Dans la maison de Gommern soigneusement calfeutrée où le poêle prodigue une intense chaleur, Samuel s'émerveille de la ressemblance du bébé avec sa mère.

– Et si nous l'appelions Henriette ? Son sourire est si pareil au tien.

Dans le ravissement d'être devenus parents, Samuel et Henrietta se promettent de construire un brillant avenir et fixent au mois prochain la date de leur départ pour la grande ville de Dresde où l'amie d'Henrietta a déjà tout prévu pour leur emménagement.

– Comment vas-tu, ma chérie ? J'étais si impatiente de te voir ! Es-tu enfin remise de cette méchante grippe ? s'enquiert Maria Städler, heureuse d'accueillir son amie Henrietta qu'elle n'a pas revue depuis plusieurs semaines.

– Oh ! oui, parfaitement, Maria. Samuel m'a guérie et s'est occupé admirablement de notre petite Henriette. Je bénis le ciel d'avoir épargné notre enfant. Il faut dire que son père a été intraitable sur l'hygiène et a même exigé que je reste cloîtrée dans ma chambre. Henriette m'a beaucoup manqué mais l'important est qu'elle soit saine et sauve. Regarde comme elle a grandi !

– C'est incroyable ! Depuis que tu es arrivée à Dresde, cette petite demoiselle a encore crû en beauté. Quel âge a-t-elle maintenant ?

– Huit mois déjà. Le temps file à une vitesse surprenante, surtout quand on est maman. Et toi, Maria, toujours rien ?

– Non hélas, je n'ai pas ta chance. Enfin, l'avantage est que Rainer et moi pouvons profiter des merveilleux spectacles de Dresde.

À vingt-deux ans, la beauté fière et sauvage de Maria ne s'accorde pas avec la maternité. Fine, presque maigre, son épaisse chevelure d'ébène soigneusement lissée et coiffée en bandeaux encadrant son visage, Maria a le port droit, l'allure hautaine d'une femme respectable que seule trahit la vibrante passion de son regard de jais.

– Alors, comment trouves-tu Silzgasse ? reprend joyeusement Maria.

– Formidable ! Ce quartier est vraiment très agréable. J'aime habiter en ville au milieu des commerces et des marchés. Le matin, rien ne me donne plus d'énergie et de gaieté que d'observer tous ces gens qui s'affairent, cette vie qui grouille dans les rues marchandes, ce flux bariolé et odorant de marchandises qui s'écoulent joyeusement des magasins aux paniers des ménagères. C'est un vrai plaisir, une joie que j'ai depuis l'enfance.

– Après avoir végété un an et demi à Gommern, ça doit te faire du bien, n'est-ce pas ?

– C'est une vraie résurrection, avoue Henrietta dans un soupir de soulagement, je m'ennuyais tellement à la campagne ! Je n'ai supporté cet exil qu'en pensant à notre avenir et je ne saurai assez te remercier d'avoir si bien organisé notre arrivée. La maison et le quartier sont vraiment parfaits.

– J'ai fait comme pour moi, ma chérie. Mais dis-moi, ton mari est-il allé voir le docteur Engelhardt ?

– Il le rencontre ce matin même à l'hôpital : j'espère que tout se passera bien. Tu remercieras encore Rainer pour sa recommandation.

– C'est bien normal de s'aider entre confrères. Au fait, Rainer et moi allons au concert samedi : on y joue Mozart. Toi et ton mari nous accompagnerez, n'est-ce pas ?

– Je regrette, Maria, c'est impossible avec le bébé, s'excuse Henrietta.

– Si ce n'est que cela, nous le confierons à notre gouvernante, propose Maria sur le ton assuré d'une femme à qui rien ne résiste. Tu peux avoir toute confiance en notre personnel. Je te garantis que ton enfant sera en d'excellentes mains.

– Ce n'est pas la question, Maria, réplique Henrietta visiblement mal à l'aise. À vrai dire, nous ne pouvons nous permettre d'aller au spectacle pour le moment.

– Comment ? interrompt Maria, ne saisissant pas ce que son amie lui signifie.

– Nous n'avons pas d'argent pour les divertissements. Samuel gagnait un salaire très modeste à Gommern et nous n'avons pas fait beaucoup d'économies, surtout depuis la naissance d'Henriette. Nous ne pouvons vraiment pas dépenser à tort et à travers, d'autant que le loyer à Dresde est très élevé et que Samuel n'a pas encore de travail.

Médusée, Maria réalise à peine ce que lui avoue son amie. Tout ceci lui semble tellement irréel.

– Mais pourquoi ton mari ne s'installe-t-il pas ? demande-t-elle avec une pointe d'agacement. C'est le seul moyen de vivre décemment. Je t'assure qu'il y a de la place pour les médecins compétents. D'ailleurs, Rainer ne sait plus où donner de la tête. Il court de rendez-vous en rendez-vous et gagne plus d'argent qu'il n'en faut. Pourquoi ton époux n'en fait-il pas autant ? Ce n'est pas la belle clientèle qui manque à Dresde ! Et à la Silzgasse, son cabinet sera parfaitement situé : c'est un quartier à la mode qui attire tous les jeunes ménages bourgeois. Non vraiment, je ne comprends pas ce qu'il attend.

– Mais il n'attend rien, Maria, reprend calmement Henrietta. Il n'aspire tout simplement pas à ce genre de vie. La recherche médicale est sa passion et il veut contribuer aux progrès de la science : c'est son unique ambition. Tu comprends bien que cet idéal est incompatible avec l'exercice libéral de la médecine, n'est-ce pas ?

– Peut-être, je ne sais pas, répond Maria décontenancée. En tout cas, je te plains !

Maria essaierait bien de convaincre Henrietta qu'elle doit infléchir les vues de Samuel. Mais ce serait peine perdue car les vicissitudes du quotidien n'ont encore émoussé ni l'amour ni l'admiration d'Henrietta pour son mari. Il ne sert à rien de la mettre en garde contre les sacrifices qu'elle devra consentir si son époux s'entête dans ses projets calamiteux, car Maria en est certaine, la voie du docteur Hahnemann est le chemin de la misère.

S'en retournant chez elle, son enfant dans les bras qui gazouille au doux soleil de juin, Henrietta sent tout à coup l'étreinte d'une profonde et inexplicable mélancolie. Elle tente de se distraire, admirant çà et là les façades baroques des monuments de Dresde, mais la tristesse s'installe dans le creux de son âme. Pourquoi a-t-elle soudain envie de pleurer alors qu'elle a tout pour être heureuse ? Un mari aimant, courageux et intelligent, une fillette adorable, une jolie maison dans la plus belle ville de Saxe… Que lui arrive-t-il ?

Cette conversation avec Maria l'a infiniment contrariée et elle s'en veut d'avoir confié sa gêne financière. On devrait toujours garder ces choses-là pour soi. Désormais, que va penser son amie ? Que Samuel est un dilettante, un utopiste ? Comme elle regrette de s'être mise dans une telle position ! Il ne faudrait jamais parler de ses soucis, toujours faire semblant, se taire, paraître content de soi pour être respecté. Tout compte fait, cette agaçante rengaine que rabâchait sa mère n'était pas si sotte : « Quand j'ai vingt sous, je dis que j'en ai quarante : mieux vaut faire envie que pitié ! » Et qu'il est décevant de toucher aux limites d'une personne qu'on estime : Maria ne comprendra jamais l'idéal de Samuel.

Cette peine infinie qui mine le cœur d'Henrietta par ce bel après-midi de juin, c'est l'adieu à ses illusions d'enfance, la brutale confrontation avec cette révoltante primauté du paraître, la prise de conscience du mépris implacable des hommes pour celui qui œuvre dans le plus grand désintéressement. C'est le pressentiment que ni son mari, ni elle ne trouveront leur place dans ce monde où seul l'argent octroie pouvoir, considération et respect. Taraudée par ses pensées chagrines, Henrietta arrive au seuil de son logis quand tout à coup la porte s'ouvre comme par enchantement.

– J'ai immédiatement reconnu le bruit de tes pas et le babil de notre petite Henriette, s'exclame affectueusement Samuel.

À la joie manifeste de son mari, Henrietta est soudain délivrée de sa morosité et lui tend gaiement leur bébé.

– Tiens, prends ton trésor, j'ai les bras cassés. Je reviens de chez Maria et c'est une sacrée trotte avec cette demoiselle qui pèse son poids.

Radieux, Samuel saisit sa fille et la soulève dans les airs comme pour mieux l'admirer.

– Eh bien, mademoiselle, on peut dire que votre maman vous a réussie ! En voici une bien jolie jeune fille, toute rose et toute potelée.

Du haut des bras de son père amusé, la fillette rit et s'agite en tous sens. Emmaillotée dans sa barboteuse de laine blanche, elle semble un petit flocon de neige qui virevolte dans le ciel.

– Mon Dieu, comme notre fille est belle ! s'extasie Samuel. Qu'elle est drôle à battre des mains et des pieds comme un petit insecte suspendu dans l'air. Comme je suis fier de notre famille, ma chérie. Comme je t'aime !

Reposant l'enfant dans son petit moïse, Samuel pose un baiser frais et joyeux sur les lèvres attendries de sa femme.

– Ma chérie, j'ai une bonne nouvelle à t'annoncer, reprend Samuel avec satisfaction. Je viens d'être engagé par la municipalité de Dresde !

– Tu as trouvé un poste à l'hôpital ?

– Non, mais le docteur Engelhardt m'a dirigé vers le docteur Wagner, médecin chef des services publics de la ville. Et là, j'avoue que j'ai eu de la chance. Figure-toi qu'il connaissait le professeur Quarin et avait lu avec intérêt mon traité sur les effets toxiques des emplâtres de plomb. N'est-ce pas un merveilleux hasard ? J'ai eu une longue conversation avec le docteur Wagner qui, soit dit en passant, ne m'a pas l'air en bonne santé. Au cours de notre discussion, nous nous sommes découverts frères en maçonnerie. Dès cet instant, notre entretien a pris un nouveau tour. J'ai pu lui expliquer en toute confiance ce que je pense de la médecine de notre temps et de la thérapeutique assassine qui fait les choux gras de tous les médicastres. Je lui ai exposé mes axes de travail et il a tout de suite saisi la portée de mes recherches sur l'économie de la force vitale. Oh ! comme j'étais heureux de parler à un médecin qui me comprenait. Cela faisait si longtemps que ça ne m'était pas arrivé ! Aussi avons-nous discuté tout l'après-midi. Il m'a présenté à l'un de ses amis, le conseiller Adelung qui dirige la grande bibliothèque de Dresde : il n'y a pas moins de cinquante mille livres et une multitude de documents dans cet antre du savoir où je peux désormais consulter à ma guise !

– C'est formidable ! Te voici enfin comblé, toi qui désespérais d'apprendre à Gommern.

– Certainement. Et pour couronner le tout, chère petite dame Henrietta, vous avez devant vous le nouveau médecin légiste de la prison de Dresde !

À ces mots, la joie d'Henrietta tombe subitement. Son visage s'assombrit et sa petite moue inquiète en dit long sur sa déception.

– Tu vas travailler sur des cadavres ? demande-t-elle anxieuse.

Samuel ne peut retenir un grand éclat de rire.

– Voyons, Henrietta, comment crois-tu que j'aie appris l'anatomie ? Il n'y a rien d'effrayant à autopsier un mort. D'ailleurs, j'y vois de très nombreux avantages. Je pourrai approfondir mes connaissances des lésions internes caractéristiques de certaines maladies et surtout, j'espère bien mettre en évidence les dégâts irréversibles que causent dans l'organisme ces médications homicides qu'on administre à tour de bras aux patients.

– Certes, mais les prisonniers sont des gens dangereux. Que ferais-je s'il prenait à l'un d'eux l'idée de te tuer ?

– Ne t'inquiète pas, voyons. Les prisonniers dont je m'occuperai sont tous malades et hors d'état de nuire. D'ailleurs, j'aurai fort à faire car le docteur Kern ne suffit pas à cette tâche écrasante.

– Qui est le docteur Kern ? s'enquiert Henrietta avec méfiance.

– C'est le médecin chef de la prison. Cependant il n'y travaille qu'à mi-temps, ayant par ailleurs une clientèle privée et assurant aussi la charge d'expert médical aux affaires pénales. Le docteur Wagner a donc absolument besoin d'un médecin permanent pour soigner les détenus et assurer une grande partie des autopsies. Dès demain, je rencontrerai le docteur Kern pour qu'il me donne ses instructions et me fasse visiter la morgue. Je ne doute pas que tout se passera bien.

– Je l'espère aussi, répond Henrietta, dubitative. Et quel salaire le docteur Wagner t'a-t-il proposé ?

Embarrassé, Samuel hésite à répondre.

– Eh bien, déclare-t-il enfin, sensiblement le même qu'à Gommern.

– Comment ! Mais c'est une honte ! Pourquoi rémunérer si mal un travail si ingrat ? Et à Dresde en plus ! Le docteur Wagner réalise-t-il que la vie est très chère ici ? Infiniment plus chère qu'à la campagne ! Mais comment allons-nous faire ? s'affole Henrietta.

– Je t'en prie, ma chérie, aie confiance en l'avenir. Notre situation va vite s'améliorer. D'ailleurs, le docteur Wagner m'a clairement fait comprendre que cet humble salaire n'était que provisoire et qu'il évoluera dès que le docteur Kern aura pu juger de mes compétences.

– Parce que c'est le docteur Kern qui décidera de ton futur salaire ?

– Certainement. Ceci a l'air de t'inquiéter ?

– Non, non, murmure Henrietta profondément troublée.

– Et puis, j'ai entamé une nouvelle traduction d'un ouvrage de Demachy. C'est encore un gros traité en deux volumes sur l'art du distillateur liquoriste. Voici qui complétera heureusement nos revenus pendant deux ou trois mois. Et puis, si mon salaire n'augmente pas assez vite, je pourrai toujours continuer mes traductions.

– Mais à ce rythme tu seras vite épuisé, remarque Henrietta d'un air attristé.

– Allons, tu connais mon endurance. J'ai toujours travaillé deux nuits entières par semaine sans ressentir la moindre fatigue. Et traduire me passionne. Tu te rends compte : être payé pour apprendre !

– Décidément, tu tournes toujours les choses à ta façon.

– Mais non, c'est la vérité. Ne te fais pas de souci, ma chérie. Nous ne mourrons jamais de faim, même si je dois travailler jour et nuit. Je te le promets.

Enlaçant tendrement son épouse, Samuel la berce doucement dans ses bras. Il veut la consoler, la rassurer, lui donner confiance en cet avenir qu'il perçoit plein de promesses et qu'elle imagine obscur, dangereux, infesté de pièges.

Depuis que la porte d'acier s'est refermée sur lui, une désagréable odeur de salpêtre et de moisissure incommode Samuel. Une humidité grasse suinte le long des murs exhalant çà et là des effluves d'alcali. La prison tout entière est une énorme éponge engorgée d'eau croupie qui macère sourdement. Dans le couloir central, les soubassements de pierre rongés d'efflorescences blanchâtres s'effritent comme de la craie. Quelle est donc cette lèpre qui dévore la prison ? Est-ce la partie visible d'obscures fermentations qui travaillent la roche ? Plus Samuel avance dans le couloir central, plus la puanteur âcre irrite son odorat. Approchant du bureau du directeur, un infect fumet de tambouille le saisit à la gorge. L'atroce souvenir de l'épicerie Metzger fulgure dans son cerveau. Dans cet endroit lugubre, son passé le rattrape et un mauvais pressentiment alarme sa conscience. Troublé, il s'impatiente : le docteur Kern a déjà trente minutes de retard. L'attente interminable et humiliante dans l'arrière-boutique. Non, ce n'est pas possible : les choses ne se répètent pas ainsi. C'est juste une malheureuse coïncidence, trop d'imagination.

Les minutes s'égrènent, lentes, vides, irritantes. Si Kern n'arrive pas dans le quart d'heure qui suit, Samuel s'en ira. Il ne veut plus attendre. Il ne supporte plus le mépris des nantis envers ceux qui n'ont rien. Une vague de rancœur, grosse d'humiliations, flue en lui, l'envahit, le submerge quand, soudain, un pas plein de superbe résonne dans le couloir.

– Monsieur Hahnemann, je suppose ? demande le docteur Kern avec dédain.

– Lui-même. Docteur Kern, je suppose ? Nous avions rendez-vous à dix heures, n'est-ce pas ?

– Entrez, répond sèchement le médecin chef, piqué au vif par le ton de reproche de Samuel.

Grand, mince, la cinquantaine fringante, le docteur Kern porte avec élégance une redingote de fine soie anthracite aux revers passementés de broderies d'argent mat. Incarnation parfaite des caprices de la mode et de la vanité, il comblerait sans doute les exigences frivoles d'une baronne von Brückenthal.

– Je dois vous recevoir, m'a-t-on dit, grince le docteur Kern.

– Le docteur Wagner m'a recruté pour vous seconder, rappelle fermement Samuel. Aussi, il me semble nécessaire, pour ne pas dire indispensable, que nous fassions connaissance.

Le dandy ne répond pas : il feuillette son courrier sans même lever les yeux. Le silence s'installe, lourd, irrespirable. Samuel ne dit mot. Il n'a pas l'intention de se laisser impressionner par cette misérable tactique.

– Je doute que cet endroit exige la présence de deux médecins, lâche finalement Kern d'un ton glacial. Mais si vous n'avez rien de mieux à faire, libre à vous d'occuper votre temps en prison : les geôliers et les cantinières seront ravis d'avoir de l'aide.

– Monsieur, je ne suis ni gardien, ni cuisinier ! s'offusque Samuel. Je suis docteur en médecine et missionné par le médecin chef des services publics de Dresde pour soigner les détenus et assurer le service de la morgue. Je vous remercie de bien vouloir me faire visiter les locaux et de me donner vos instructions.

Le regard courroucé, rageant de l'impudence de ce jeune homme qui ose l'affronter, Kern réplique, cinglant :

– Le gardien Pfizer vous fera visiter les lieux. Quant aux instructions, je n'en ai aucune, n'ayant jamais fait la moindre demande d'un assistant.

– Bien, reprend Samuel que cette révélation prend au dépourvu. Néanmoins, je tiens à vous rendre compte de mes activités, et en particulier des soins que j'apporterai aux détenus.

– Je vous interdis de vous occuper des prisonniers ! vocifère le médecin chef. Leur santé est sous ma responsabilité, pleine et entière. Je n'ai jamais émis le souhait de déléguer cette mission ! En conséquence, je ne vous autorise pas à exercer dans cette enceinte. Maintenant, veuillez disposer, monsieur.

Interdit, Samuel se retire. La situation s'annonce mal, très mal. Le docteur Wagner a fait preuve d'une extrême et impardonnable légèreté : personne n'impose sa volonté au docteur Kern et nul doute que l'avenir de Samuel en est lourdement hypothéqué.

Soudain, pris d'un sursaut de révolte, Samuel s'insurge contre ce traitement injuste et rebrousse chemin pour exiger de Kern une vraie explication. Mais le prétentieux médecin quitte déjà son bureau et l'opportunité d'une franche discussion s'effondre sur-le-champ.

– Docteur Kern, pouvez-vous m'indiquer où trouver le gardien Pfizer ? se contente de demander Samuel.

– À cette heure, il est au réfectoire. Adieu, monsieur, salue son hautain confrère, pressé de se consacrer à sa clientèle distinguée et de remplir ses devoirs d'homme du monde.

Samuel l'imagine sans peine, flattant les riches patients, mobilisant toute son énergie, toute son intelligence dans le rôle du savant grave et digne. L'unique soin de cet homme, l'unique secret de son art doit consister à empêcher l'œil indiscret de dévoiler l'insondable profondeur de son ignorance. Ce personnage le dégoûte, cette clique de médecins mondains que les malades ennuient lui donne la nausée. Il voudrait accabler Kern des pires injures mais, de toutes ses forces, il contient le déferlement de sa révolte toujours plus puissante, toujours plus dévastatrice depuis qu'il est aux prises avec la fatuité de la société.

Au réfectoire, le premier service s'achève. Suivant les indications d'une cuisinière, Samuel repère immédiatement le gardien Pfizer, un petit homme rond, l'air bonhomme et satisfait de s'être copieusement calé l'estomac. Les présentations faites, Pfizer lance discrètement quelques clins d'œil à ses collègues et esquisse un petit sourire plein de sous-entendus. Puis, ne résistant plus à l'envie d'exprimer la cause de son amusement, il marmonne, hilare :

– Et re ! Ça fait le quatrième en six mois.

– Que voulez-vous dire ? demande Samuel.

– Que depuis le début de l'année, il y a déjà trois médecins qui se sont cassé les dents ici.

– Le travail est donc si difficile ?

– Non, pas plus qu'ailleurs… Enfin, à condition de ne pas avoir peur de mettre les mains dans la crasse.

– Évidemment, acquiesce Samuel, et la misère ne me rebute pas.

– Oh ! les autres aussi étaient pleins de bonne volonté, mais…

Laissant sa phrase en suspens, Pfizer fouille le fond de sa poche d'où il ressort un énorme trousseau de clés.

– Et voici les clés de l'enfer ! s'exclame-t-il les yeux écarquillés, ravi d'effrayer son hôte.

Mais Samuel que cette pantomime n'impressionne guère revient à son sujet de préoccupation.

– Pourquoi les autres sont-ils partis ? s'enquiert-il, pressentant une raison peu avouable au défilé de médecins qui se sont succédé à la prison.

– À votre avis ? répond Pfizer, le sourire railleur et le doigt pointé en direction du bureau de Kern. Il leur a fait la vie dure. Ah ! ça oui. Il les a dégoûtés comme il faut !

– Et ils n'ont pas signalé leurs problèmes au docteur Wagner ?

– Si, si ! Et c'est même ce qui a précipité leur renvoi.

– Que voulez-vous dire ? Comment est-ce possible ? Le docteur Wagner est le supérieur hiérarchique du docteur Kern.

– Oui, mais Kern a le bras long. Très long !

Et, sur le ton de la confidence, Pfizer ajoute :

– Il fait de la politique. Il est tout le temps chez les princes, les ducs et les barons. Enfin, vous voyez, des gens de la haute société. À mon avis, il suffit d'un mot de lui pour faire valser Wagner.

– Et pourquoi ne l'a-t-il pas déjà fait puisque le docteur Wagner prend des décisions qui lui déplaisent ?

Enchanté par cette occasion inespérée de pouvoir déballer les manœuvres minables de sa hiérarchie, Pfizer réplique avec jubilation :

– Vous êtes bien naïf, monsieur, sauf votre respect. Kern n'a pas envie de récupérer le sale boulot de Wagner : il a bien mieux à faire ! Il vient ici très rarement : une ou deux heures par semaine. Parfois un peu plus longtemps pour faire une autopsie. Il a accepté cette charge dans le seul but d'être nommé expert auprès des tribunaux et d'influencer les décisions d'incarcération. Ça peut être utile en politique, n'est-ce pas ? Le reste du temps, il s'occupe de sa clientèle. Du beau linge, je peux vous dire. Ça doit en faire des sous, tous ces malades aristocrates ! Bref, je ne vous conseille pas de vous plaindre à Wagner. Car si Kern l'apprend, il prétextera de votre insubordination et du non-respect des voies hiérarchiques pour exiger votre renvoi : c'est comme ça qu'il a fait avec les autres… Bon, assez de bavardage. Il faut bien se mettre au travail, n'est-ce pas, monsieur ? Venez donc, que je vous fasse visiter notre petit monde.

Perplexe, Samuel suit le gardien qui, lentement, déverrouille la porte menant aux cellules. Ce bavard providentiel vient de lui dresser un tableau édifiant de son nouvel univers. Nul doute que l'intrigue est le seul moyen de survie sur ce champ de bataille.

– Que se passe-t-il donc ? demande soudain Samuel, violemment arraché à ses pensées par des cris rauques et déchirants.

– Ce sont les prisonniers. Ils gueulent comme ça tout le temps. Ils en ont assez d'être enfermés comme des rats. Alors ils gueulent, ils se fracassent contre les murs, contre les portes, jusqu'au sang ! Ça leur fait du bien.

Horrifié par ces hurlements de détresse qui se répondent de cellule en cellule, bouleversé par la violence des coups suicidaires qui sourdent au travers des cloisons et vibrent dans la prison comme une immense et terrifiante pulsation de mort, Samuel tressaille. Que faire pour ces hommes ? Tous souffrent atrocement, c'est certain. De folie, de maladie, ou des deux à la fois ! Comment approcher ces êtres que l'enfermement a renvoyés à l'état de sauvagerie ? Comment entrer dans l'arène et leur donner confiance ?

Nullement incommodé par ce mugissement de révolte, Pfizer avance, le geste large, présentant avec orgueil l'interminable alignement des geôles. S'approchant d'une cellule, il tire vivement le judas dont le claquement mat ébranle le vide sale et glacial du couloir.

– Venez voir à l'intérieur pour vous faire une idée, propose-t-il avec le sourire engageant d'un fier boutiquier.

Gêné de cette brutale intrusion dans la vie qui se cache de l'autre côté de la porte, Samuel ose un bref regard à travers la minuscule grille de métal rouillé et ce qu'il aperçoit le comble d'effroi : quatre hommes en guenilles, repoussants de saleté, des blessures de sang noir au front et à la tête, les chevilles meurtries par les fers et de vieux pansements crasseux pendant à leurs bras squelettiques. Leurs corps sont couverts d'hématomes et se traînent sur le sol comme des rampants, vautrés sur d'infâmes paillasses rongées par la vermine. Une couche de suie noire, épaisse et poisseuse recouvre les murs ruisselants d'humidité tandis qu'une odeur insoutenable s'échappe du judas. Scrutant les quatre coins de la cellule, recherchant la source de cette infection, Samuel aperçoit soudain deux rats morts sur un tas d'excréments humains. Cette fois, c'en est trop ! Il s'écarte brusquement de la porte et succombe à une irrépressible nausée.

– Allez, y a pas de honte ! C'est toujours comme ça, la première fois, s'exclame Pfizer hilare.

– Mais ces conditions sont indignes, inhumaines ! Il y a de quoi devenir fou ou assassin !

– Assassins, ils le sont déjà, sinon ils ne seraient pas ici. Ils n'ont que ce qu'ils méritent ! Voyons, docteur, vous ne devriez pas vous apitoyer ainsi : vous avez l'âme trop sensible. Dans un sens, c'est normal : vous êtes jeune et c'est votre premier jour. Mais croyez-moi, vous vous endurcirez vite !

– Et quand nettoie-t-on les cellules ? reprend calmement Samuel, tentant de maîtriser sa révolte.

– Une fois par mois. Mais, quand ils sont trop agressifs, on les laisse dans leurs ordures. Y a pas mieux pour les calmer.

Au terme de la visite, atterré par l'insalubrité extrême de la prison, Samuel forge déjà un plan. S'il lui est interdit de soigner les détenus, il améliorera leurs conditions de vie en appliquant les règles d'hygiène élémentaires. Nettoyage, désinfection, aération épureront ce lieu avilissant et mortifère. La propreté rendra à ces hommes une forme de dignité indispensable au maintien de la santé. Dès demain, il concevra un programme d'assainissement général. Il faudra faire une description précise des tâches à effectuer, nommer et former des gardiens à les exécuter. Il faudra contrôler l'efficacité de ce grand système d'hygiène, le perfectionner et le pérenniser. Car l'intention de Samuel ne se borne pas au nettoyage de ce cloaque : il veut organiser un véritable service de salubrité compétent, efficace et surtout permanent. Il s'autorise même à penser que ce changement salutaire aux prisonniers le sera aussi pour tout le personnel. Nul doute que les gardiens apprécieront de travailler dans une atmosphère saine et respirable, au contact de détenus à qui la propreté aura rendu dignité et raison.

16

À la prison, le projet d'un service d'hygiène et d'entretien piétine lamentablement. Bien qu'il ait donné l'exemple en transformant la morgue sordide et grouillant de vermine en une salle de travail saine et parfaitement organisée pour la conservation et l'autopsie des cadavres, Samuel se heurte à une incroyable résistance du personnel pénitentiaire. Malgré ses efforts de pédagogie pour convaincre les gardiens qu'une bonne hygiène des geôles endigue les maladies, évite les épidémies, réduit les risques de violence et de mutinerie, ces derniers refusent catégoriquement d'assurer un nettoyage régulier des cellules.

C'est déjà une corvée d'évacuer les ordures chaque mois alors, chaque semaine, ce n'est même pas la peine d'y penser ! Pourquoi tant de prévenance pour des criminels ? Pourquoi d'honnêtes gens devraient-ils s'abaisser à nettoyer leurs immondices ? Les gardiens ne sont pas les domestiques des prisonniers : c'est le monde à l'envers ! Que tous ces voleurs et tous ces assassins crèvent dans leur crasse, leur puanteur et leurs maladies : c'est tout ce qu'ils méritent. Et si le docteur Hahnemann a envie d'astiquer leurs gourbis, qu'il s'en charge lui-même et ne rebatte plus les oreilles de personne avec ses raisonnements fallacieux. Qui peut croire que son projet calamiteux protégera la santé des employés de la prison ? C'est tout l'inverse qui arrivera. À force de fréquenter les détenus, les gardiens attraperont leurs abominables miasmes, ça ne fait aucun doute. Et ce seront encore les braves gens qui crèveront comme des mouches ! Non, le docteur Hahnemann est un fou : il est hors de question de lui obéir ! Et s'il lui prend l'envie d'insister, il sera toujours temps d'en parler au docteur Kern. Après tout, c'est lui le chef et celui-là au moins, il n'embête pas son monde tous les jours !

Après d'exténuantes semaines d'évangélisation aux règles d'hygiène, Samuel comprend qu'il ne réussira pas à changer les mentalités. Il faut faire machine arrière, réduire l'envergure du projet, voire l'abandonner le temps que les esprits se calment. Tout entêtement conduirait à la catastrophe : les gardiens feraient bloc contre lui, Kern en profiterait pour le congédier et il se retrouverait à la rue sans un sou. Et ce n'est pas possible maintenant qu'il est père de famille.

Pourtant Dieu sait ce qu'il en coûte à Samuel de renoncer à ce qu'il croit bon et juste de faire ! Il a beau se dire que reculer est une preuve d'intelligence politique, il ne peut s'empêcher d'éprouver un intolérable sentiment d'échec et d'humiliation. La mort dans l'âme, il réalise que la prison n'est pas le champ d'expérimentation qu'il espérait. Quand bien même le docteur Kern lui permettrait de s'occuper des détenus, le monde carcéral n'a rien à voir avec l'hôpital où propreté et asepsie sont constitutives de la guérison des patients. L'insalubrité des geôles est un obstacle insurmontable au traitement des malades et à l'expérimentation médicale. Alors, que faire ?

– Certes, tu n'es pas autorisé à soigner les prisonniers mais le docteur Kern ne t'a pas interdit de les examiner, relève judicieusement Henrietta à qui Samuel a confié son désarroi. Pourquoi ne pas le faire ? Tu trouverais certainement de quoi approfondir tes réflexions sur certaines maladies, suggère-t-elle.

Comment n'y a-t-il pas pensé ? La volonté d'être immédiatement utile, l'urgence et la pesanteur du quotidien l'ont conduit à l'impasse. Aveuglé par l'échec, incapable de prendre du recul, il a perdu de vue l'essentiel, ce qu'il place au centre de toute recherche scientifique bien conduite : l'observation précise et méthodique des malades. Le bon sens de son épouse est stupéfiant ! En vérité, il ne s'agit pas seulement de bon sens : Henrietta aime tant Samuel qu'elle a fait sienne sa quête passionnée. Écarter les obstacles du chemin de l'aimé, lui rendre la route facile et radieuse est son unique ambition. Elle y met toute son intelligence, sa grâce, sa bonté, sa tendresse, sa compréhension et son infinie protection. C'est de cette alchimie du cœur et de l'esprit que jaillissent son discernement exceptionnel, sa capacité à se détacher du particulier pour mieux considérer l'ensemble et trouver la voie de la Vérité.

Libéré de son tourment, contemplant le champ d'investigation extraordinaire qui s'ouvre à lui, Samuel se lance immédiatement dans un vaste programme de consultations. Son objectif est clair : établir pour chaque prisonnier un dossier récapitulant son histoire, son environnement, les maladies dont il a souffert et les soins qui lui ont été administrés avant et après son incarcération. C'est un travail colossal et terrible car, au fond des cellules, le délabrement des hommes est extrême, leur déchéance ultime.

La syphilis, la phtisie et l'alcoolisme ont ravagé leurs corps. Les saignées, les purgatifs, l'abus d'opium, d'arsenic et de mercure les ont achevés. Ce ne sont plus que des débris humains, rongés par l'absorption massive de remèdes toxiques, vidés de leurs forces à coup de venesections[1] assassines, de clystères[2] dévastateurs et de criminelles mixtures diaphorétiques[3]. Cette prison recèle toutes les abominations de la médecine et offre le tableau le plus complet, le plus effroyable des effets mortifères des traitements à la mode.

Les poudres arsenicales censées combattre la fièvre empoisonnent les malades, débilitant peu à peu toutes leurs fonctions vitales. Elles enflamment les muqueuses, affaiblissent le cœur, épuisent l'appareil circulatoire, causant gangrènes et hémorragies. Elles attaquent la moelle et le système nerveux qui s'étiole en spasmes, crampes, tremblements et paralysie. Puis c'est le foie et les reins qu'elles achèvent de dévorer. Il faudrait les interdire, les rayer de la pharmacopée pour l'éternité ! Leur toxicité est sans égale : il suffit d'observer la déchéance des malades qui en usent et la surprenante vitesse de décomposition des cadavres qui en sont imbibés. L'examen des prisonniers drogués de poudres fébrifuges fournit à Samuel des données cliniques si édifiantes que, bouillonnant d'indignation, il se jette dans la rédaction d'un traité. En deux cent soixante-dix-sept pages solidement argumentées, il éreinte avec brio l'usage immodéré des remèdes arsenicaux. Emporté par sa verve, il dénonce avec véhémence l'insuffisance des médecins et leur scandaleux commerce de recettes homicides.

1. Saignées veineuses.
2. Lavements.
3. Favorisant une transpiration abondante.

La puissance de travail de Samuel est si grande qu'il s'attaque également aux traitements mercuriels. Comment ignorer les conséquences désastreuses des emplâtres de mercure, des lavages au sublimé corrosif, des frictions d'onguent mercuriel sur les membres ulcérés des syphilitiques ? Il n'y a qu'à ouvrir les yeux pour constater l'hécatombe provoquée par l'abus de mercure. Salive et sueur déferlent dans une profusion nauséabonde. Des diarrhées aqueuses, verdâtres et fétides vident les entrailles, emportant par endroits des lambeaux d'intestin. Les dents se déchaussent, les gencives s'ulcèrent, la langue s'épaissit et se charge d'un épais enduit blanchâtre. Le pharynx et les amygdales se couvrent de membranes, les ganglions sous-maxillaires se tuméfient, l'estomac, le foie se délitent en vomissements bilieux et sanguinolents. Les reins se détruisent, l'organisme entier s'enflamme, s'ulcère, suppure d'écoulements visqueux, jaunâtres, purulents, excoriants. Les os se nécrosent en douleurs lancinantes, déchirantes, abominables. Le corps tout entier hurle sa souffrance dans d'irrépressibles tremblements. Le cerveau se dérègle, passe d'une angoisse morbide à des crises de folie, des pulsions criminelles, des envies suicidaires puis finit par sombrer dans un abattement stupéfiant, un découragement insondable, un affaiblissement intellectuel proche de l'imbécillité.

Pourquoi la médecine s'entête-t-elle à croire qu'il faut expulser le mal pour guérir le patient ? Pourquoi s'obstine-t-elle à postuler que le remède efficace est celui qui accroît les excrétions du malade ? Il est pourtant patent que l'abondance des pertes organiques épuise le corps. Alors pourquoi persister à administrer des traitements nocifs, à prescrire des doses massives de mercure à coups d'emplâtres et d'onguents ?

Plongé dans ses réflexions, Samuel se souvient d'une étrange substance que le docteur Häseler lui a fait découvrir dans son laboratoire et qu'il appelait alors le « mercure soluble ». Ce mercure purifié, étape du Grand Œuvre alchimique, n'était pas corrosif, Samuel en est sûr. Aussi qui sait si, à faible dose et par voie interne, il ne se révélerait pas un traitement plus efficace et plus doux que le calomel ou le cinabre[1] ? Pour le savoir, il n'y a qu'un moyen : expérimenter. Samuel tenterait bien un essai sur des prisonniers syphilitiques mais il a trop d'ennemis parmi les gardiens pour ne pas être dénoncé sur-le-champ au docteur Kern. Alors l'idée lui vient d'écrire au docteur Wagner. S'il l'informait du traité sur l'arsenic qu'il vient de composer et en profitait pour exposer ses hypothèses sur le mercure soluble ? Guérir la syphilis est d'une telle importance que le docteur Wagner l'autoriserait peut-être à expérimenter sur les détenus.

Et en effet, quatre jours à peine après l'envoi de son courrier, Samuel est convoqué à l'hôpital de Dresde. Dans son petit bureau, d'une propreté et d'un ordre méticuleux, le médecin chef des services publics, affaissé dans son fauteuil de cuir fauve, les traits tirés, le teint olivâtre, paraphe lentement, fastidieusement, les factures de l'hôpital. Depuis quelques mois, il souffre de plus en plus. Tout a commencé par des vomissements acides de bile jaune et des migraines atroces. Maintenant, ce sont de terribles élancements du côté droit qui le tétanisent de douleur. Des calculs biliaires lui déchirent le foie : il le sent, il le sait. Il ne peut plus attendre. Il doit se soigner immédiatement et quitter ses fonctions au plus tôt. Mais qui peut le remplacer ? Certainement pas Kern, bien trop occupé à pavaner dans les salons princiers. Ni les médecins hospitaliers, qui passent le plus clair de leur temps auprès de leur clientèle privée. Alors qui ? En proie à ce dilemme, le

1. Minerai rouge contenant du sulfure de mercure et du soufre.

docteur Wagner a reçu la lettre de Samuel dont il n'avait pas pris de nouvelles depuis six mois. Il regrette d'avoir négligé ce jeune homme si compétent, si zélé, si empreint de sa mission de médecin et qui pourrait aisément le remplacer. En tout cas, une chose est sûre : ce docteur Hahnemann a une sacrée endurance pour s'être maintenu à la prison. Résister à cet enfer, passer outre l'indifférence méprisante de Kern, et qui plus est mener à bien une étude sur les médicaments arsenicaux témoignent d'un courage et d'une volonté hors du commun. Cette opiniâtreté, cette capacité à définir une ligne de conduite et à maintenir le cap sont exactement les qualités nécessaires pour diriger efficacement les services de santé de la ville de Dresde. Décidément, ce jeune médecin tombe à point nommé.

– Entrez, cher confrère ! l'accueille chaleureusement le docteur Wagner. Comme je suis heureux de vous revoir ! Savez-vous que votre lettre m'a beaucoup intrigué et que j'ai hâte de lire vos réflexions sur l'empoisonnement par l'arsenic ?

– Vous me faites grand honneur, docteur Wagner.

Tendant son épais manuscrit qu'il a pris la précaution d'emmener, Samuel ajoute :

– Voici le recueil de toutes mes observations cliniques sur la toxicité de l'arsenic. J'ai précisément observé l'effet des poudres fébrifuges sur les malades et autopsié de nombreux cadavres imbibés de ce poison. En conclusion, je propose un protocole de traitement des patients ayant abusé de préparations arsenicales et j'émets quelques recommandations.

– Et que préconisez-vous, docteur Hahnemann ? s'enquiert le docteur Wagner, vivement intéressé.

– L'interdiction immédiate de prescrire et de délivrer ces poudres si populaires contre les fièvres de toute sorte. Aussi, je publierai cette thèse et, s'il le faut, je la soutiendrai devant les membres de l'Académie des sciences de Dresde. Je m'opposerai par tous les moyens au commerce honteux et si lucratif de ces mixtures assassines !

– Eh bien, je pense que vous allez devenir l'ennemi juré des apothicaires de Dresde, conclut le docteur Wagner époustouflé par la détermination de Samuel.

– Je m'en moque ! Quand bien même j'aurais contre moi toute la corporation des pharmaciens de ce pays, je continuerais à dénoncer ces recettes homicides.

– Vous aurez également les médecins contre vous, insiste le docteur Wagner. Rendez-vous compte que vous vous attaquez à l'un de leurs remèdes favoris...

– J'en ai parfaitement conscience et je suis prêt à affronter tout le corps médical. Étudiant, mon esprit se rebellait déjà contre l'enseignement de l'université : je n'y voyais que spéculations métaphysiques, exercices de logique formelle et vaniteuse rhétorique. Cependant, je n'avais pas d'évidences tangibles de l'inutilité et de l'impuissance de cette conception de la médecine. Aujourd'hui, je constate les effets désespérants de la thérapeutique actuelle et je peux affirmer que notre médecine est plus dangereuse que bienfaisante. Je suis certain qu'il faut remettre en cause toutes nos croyances médicales. Je suis prêt à affronter la pire adversité pour faire table rase du passé et voir triompher la Vérité !

– Il vous en faudra du courage et de la force pour réaliser une telle ambition, avertit le docteur Wagner avec compassion.

– Certes, mais j'ai foi en notre Seigneur, source éternelle et infinie de générosité qui veille sur les intérêts des hommes et a certainement créé les moyens propres de leur porter secours. Je suis sûr que Dieu qui permet aux maladies de blesser ses enfants a aussi déposé quelque part un art capable d'enchaîner et d'anéantir les puissances martyrisantes. Cet art salutaire, le plus noble de tous, est possible. Il doit même déjà exister. Je consacrerai ma vie entière à le chercher, je le trouverai et je n'aurai pas vécu en vain. Mais pour l'heure, il faut démolir ces théories ineptes dont nos professeurs se gargarisent. Il faut dénoncer les pratiques scandaleuses qui font la richesse des médecins !

– Vous voilà bien en verve, docteur Hahnemann, et croyez bien que ce n'est pas pour me déplaire. Je constate avec satisfaction que ni le contact de la prison ni la collaboration avec le docteur Kern n'ont entamé votre enthousiasme et je lirai avec attention votre impressionnant traité sur les méfaits de l'arsenic. Mais j'avoue que j'avais une idée derrière la tête en vous invitant aujourd'hui.

Samuel craint soudain de perdre l'occasion d'aborder son projet d'expérimentation du mercure soluble et redoute plus que tout une nouvelle infortune.

– Docteur Hahnemann, il serait vain de vous cacher que je suis malade : ma mine parle pour moi. J'ai pris la décision d'arrêter mes activités professionnelles au plus vite et de me soigner. Cependant, je ne puis quitter mon poste sans avoir trouvé un médecin digne de confiance pour me remplacer. Aussi n'irai-je pas par quatre chemins : j'ai pensé que vous seriez l'homme idéal pour me suppléer. Qu'en dites-vous ?

– Moi, docteur Wagner ! s'exclame Samuel stupéfait et ravi par ce coup de théâtre inespéré. Mais je n'ai jamais dirigé d'hôpital. Ni de services de santé municipaux. Je ne sais si j'en serai capable…

– Ne soyez pas si modeste, cher confrère, interrompt le docteur Wagner sur un ton rassurant. L'administration de cet établissement, comme celle du système de santé de Dresde, exige des qualités dont vous avez largement fait preuve : méthode, rigueur, puissance de travail, autorité et esprit de décision. Je ne me fais aucun souci sur votre aptitude à prendre la relève pendant quelque temps. Si vous acceptez, je vous démettrai immédiatement de votre mission à la prison pour vous instruire de vos nouvelles responsabilités. Maintenant, c'est à vous de réfléchir. Ah, j'oubliais, votre rémunération sera évidemment revue en conséquence.

Samuel ne songe même pas à parler de salaire. Il est si heureux ! Quelle formidable marque de reconnaissance et de confiance ! Quelle bénédiction d'être ainsi guidé par la Providence jusqu'à la source même de la médecine expérimentale : l'hôpital. Là, il pourra évaluer en toute quiétude et toute autorité les effets du mercure soluble sur les maladies vénériennes. Les conditions d'une véritable recherche scientifique seront enfin réunies pour l'exercice d'une médecine rationnelle.

– C'est tout réfléchi. J'accepte ! annonce Samuel ravi.

– Votre décision me comble d'aise et me soulage d'un poids que vous ne pouvez imaginer. Alors, je vous attends demain matin, n'est-ce pas ? Je me chargerai d'avertir le docteur Kern de votre nouvelle affectation.

Tout à son enthousiasme, Samuel court à la prison, emporte ses dossiers et se précipite chez lui où Henrietta, occupée à tailler une large bande de coton rose, s'étonne de le voir rentrer de si bonne heure.

– Ma chérie, j'ai une formidable nouvelle à t'annoncer !

– Moi aussi ! déclare-t-elle avec fierté, amusée par l'irruption joyeuse de son mari.

Son regard rieur va des yeux de son époux au morceau de tissu rose.

– Alors, tu ne devines pas ? demande malicieusement Henrietta.

Samuel la fixe, incapable de réfléchir tant il est excité par le tour inespéré que vient de prendre sa vie.

– Samuel, reprend Henrietta, une petite flamme éclairant son regard, tu vas être père !

Cette fois, l'émotion est trop forte et Samuel ne peut contenir ses larmes de bonheur. La divine providence l'a comblé au-delà de ses vœux. Désormais il est riche d'un futur nouveau-né et d'un puissant espoir. Peut-on imaginer plus brillante fortune ?

17

Cela fait juste un mois que les Städler ont emménagé dans leur nouvelle villa proche du palais Zwinger. Après avoir convié toute la belle société de Dresde à une somptueuse pendaison de crémaillère, ils ont préféré réserver aux Hahnemann le plaisir d'un souper en toute simplicité. À l'heure du dessert, abandonnant le salon à leurs épouses ravies de se retrouver en tête à tête, les deux médecins se sont installés dans le bureau cossu du docteur Städler. Après un digestif, point d'orgue incontournable d'une soirée réussie, la discussion s'anime et le docteur Städler semble très intéressé par les expériences surprenantes que mène Samuel depuis son arrivée à l'hôpital de Dresde.

– Ainsi, cher confrère, la rumeur se répand que vous obtenez des résultats convaincants contre la syphilis avec votre mercure soluble.

– Effectivement. Depuis huit mois que j'expérimente ce remède à l'hôpital, j'ai pu constater son efficacité. Contrairement aux traitements mercuriels conventionnels, il ne génère aucun de ces effroyables effets secondaires que sont la perte des dents et la surabondance d'excrétions malodorantes. Le patient se rétablit tout en douceur, ses chancres disparaissent progressivement sans qu'il soit nécessaire de les couvrir d'onguent à base de calomel.

– C'est tout à fait extraordinaire ! Mais comment préparez-vous cette potion magique ? s'enquiert Städler, un sourire incrédule aux lèvres.

– Docteur Städler, sachez que je ne pratique pas la magie mais la chimie, rectifie sèchement Samuel. En dissolvant du mercure dans l'acide nitrique et en y ajoutant de l'ammoniaque, on obtient un précipité de couleur noire exempt de tout acide et qui peut donc être administré par voie orale. En petite quantité, bien sûr : le mercure soluble, infiniment plus pur que le calomel, reste un poison hautement toxique.

– Voici donc votre secret ! L'union de trois nouveaux protocoles de traitement : une préparation mercurielle non corrosive, l'administration par voie interne et l'utilisation de petites doses. C'est étrange quand même, ces petites doses, marmonne le docteur Städler, sceptique.

– C'est tout à fait logique, réplique vivement Samuel. Tous les médicaments sont des substances extrêmement actives et il ne faudrait jamais les employer qu'à dose très modérée.

– Permettez, mon ami, mais sur ce point je ne peux vous suivre. Nos plus éminents professeurs, notre matière médicale nous enseignent tout le contraire : une thérapeutique efficace doit détruire énergiquement les causes de la maladie. Et pour ce faire, il ne s'agit pas de lésiner sur la quantité et la variété des drogues. Il faut tuer l'affection par tous les moyens possibles, il faut lui opposer les remèdes les plus puissants : *contraria contrariis*[1], n'est-ce pas ?

Encore cette inepte théorie de la cure par les contraires ! Samuel bouillonne de colère et, bien qu'il soit ce soir l'invité des Städler, il ne peut s'empêcher de répondre avec véhémence.

– Nos professeurs se trompent ! Administrer des remèdes dont les effets s'opposent aux symptômes n'a jamais guéri personne. À peine les douleurs du patient ont-elles disparu, qu'elles reprennent de plus belle ! Le médecin augmente les doses, le malade est momentanément soulagé, mais les douleurs réapparaissent toujours plus fort. Sans cesse le médecin accroît les quantités de remède et, ce faisant, crée chez le patient une nouvelle maladie : la maladie médicamenteuse qui, s'ajoutant à l'affection initiale, crée une hydre à mille têtes dont seule la mort peut libérer le patient. Ne réalisez-vous pas que cette thérapeutique est un cercle vicieux ? Votre âme de médecin ne se révolte-t-elle pas contre cette médecine infernale ?

Hébété, le docteur Städler n'ose rien rétorquer et, souhaitant donner un tour moins polémique à la conversation, il s'informe des raisons qui ont poussé Samuel à utiliser le mercure soluble contre la syphilis.

– L'idée de prescrire cette substance est le fruit du hasard. Certes, les expériences répétées sur les malades ont confirmé l'efficacité du mercure soluble. Mais il n'en est pas moins vrai que c'est la Providence qui m'a mis sur le chemin de ce médicament. Et je le regrette amèrement...

1. « *Contraria contrariis curantur* » : Les contraires se guérissent par les contraires.

– Pourquoi donc regretter votre fortune ? demande naïvement Städler.

– Mais voyons, s'agace Samuel, parce qu'on ne peut édifier une matière médicale sur le hasard !

– Édifier ? Vous avez donc l'intention de publier un dispensaire, docteur Hahnemann ?

– Certainement pas ! Nous croulons déjà sous des milliers de dispensaires, plus charlatanesques les uns que les autres. Non, mon projet est tout autre : je veux expurger la matière médicale de son bric-à-brac de recettes mortelles et la reconstruire.

– Vous plaisantez bien sûr, ironise Städler. Que voulez-vous donc éliminer ?

– Tout ou presque. Ne demeureront que les drogues non adultérées dont le temps a consacré l'efficacité : ainsi l'arnica, qui s'est révélé le remède spécifique des contusions après des milliers d'essais, répétés sur des milliers d'individus. Je veux établir une liste de drogues pures, sans mélange, dont les vertus thérapeutiques seront incontestables.

– L'idée est intéressante, reprend hypocritement Städler, feignant de réfléchir profondément pour ne pas envenimer la discussion. Mais autorisez-moi quand même une simple objection : vous n'aurez pas assez de votre vie pour mener à bien un tel projet. Songez qu'il vous faudra essayer toutes ces substances à l'état brut dans chaque cas de maladie et reconnaître celle qui guérit le plus sûrement et le plus complètement.

– Mais je n'ai jamais eu l'intention de procéder ainsi ! Premièrement parce que, comme vous le dites, je n'en aurai jamais le temps. Deuxièmement parce que les maladies ne se présentent jamais à l'identique. L'expérience m'a montré que chaque patient fait sa maladie : la fièvre intermittente, par exemple, ne s'exprime pas de la même façon d'un patient à l'autre. En fait, il n'y a pas de maladie, il n'y a que des malades.

– Et comment comptez-vous faire, alors ? interroge Städler complètement décontenancé par le raisonnement de Samuel.

– C'est bien là qu'est le problème. Hormis un heureux hasard, je n'ai aucune méthode pour identifier rapidement et sûrement les vertus d'une substance médicinale.

– Bref, vous voulez détruire notre matière médicale sans avoir les moyens de la reconstruire ! conclut Städler soudainement ragaillardi par le désarroi de Samuel. Ne serait-il pas plus raisonnable de faire confiance à notre pharmacopée, sanctifiée par des siècles de pratique ?

– Non ! tranche Samuel exaspéré par le scepticisme malveillant de son hôte. Je trouverai la logique scientifique indispensable à la fondation d'une véritable matière médicale. Dussé-je y consacrer toute ma vie !

Prétextant l'état avancé de la grossesse d'Henrietta pour écourter cette soirée qui désormais l'insupporte, Samuel quitte le bureau de Städler et prie son épouse de ne pas s'attarder. Mécontente d'interrompre si tôt sa plaisante conversation, Henrietta résiste un peu mais comprend très vite au regard de Samuel qu'il est temps de prendre congé.

– Enfin, Rainer, que s'est-il passé ? s'empresse de demander Maria, impatiente d'apprendre les raisons de ce départ précipité. Pourquoi sont-ils partis si brusquement ? Il me semble que Hahnemann avait l'air furieux quand il est sorti de ton bureau. Vous vous êtes disputés ?

– Du tout, ma chère. Mais ce Hahnemann est un véritable illuminé.

– Illuminé ? Tu ne crois pas que tu y vas un peu fort ?

– Certainement pas. C'est un fou furieux qui s'est mis en tête de balayer d'un simple revers de main tout ce que vingt-trois siècles d'art médical ont si patiemment construit. Il a décrété que notre médecine et l'ensemble de notre pharmacopée ne sont qu'escroqueries assassines. Te rends-tu compte ? Si on l'écoutait, tout l'héritage thérapeutique depuis Aristote serait bon à jeter aux orties !

– C'est stupéfiant. Mais comment peut-il donc soigner dans ces conditions ?

– Justement, il ne soigne pas. Monsieur se contente d'observer et de critiquer. Ah ! il a beau jeu de calomnier les médecins qui font honnêtement leur métier, de dénoncer nos soi-disant procédés homicides. Mais que propose-t-il en échange ? Rien. Absolument rien ! Il avoue même son ignorance des drogues efficaces. Non, cet homme est un dément qu'un jour ou l'autre il faudra enfermer.

– Dieu merci, il n'a pas de clientèle privée ! s'exclame Maria dans un soupir de soulagement. Tu imagines le tort qu'il lui ferait ? C'est une bénédiction qu'il reste cantonné aux soins des prisonniers et des misérables de l'hôpital. Au moins, il ne s'attaque pas aux braves gens. Mais, reprend Maria songeuse, ne penses-tu pas que ce déchaînement contre la médecine cache autre chose ?

– Que veux-tu dire ? demande le docteur Städler, intrigué par la moue suspicieuse de sa femme.

– Enfin, Rainer, regardons la réalité en face. Si Hahnemann n'a jamais eu de véritable clientèle, c'est qu'il est incompétent. Alors pour ne pas perdre la face et par jalousie envers les médecins qui réussissent, il joue au chercheur qui dénigre la science. Cette petite comédie le dispense d'exercer et sauve les apparences. D'ailleurs, pourquoi crois-tu que la mère d'Henrietta ne voulait pas de ce mariage ?

– Vraiment ? Madame Häseler n'a pas approuvé cette union ?

– Du tout ! Elle a toujours pensé que Hahnemann était un imposteur, un coureur de dot. Mais Henrietta était si éprise et Hahnemann avait si bien embobiné le docteur Häseler que la pauvre femme a dû capituler.

– Ah ! je vois. Ton amie est bien à plaindre.

– Certes. Obligée de vivre avec un malhonnête sans le sou, elle va finir sur la paille. D'ailleurs, elle ne porte déjà plus que de misérables robes de laine tout juste bonnes à habiller les domestiques. Pas une coquetterie, pas le moindre bijou. Ah, si tu l'avais connue jeune fille, parée comme une princesse d'étoffes de toute beauté ! Et son bébé, l'as-tu remarqué ? On dirait un petit pauvre, emmailloté dans son éternelle brassière de tricot gris. Quelle tristesse, mon Dieu ! Si madame Häseler voyait sa fille, comme elle serait peinée !

– En tout cas, Maria, conclut fermement Städler, je ne veux plus les voir ici. Tu peux à la rigueur recevoir ton amie mais je t'interdis d'inviter le mari. Je n'ai pas envie de me compromettre avec ce fou. Que dirait-on si on apprenait que je le fréquente ? Je serais rejeté par toute la profession et je pourrais dire adieu à ma clientèle !

– Je suis entièrement d'accord avec toi. Je vais espacer les contacts avec Henrietta. De toute façon, nous n'avons plus grand-chose à nous dire depuis qu'elle est mariée. Elle ne lit plus, ne va plus au concert, ne s'intéresse plus au théâtre : de quoi veux-tu que nous parlions ? De son enfant ? On en a vite fait le tour ! En vérité, conclut froidement Maria, je m'ennuie à mourir en sa compagnie.

Pendant ce temps, sur le chemin du retour, Samuel et Henrietta marchent côte à côte, sans échanger un mot. Depuis leur mariage, c'est la première fois qu'un tel malaise s'installe entre eux et chaque minute de ce mutisme les enlise peu à peu. Enfin rentrés chez eux et le bébé au lit, Samuel tente de renouer un vague dialogue, mais Henrietta se tait. Le visage fermé, elle se prépare machinalement au coucher, feignant l'indifférence face aux propos embarrassés de son mari.

– C'est la soirée avec les Städler qui t'a contrariée ? ose finalement demander Samuel.

– Bonne nuit, répond Henrietta d'une voix blanche en se glissant sous les couvertures.

– Oh ! ma chérie, je t'en prie, ne me traite pas ainsi. S'il te plaît, pardonne-moi ! Je sais que je me suis mal conduit mais je n'en pouvais plus. Il m'était impossible de rester une minute de plus avec ce Städler.

– Tu t'es conduit comme un malappris ! Tu ne sais donc pas te maîtriser et te comporter en homme respectable ? Les Städler nous ont reçus comme des rois. Ils nous ont offert un dîner somptueux. Et toi, le mieux que tu trouves à faire, c'est te disputer avec le docteur Städler et nous obliger à partir comme des voleurs. Ah, Samuel, pour la première fois de ma vie, j'ai honte de toi !

– Il m'a poussé à bout avec ses certitudes et son air dédaigneux, proteste maladroitement Samuel.

– Ce n'est pas une raison pour agir en malotru !

– Mais ne vois-tu pas que ces gens nous méprisent ? Ils ne vivent que pour le paraître. Ils ne songent qu'à étaler leurs richesses et jeter leur argent par les fenêtres !

– C'est vrai qu'ils en ont de l'argent, eux, objecte cruellement Henrietta. Maintenant, laisse-moi dormir.

Samuel a bien compris le sous-entendu de son épouse. C'est la première fois que leur discussion s'envenime à ce point et qu'elle lui reproche de ne pas gagner suffisamment sa vie. Elle qui l'a toujours soutenu dans le choix de cette occupation peu lucrative qu'est la recherche. Elle qui ne s'est jamais plainte de manquer de quoi que ce soit. Pourquoi se met-elle soudain à parler comme sa détestable mère ? Pourquoi envie-t-elle les Städler ? Comment peut-elle s'amuser à le torturer ainsi ? C'est injuste !

Miné de tourment, Samuel ne peut fermer l'œil de la nuit. Sa pensée tourne et retourne dans son crâne comme un fauve en cage. Au fil des heures, il mesure enfin les immenses sacrifices qu'Henrietta lui consent depuis leur mariage sans jamais se plaindre. Où qu'ils vivent, elle garde le sourire et déploie des trésors d'intelligence pour faire de son foyer un joli nid douillet où trouver le repos et le réconfort. Chaque jour elle se prive de toilettes élégantes et renonce aux plaisirs de la belle cité de Dresde pour qu'il se consacre sereinement à la science. Mon Dieu, il est le pire des égoïstes envers cette femme qui l'adore et le couvre de bienfaits sans jamais exprimer ses peines. Demain, il lui demandera pardon et lui dira combien il l'aime. Il lui parlera d'avenir, fera tout ce qu'elle désire pourvu qu'elle lui sourie, qu'elle soit heureuse et qu'ils ne se disputent plus jamais ainsi.

Mais cette première crise dans le ménage Hahnemann est très vite oubliée et, un mois plus tard, Henrietta met au monde un vigoureux garçon. Samuel est à ce point heureux qu'il court à l'hôpital annoncer fièrement la naissance de son fils Frédéric au docteur Wagner qui, depuis quelques jours, a repris ses fonctions après un an de cure aux thermes de Karlsbad. Pourtant, à peine Samuel aborde-t-il la question de l'avenir que la gêne s'installe, lourde de mauvais présages.

– Docteur Hahnemann, je n'ai qu'à me féliciter de vous avoir confié la direction de l'hôpital, commence prudemment le docteur Wagner, les yeux baissés sur ses dossiers. Mais je suis au regret de ne pouvoir vous maintenir dans cette fonction. Enfin, bredouille Wagner, il n'est pas prévu de vous trouver une autre place à l'hôpital.

– Comment ? Que voulez-vous dire ? blêmit Samuel.

Incrédule, il fixe le médecin chef qui ne relève pas les yeux de sa pile de paperasse.

– Mais comment est-ce possible, docteur Wagner ? insiste-t-il, décontenancé. Ai-je démérité au point d'être renvoyé comme un chien ?

– Pas du tout, bafouille Wagner. Ceci n'a rien à voir avec vos compétences.

– Alors quoi ? Il vous faut un assistant, l'hôpital manque de médecins, la direction des services d'hygiène de la ville est vacante et la prison est livrée à elle-même ! Est-il nécessaire de multiplier les exemples pour convenir que vous avez besoin d'hommes compétents et énergiques ? Docteur Wagner, j'exige que vous avouiez la cause réelle de mon renvoi, menace Samuel cédant à la révolte qui gronde en lui.

Contraint de justifier sa décision, le docteur Wagner invoque des restrictions et se fourvoie dans un lacis d'explications si lamentables que Samuel éclate de fureur.

– Je ne puis me satisfaire d'excuses si peu probantes ! Excuses qui ne vous font pas honneur et témoignent de bien peu de considération à mon égard. Bon sang ! Allez-vous me dire la vérité, oui ou non ?

– Eh bien soit. Puisque vous voulez la vérité, vous l'aurez. À mon retour, j'avais l'intention de vous engager comme assistant, mais le docteur Kern s'y est opposé et a convaincu ma hiérarchie de recruter le docteur Eckhardt.

– Encore ce maudit Kern ! Et cet incapable d'Eckhardt qui en un mois a fait passer tous ses malades de vie à trépas ! Docteur Wagner, comment pouvez-vous tolérer une telle infamie !

– Eckhardt appartient à la grande bourgeoisie de Dresde et c'est un ami politique de Kern. Je suis vraiment désolé, docteur Hahnemann.

Cet ultime aveu tombe comme un couperet et achève d'écœurer Samuel de ce monde d'intrigues et de lâchetés.

Enfermé à double tour dans sa salle d'examen, les tempes coincées entre ses mains, il laisse son regard flotter dans le vide. Mon Dieu, que va-t-il faire maintenant qu'il a deux enfants à nourrir ? Que va dire son épouse qui craint de manquer d'argent ? Et ses travaux de recherche ? Que vont-ils devenir ? Faudra-t-il tout abandonner pour trouver un misérable gagne-pain ? Les sanglots lui serrent la gorge et déferlent le long de ses joues brûlantes de fièvre. Il lui faut faire ses paquets et quitter l'hôpital. Il lui faut fuir toutes ces vilenies, ces sordides bassesses, ce ramassis d'hypocrisie et de lâcheté. Il lui faut retrouver Henrietta, la maison, les enfants : eux seuls sauront le consoler et lui redonner courage.

Alors, quand Samuel annonce son infortune et qu'une fois encore Henrietta le soutient, la force lui revient de tout recommencer.

– Comprends, ma chérie, que tant que Kern vivra, je ne trouverai aucun emploi de médecin fonctionnaire.

– Et si tu essayais de t'installer ? suggère timidement Henrietta.

– Non, pas ici. Dresde me dégoûte : j'y ai enduré trop d'injustices, trop d'ignominies ! Et depuis la publication de mon traité contre l'arsenic, je suis honni de tous les apothicaires et médecins de la ville. Non, je veux tenter ma chance ailleurs, à Leipzig, source de toute connaissance. C'est une ville merveilleuse ! L'Alma Mater Lipsiensis où j'ai fait mes études de médecine a formé les plus grands penseurs de notre pays. La bibliothèque de l'université est fabuleuse. Tous les éditeurs sont installés dans cette capitale du savoir.

– Mais nous ne connaissons personne à Leipzig, objecte Henrietta. Qui t'aidera à trouver un poste de fonctionnaire ?

– Je n'ai besoin de personne pour trouver un emploi puisque j'ai décidé d'ouvrir mon cabinet de consultation.

– Vraiment ? demande Henrietta, doutant encore de ce qu'elle vient d'entendre. Tu vas abandonner tes recherches ?

– Disons que pour un temps, l'exercice de la médecine sera ma priorité. Je suis père d'une jolie petite famille et j'ai envie qu'elle ne manque de rien. Dans une ville comme Leipzig où transitent tant de voyageurs de commerce, je suis certain d'avoir rapidement une importante clientèle. Je ne tarderai pas à vous rendre riche, petite dame Henrietta !

Rassurée par l'optimisme de son mari, Henrietta recommence à espérer. Quelle joie ce serait de vivre à l'aise dans une grande ville prospère. Si Samuel gagnait assez d'argent, ils pourraient acheter une jolie maison dans un quartier agréable et cossu, inscrire les enfants dans les meilleures écoles et profiter de la vie culturelle de cette cité éblouissante.

– Ton idée est excellente ! s'exclame Henrietta, pleine d'espoir. Dans ta situation, la plupart des hommes sombreraient dans l'abattement le plus complet. Mais toi, tu as le courage de repartir sans attendre. Tu possèdes la force et l'enthousiasme de nous entraîner dans un nouveau projet. Tu as la générosité de nous préparer un avenir serein au prix de ta passion car je sais ce qu'il t'en coûte d'abandonner la science.

– Je ne l'abandonnerai pas, rectifie Samuel. En soignant mes patients, j'accumulerai une précieuse expérience clinique qui me sera utile pour de futurs travaux. Et c'est à Leipzig, capitale du livre, qu'affluent de toute l'Europe les meilleures publications scientifiques. Y a-t-il endroit plus propice pour se tenir au courant des progrès de la science ? Je te l'assure, ma chérie, aie confiance en l'avenir qui s'annonce radieux pour notre belle famille.

18

Depuis le 29 septembre 1789, les Hahnemann habitent à Saint-Detteritz, petit faubourg de Leipzig où les loyers sont abordables et l'atmosphère plus saine qu'au centre de la ville. Maintenant qu'il est père de deux jeunes enfants et que son épouse vient de mettre au monde une petite fille nommée Wilhemine, Samuel tient pour essentielle la pureté de l'air. Dès son arrivée à Leipzig, il est retourné dans le quartier de l'église Saint-Thomas où, treize ans auparavant, dans sa chambre de bonne, il étudiait passionnément, étranger à tout ce qui se passait autour de lui, indifférent à ses propres besoins tant la fièvre de la connaissance le tenait. Comme la vie était simple et claire en ce temps-là ! Il suffisait d'apprendre. Temps, travail et talent venaient à bout de tout. Courage, honnêteté et générosité fondaient sa conception du métier de médecin et il ne se doutait pas que l'art de guérir ne fait pas exception à la règle de l'intérêt particulier et à son cortège d'hypocrisies, de bassesses et de lâchetés.

Plein de mélancolie, il a revisité les lieux de sa jeunesse : la bibliothèque, l'université et les riches maisons d'édition pour le compte desquelles il traduisait jour et nuit. Fourbu par cette longue promenade, il est rentré chez lui, a accroché sa plaque professionnelle et puis s'est endormi, le cœur lourd de souvenirs.

Dès les premières semaines de leur installation, Henrietta accompagnée de ses deux adorables petits a visité toutes les boutiques de Saint-Detteritz. Se présentant gentiment, achetant quelques babioles, conversant gaiement, elle a conquis naturellement la bienveillance des commerçants et informé tout le quartier de l'ouverture du cabinet médical. Sachant le peu de goût de Samuel pour la publicité, elle s'est rendue elle-même à la pharmacie La Rose, un superbe commerce, clair et bien agencé. Sous prétexte d'acheter quelques médecines, elle a évoqué sa jeunesse à l'officine familiale, les recherches de son époux et a immédiatement gagné la sympathie de l'apothicaire.

Fréquentant assidûment le marché, elle y a rencontré une jeune dame dont le malheureux bébé souffrait de croûtes de lait. Après avoir guéri le nourrisson grâce à un remède de son invention à base de soufre et de poudre d'huître, Samuel a vu son cabinet s'emplir d'enfants couverts d'impétigo. Puis les mères ont commencé à consulter pour elles-mêmes, suivies pour finir par leurs maris. Six mois plus tard, la salle d'attente était comble chaque jour.

Heureuse du succès de Samuel et confiante en l'avenir, Henrietta n'a plus qu'une envie : acheter une belle maison et voir croître sa famille. Elle qui a tant regretté d'être fille unique rêve d'une tribu grandissant en beauté et en intelligence au sein de son foyer. Elle veut une vaste demeure, décorée avec goût où, face à la bibliothèque, trônerait un piano dont chaque enfant jouerait avec virtuosité. Elle les voit déjà tous dans un joli salon tapissé de reps bleu, les petits à ses pieds se roulant plaisamment sur un épais tapis, les aînés passionnés par une pieuse lecture et Samuel fumant une belle pipe d'écume. Henrietta songe à son bonheur futur avec tant d'espoir qu'elle ne remarque pas l'amertume qui mine peu à peu son époux.

Semaine après semaine, Samuel s'aigrit. L'exercice quotidien d'une médecine impuissante apporte chaque jour son lot de déceptions et de découragements. Dans cette obscurité, chaque malade est un vrai cas de conscience : faut-il prescrire des médicaments aux effets inconnus au risque de provoquer de nouvelles affections, des maux chroniques, souvent plus difficiles à éradiquer que la maladie originelle ? Faut-il accepter de devenir le meurtrier de ses frères ? Non, c'est impossible ! Plutôt renoncer à la médecine que s'exposer à nuire !

Dans ce dilemme atroce, le décès dramatique d'un de ses jeunes patients pousse finalement Samuel à prendre une décision.

– Partez, mes amis ! déclare-t-il, désespéré, aux malades entassés dans sa salle d'attente. Il m'est impossible de vous procurer le bien-être que vous venez implorer. Partez, je ne veux pas vous voler votre argent !

Mais les patients se dévisagent et ne se décident pas à quitter les lieux.

– Partez, vous dis-je ! s'écrie tout à coup Samuel, claquant violemment la porte derrière lui.

Consternés, les malades s'interrogent. Est-ce une plaisanterie ? Le docteur Hahnemann est-il devenu fou ? Abandonnés à leurs conjectures, un à un ils s'éclipsent dans un grondement sourd de désapprobation.

Le soir au souper, appréhendant déjà la réaction d'Henrietta, Samuel annonce qu'il renonce pour toujours à pratiquer la médecine.

– Mais te rends-tu compte que nous avons trois enfants à nourrir ! s'exclame Henrietta affolée.

– Je t'en prie, calme-toi, implore Samuel, terrassé par la gravité de sa décision. C'est un supplice pour moi d'exercer cette médecine. Je n'en peux plus ! Je ne veux plus continuer à être le bourreau de mes frères.

– Tu préfères peut-être devenir le bourreau de ta propre famille ! s'écrie Henrietta dans l'exaspération de son âme de mère. Nous précipiter dans la misère, nous voir manquer de tout ! Mais qu'as-tu à la place du cœur ? Pourquoi faut-il que tu te soucies tant des étrangers et si peu des tiens ?

– Mais c'est faux ! Toi et les enfants comptez plus que tout au monde.

– Comment oses-tu affirmer une chose pareille ! Si vraiment tu nous aimais, tu continuerais d'exercer la médecine. Mais au risque d'une erreur, tu préfères ne rien faire et nous livrer à la misère. C'est lâche et irresponsable ! Tu es l'assassin de ta propre famille !

Désarmé, Samuel n'a plus la force de répliquer et d'empêcher sa femme de fuir en larmes dans sa chambre. Mais cette terrible dispute a réveillé les petits qui braillent après leur mère obstinément cloîtrée dans la pièce voisine. Incapable de consoler ses enfants, Samuel s'énerve et, à bout de patience, il quitte la maison au milieu de la nuit.

Dans les rues assoupies de Leipzig, il marche au hasard à grandes enjambées, emplissant sa poitrine de l'air glacé de la nuit. Il veut s'exténuer, anéantir sa peine, endormir sa conscience dans l'épuisement du corps. Il se saoule d'effort, s'abrutit de fatigue. Il marche, marche sans cesse comme un dément jusqu'au petit matin. Et quand le soleil point, l'esprit enfin calmé, il retourne chez lui où Henrietta l'attend le visage livide et les yeux rougis. Toute la nuit elle a cru ne jamais le revoir et se retrouver seule avec trois orphelins. Alors, quand il franchit la porte, usé mais sain et sauf, elle se précipite vers lui et le serre dans ses bras.

– Mon amour, où étais-tu ? J'ai eu si peur ! Pourquoi nous as-tu abandonnés ?

– Je ne vous ai pas abandonnés, murmure Samuel en se dégageant doucement de l'étreinte de sa femme. Il fallait que je parte, que je respire, que je me retrouve face à moi-même pour réfléchir.

N'osant lui demander ce qu'il a décidé, Henrietta attend, suspendue à ses lèvres. Quand, soudain, elle remarque la plaque professionnelle déposée sur la table.

– Alors, c'est décidé ? ose-t-elle timidement.

– Oui, Henrietta. Nous allons quitter ce quartier et nous installer loin du centre-ville, répond gravement Samuel. Je vais proposer mes services de traduction aux éditeurs et rapidement publier le mode de préparation et de prescription du mercure soluble. Ainsi, je crois que nous arriverons à joindre les deux bouts.

Accablée, Henrietta laisse échapper un soupir soumis. Elle est à bout de force, au dernier désespoir. Son amour pour Samuel semble s'évanouir et un vide sidéral s'empare de son âme. Elle ne ressent plus rien. Plus rien que le néant, terrifiant.

19

– Eh, regardez, madame Maurer, c'est la femme du fou là-bas à l'étal du boulanger !

Tout émoustillées, deux méchantes commères se tordent horriblement le cou pour lorgner Henrietta que depuis fort longtemps elles n'ont pas aperçue au marché de Saint-Detteritz.

– Tiens, elle achète de la farine. À mon avis, c'est tout ce qu'elle peut se permettre. La charcutière m'a dit que plus personne ne lui faisait crédit.

– C'est bien normal, madame Zwiebel, on ne prête pas aux pauvres. Voyez comme elle est attifée ! On dirait une souillon. Une fille de pharmacien, quelle dégringolade !

– C'est tout de même incroyable cette lubie qu'il a eue de renvoyer brusquement tous ses patients. Comme quoi, la démence peut frapper sans prévenir, conclut madame Zwiebel d'un air pensif.

– Mais Hahnemann n'est pas fou, rétorque madame Maurer, il a tout calculé. Le bruit court qu'il a fermé boutique pour éviter des ennuis avec la justice. Figurez-vous qu'il faisait commerce de ses médicaments, ce qui est interdit par la loi. Ah ! il devait en gagner de l'argent avec de telles pratiques. Et quel culot il faut avoir pour s'improviser apothicaire !

– Ce n'est pas du culot mais un crime de se moquer ainsi de la vie des braves gens !

– Dieu soit loué, ses magouilles sont enfin terminées. N'empêche qu'il en a fait mourir plus d'un. D'ailleurs, c'est la famille d'un trépassé qui l'a dénoncé.

Scrutant attentivement Henrietta qui quitte le marché, madame Maurer est tout à coup frappée de la plus vive consternation.

– Pas possible ! Enceinte jusqu'au cou ! Ah, quel irresponsable, ce Hahnemann ! Il n'est même pas fichu de nourrir sa famille et il fait un quatrième rejeton. Avec cette mauvaise mine et une telle maigreur, j'en connais une qui ne s'en remettra pas. Il se retrouvera seul avec quatre orphelins et il l'aura bien cherché !

Sans aucune pitié pour le malheur d'autrui, les commères se délectent de leur odieux persiflage tandis qu'Henrietta, accablée par le poids d'un gros sac de farine, rentre péniblement dans sa pauvre bicoque perdue dans la campagne. Depuis le déménagement du faubourg Saint-Detteritz, la santé d'Henrietta ne cesse de se détériorer. À force de se priver pour nourrir les enfants, elle a beaucoup maigri et la fin de sa grossesse épuise ses dernières forces.

Dans la pièce commune où s'entassent les Hahnemann à bout de ressources, le poêle est si petit qu'il ne réchauffe personne. En cet hiver glacial de 1790, les enfants toussent, s'enrhument, s'ennuient et pleurnichent sans cesse. Loin de la ville et des commodités, tout est atroce corvée : chercher de l'eau au puits, évacuer les ordures dans un fossé boueux, marcher presque deux heures pour aller au marché, lessiver dans l'eau froide avec pour tout savon une poignée de cendres. Si seulement Henrietta avait un peu d'argent, elle donnerait à cette sinistre chaumière un semblant de confort, un brin d'humanité. Mais elle n'a rien. Pas un sou ! Tous les meubles ont été vendus. Il ne reste au logis que le strict minimum : deux lits, une armoire, une table, six chaises et un fauteuil. Le capital entier a été dévoré et les traductions de Samuel ne suffisent pas à subvenir décemment aux besoins de la famille. Aussi, depuis un mois, les Hahnemann ne se nourrissent-ils plus que de pain gris et d'eau.

La misère est si noire que la petite Henriette, malade depuis trois jours, conserve précieusement les vieux quignons de pain qu'elle n'a pas su manger. Mais à l'aube d'un nouveau jour de fièvre, sa tendre petite âme tremble d'une terrible angoisse.

– Maman, je ne me sens pas bien, suffoque-t-elle. Pas bien du tout. Je n'arrive plus à respirer !

– Voyons, ma chérie, n'aie pas peur. Inspire tranquillement, je vais te chercher à boire.

Asphyxiée, tremblante de fièvre, Henriette tend brusquement à sa mère une boîte en fer-blanc.

– Maman, maman, ne me quitte pas ! Tiens, c'est pour Wilhemine. Tu lui donneras si je meurs.

– Mais tu ne vas pas mourir ! s'exclame Henrietta, la voix étranglée de sanglots. Ah ! ma pauvre petite, garde ton trésor. Tu seras bien heureuse de le retrouver, je te le promets.

Serrant de toutes ses forces son enfant sur son cœur, Henrietta étouffe un cri de désespoir. Non ! Dieu ne peut pas les abandonner ainsi ! Il ne laissera pas ses enfants mourir sans secours. Ce n'est pas possible. Et que fait Samuel ? Pourquoi les laisse-t-il sans la moindre assistance ?

Mais Samuel est là, derrière le rideau qu'il a accroché au plafond de la pièce pour s'isoler de sa famille. Chaque nuit il travaille comme un forcené et traduit à la chaîne ouvrages de médecine, traités de chimie, essais d'hygiène et de pharmacie. En six mois, il a déjà traduit plus de mille deux cents pages qu'il enrichit de notes et commentaires car, même talonné par l'impérieux besoin de gagner de quoi vivre, il ne sacrifie en rien la qualité de son travail.

Son unique répit après le harassement du labeur nocturne est de se rendre chaque jour à la bibliothèque de l'université. Là, pendant les quelques heures de l'après-midi, il soigne son âme meurtrie au contact miraculeux des livres. Comme il les aime, ces milliers de livres ! Comme il se sent en confiance parmi eux ! Devant les étagères de chêne dont les sculptures miroitent à la lueur des cierges, il rêve tel un enfant au cœur d'une église, bercé par les parfums de myrrhe et d'encens. Recueilli, allégé de ses peines, il est au paradis de toute connaissance, là où Dieu a caché ce moyen sûr et simple de guérir tous les hommes.

Cette nuit, Samuel commence la traduction de la nouvelle matière médicale du docteur Cullen, éminent médecin, chimiste et chercheur à l'université d'Édimbourg. Au bout de quelques heures de travail appliqué, Samuel s'arrête net sur une thèse que soutient le fameux professeur : le quinquina, remède spécifique de la fièvre des marais, tiendrait ses vertus de son action fortifiante sur l'estomac.

Pourtant le quinquina n'a jamais renforcé le système digestif, s'étonne Samuel. Bien au contraire, il le délabre dangereusement. Il en a fait l'expérience en Transylvanie au chevet des paysans atteints de malaria. Lui-même a été tourmenté par les effets nocifs du quinquina quand il a contracté la fièvre intermittente. Le docteur Cullen se serait-il trompé ou est-ce lui qui s'égarerait ? Pour en avoir le cœur net, il n'y a qu'un moyen : expérimenter sur son propre organisme.

Mais déjà l'aube rose aux reflets violets point à l'horizon et Samuel n'a pas pris un instant de repos. Les yeux usés de fatigue et le corps endolori par le travail nocturne, il préfère dormir pour reprendre des forces puis mener l'expérience qu'il s'est promis de faire. Il a heureusement conservé précieusement sa boîte à pharmacie où se trouvent bien rangées une cinquantaine de drogues, dont la fameuse écorce de quinquina.

Deux heures de sommeil ont suffi à Samuel pour retrouver vigueur. Malgré le froid glacial qui règne dans la pièce, les enfants dorment sagement au fond du lit commun, serrés l'un contre l'autre comme de petits anges. S'approchant doucement de la jeune Henriette, il effleure son front, tâte légèrement son pouls et veille attentivement à sa respiration. Les trois grains d'aconit qu'elle a pris tout à l'heure ont produit leur effet et elle est désormais à l'écart du danger. Rassuré sur l'état de santé de sa chère fillette, Samuel rallume silencieusement le poêle et ouvre sa boîte à pharmacie.

Dans ce superbe coffret au couvercle en loupe d'orme incrusté d'ivoire s'alignent trois rangées de tubes de cristal étiquetés avec soin : *opium*, *veratrum album*, *arsenicum*, *nux vomica*, *arnica*, *belladonna*, *ignatia*, *millefolium*, *valeriana*, *china*. Ce sont les drogues pures dont temps et expérience ont clairement indiqué les vertus curatives. C'est toute la quintessence d'une matière médicale non adultérée à laquelle seule se fie le docteur Hahnemann.

Dans un extrême souci de précision, il note exactement les conditions de son expérience – sept heures du matin, absorption de quatre drachmes de poudre de quinquina, sujet en bonne santé, sans affection particulière à ce jour – puis attend tranquillement, assis dans son fauteuil. La maison dort encore quand soudain il ressent une terrible faiblesse. Seraient-ce les effets de sa trop longue veille ou ceux du quinquina qui commence à agir ? Les pieds de Samuel et le bout de ses doigts se glacent en un instant. Le rythme de son pouls se tend et s'accélère tandis que son cœur bat à rompre sa poitrine. Des tremblements violents agitent tous ses membres. D'intenses pulsations ébranlent son cerveau, un feu intolérable enflamme son visage. La douleur est insupportable !

– Samuel, Samuel, que t'arrive-t-il ? s'écrie Henrietta, réveillée subitement par les gémissements de souffrance de son époux.

Mais Samuel ne peut plus répondre tant son corps s'abîme dans l'extrême malaise.

– Samuel, je t'en prie, réponds-moi ! s'affole Henrietta, posant instinctivement la main sur le front du malade. Mais tu as une fièvre infernale ! Oh, mon Dieu, non ! Pas toi !

Paniquée par la brutalité du mal, Henrietta court chercher de l'eau fraîche et en éponge doucement le visage brûlant de son pauvre mari. Et s'il allait mourir ? Et si la contagion fondait sur ses enfants si faibles, si fragiles ? Ils mourraient eux aussi. Oh non, jamais elle ne pourrait survivre à une pareille épreuve. Ils succomberaient tous et ce serait mieux ainsi. Ils ne souffriraient plus ni du froid, ni de la faim et goûteraient enfin à l'éternelle béatitude des cieux.

– Ça va aller, ne t'inquiète pas, murmure Samuel, reprenant lentement ses esprits.

Comment peut-il savoir qu'il ira bientôt mieux ? s'étonne Henrietta. On ne connaît jamais l'heure de sa guérison quand la maladie frappe avec tant de violence. Pourtant, trois heures plus tard, il se sent déjà mieux. La crise s'est dissipée comme par enchantement.

– Que t'est-il arrivé ? demande Henrietta, ne pouvant s'expliquer pareille résurrection. Tout à l'heure tu étais à l'article de la mort et maintenant, plus rien. Quel est donc ce miracle ?

– Ce n'est pas un miracle, Henrietta. Je n'étais pas malade. J'avais simplement avalé une forte dose de quinquina. Et, comme toute substance cesse son effet au bout d'un certain temps, je devais logiquement me rétablir. À vrai dire, j'ai souffert pendant trois heures d'une maladie médicamenteuse.

– Mais pourquoi as-tu pris du quinquina si tu n'avais pas la fièvre ?

– Pour faire une expérience, répond Samuel, l'air songeur.

– Une expérience ! s'écrie Henrietta consternée. Tu affoles tout le monde, tu mets ta vie en danger et l'avenir des tiens pour une expérience ! Comment oses-tu jouer ainsi avec la mort, la tenter, l'attirer quand je lutte chaque jour pour la chasser aussi loin que possible de notre foyer ? Mais c'est vrai, tu es fou ! Tu es complètement fou !

Fuyant la détresse immense de celle qui l'a toujours soutenu, Samuel se réfugie au fond de la pensée pure, libre de toute passion et de tout sentiment. Que s'est-il donc passé pendant ces quelques heures ? Pourquoi ce quinquina, connu pour être le remède de la malaria, a-t-il provoqué chez lui tous les symptômes de cette redoutable maladie ?

Samuel se concentre sur l'étrange expérience qu'il vient de vivre. Administré à petite dose, le quinquina guérit un malade atteint de la fièvre des marais alors qu'absorbé à forte dose par lui-même qui est en bonne santé, il crée les symptômes de cette fièvre mortelle. Samuel se souvient brusquement d'un énoncé d'Hippocrate dans son traité *Des lieux dans l'homme* : « Ce qui provoque la strangurie[1] guérit la strangurie. » Il se rappelle le constat troublant que fit le docteur Stahl en 1730 : « Je réussis à faire disparaître la disposition aux aigreurs par de très petites doses d'acide sulfurique dans des cas où l'on avait inutilement administré une multitude de poudres absorbantes. » Et puis revient à sa mémoire la brillante dissertation sur l'usage de la ciguë du docteur Störck, confrère estimé du professeur Quarin : dans ses écrits, le docteur Störck déclarait avoir trouvé dans la ciguë un remède propre à faire disparaître les squirrhes[2] les plus invétérés et à guérir radicalement les cancers alors que cette plante provoque à dose élevée chez l'homme sain des douleurs violentes et des tuméfactions des glandes.

Est-il possible que le quinquina guérisse la fièvre des marais justement parce qu'il provoque les symptômes de cette fièvre chez l'homme sain ? L'esprit de Samuel est en effervescence : l'expérience qu'il vient de vivre avec le quinquina ne seraitelle que l'illustration d'un principe universel qui voudrait que toute substance produise chez l'homme en bonne santé les affections morbides qu'elle peut aussi guérir ? Poison à forte dose, remède à petite dose ?

Soudain résonnent en Samuel les sages enseignements de ses frères maçons : la Nature est Une, le corps ne s'oppose pas à l'esprit, ni la force à la sagesse, ni le visible à l'invisible, ni le poison au remède. Ainsi, un produit ne serait toxique que par la quantité qu'on en absorbe et se révélerait un médicament prodigieux dès qu'il serait porté à un niveau de dilution suffisant.

C'en serait donc fini de compter sur le temps et les caprices

1. Cystite.
2. Tumeurs en état de putréfaction.

du hasard pour découvrir les remèdes efficaces. Il suffirait de constater les effets d'une substance absorbée à forte dose sur un homme sain pour en déduire ses vertus médicinales. L'humanité souffrante disposerait bientôt d'une pharmacopée rationnelle et puissante. Le moyen simple et sûr de guérir serait enfin dévoilé !

L'étincelle créatrice vient en un instant d'éclairer des années de ténèbres. Le chemin de la Vérité s'ouvre enfin large et lumineux et donne à Samuel un sens à sa recherche. C'est par l'expérience répétée dix fois, cent fois avec rigueur et méthode qu'il édifiera cette matière médicale à laquelle il aspire depuis toujours, ce recueil de substances pures aux vertus médicinales connues auquel le médecin peut se fier pour soulager et guérir durablement ses patients.

Alors, coupé du monde, s'efforçant d'oublier les affres de son pauvre foyer, Samuel commence un extraordinaire parcours expérimental. Pendant une semaine, il prend du quinquina deux fois par jour et éprouve chaque fois la même crise fébrile. Désormais, c'est certain, cette écorce amère et astringente provoque une affection analogue à celle qu'elle guérit et Samuel a l'intime conviction qu'il ne s'agit pas d'une propriété spécifique à ce remède mais d'un principe universel : les semblables sont guéris par les semblables. Aussi n'hésite-t-il pas à annoter la traduction de la matière médicale de Cullen d'un commentaire réfutant l'hypothèse de l'éminent professeur selon laquelle le quinquina guérit la malaria du fait de son action fortifiante sur l'estomac.

À la publication de cette traduction, la réaction du corps médical ne se fait pas attendre, d'autant que Samuel en a profité pour lancer quelques traits virulents contre « les saignées, purgations perpétuelles, clystères, diète débilitante qui forment le cercle infernal dans lequel tournent les médecins allemands ». Le troupeau des médicastres s'élève violemment contre cet obscur traducteur qui ose contredire le célèbre Cullen : quelle absurdité d'éprouver un médicament sur un organisme en bonne santé ! Que peut démontrer une telle expérience ? Hahnemann affirme avoir ressenti tous les symptômes de la fièvre intermittente : ceci tombe bien à propos pour justifier sa pseudo-théorie ! La Vérité est que Hahnemann est un manipulateur : chacun sait que le quinquina ne peut provoquer la fièvre ni chez l'homme, ni chez l'animal. Et qui plus est, il est admis depuis des siècles que les remèdes vraiment efficaces sont ceux dont les effets s'opposent aux symptômes des maladies. De Berlin à Budapest, la contestation est unanime. Et, même si certains médecins ne doutent aucunement de la sincérité de Samuel, ils y voient surtout la manifestation de sa sensibilité personnelle au quinquina plutôt que la révélation d'un principe thérapeutique.

Samuel enrage d'essuyer des critiques d'une telle mauvaise foi et de tant de fatuité : pourquoi tous ces médecins ne doutent-ils jamais de leurs théories pourtant visiblement impuissantes ? Comment osent-ils l'injurier, mettre en doute son honnêteté alors qu'il sacrifie sa vie à la recherche de la Vérité ? Pourquoi ne prennent-ils pas la peine de considérer d'un œil rigoureux et impartial ce qu'il leur soumet ? Il serait prêt à accepter toutes les contradictions pourvu qu'elles soient fondées et fassent avancer la science. Il renoncerait même à sa thèse si quelqu'un était en mesure de débattre et d'apporter des arguments. Mais rien ! Rien que de vils coups bas, des paroles mesquines lancées à tort et à travers par une corporation d'ignares plus soucieuse de s'enrichir que de guérir son prochain.

Alors Samuel arrête de se défendre. Il ne veut plus lutter contre la perfidie et la stupidité. Son énergie, son courage doivent être bien mieux employés : il faut accumuler les preuves de la pertinence du principe de similitude, comprendre comment et pourquoi la force vitale du malade est restaurée par l'absorption à petite dose d'une substance capable de produire une affection analogue à celle dont il souffre. Il faut rechercher dans tout ce qui a été écrit par les meilleurs savants ce qui confirme ou infirme le principe de similitude. Et surtout, il faut expérimenter toutes les substances possibles sur l'homme sain : il faut découvrir les affections qu'elles créent sur un organisme en bonne santé et vérifier qu'à faible dose elles sont capables de les éradiquer durablement dans le respect de l'économie du malade.

Et Samuel n'a qu'un moyen pour mener à bien un tel programme : expérimenter sur lui-même. Pour les premiers essais, le contenu du coffret en loupe d'orme est plus que suffisant. Quant à la résistance de son corps aux attaques toxiques, la divine providence y pourvoira : le Seigneur ne peut abandonner celui qui œuvre pour le bien de l'humanité.

20

Malgré la misère qui accable la famille Hahnemann, Samuel est plus fort que jamais. Maintenant que l'imagination a offert un sens à sa quête, son endurance ne connaît plus de limites. Ainsi, pour nourrir sa famille qui, depuis la naissance d'Amalia, compte désormais quatre enfants, Samuel rédige des livrets de médecine à l'usage des familles. Rassemblant et enrichissant la documentation qu'il a conçue à Gommern pour sensibiliser la population à la propreté, il publie *L'Ami de la santé*, un traité d'hygiène domestique. Dans cet ouvrage accessible et attrayant qu'il rythme d'anecdotes, de jeux et de dialogues, Samuel passe en revue toutes les règles d'hygiène personnelle et prône les principes essentiels de salubrité publique. Il recommande la frugalité, la sobriété, la gymnastique et surtout la gaieté à quiconque désire vivre en bonne santé. Lui que mille tourments hantent conseille et insiste sur la nécessité de rester optimiste et confiant malgré les coups du sort.

Mais le vif succès de *L'Ami de la santé* ne suffit toujours pas à sortir les Hahnemann de la profonde misère contre laquelle ils luttent depuis plus de deux ans. Aussi, en l'espace d'une année, Samuel traduit plus de deux mille trois cents pages d'essais scientifiques qu'il commente de façon particulièrement approfondie : son travail atteint un tel niveau d'excellence que ses détracteurs n'ont d'autre choix que de saluer son talent et l'élire unanimement à l'Académie des sciences de Mayence.

Cependant, les honneurs n'offrent guère d'aisance matérielle et le destin apporte encore d'autres soucis. Henrietta, toujours plus affaiblie par les privations, est à nouveau enceinte et n'imagine même plus comment elle parviendra au terme de sa grossesse. Les petits mangent mal et souffrent en permanence d'affections de toutes sortes. Samuel s'épuise à traduire sans cesse et à soumettre son corps aux drogues les plus puissantes pour vérifier le principe de similitude. Et le monde s'inquiète de la tournure que prend la Révolution française.

Une guerre, c'est ce que redoute le plus Samuel. Il se souvient avec tant d'amertume de cette guerre de sept ans qui ruina son père, meurtrit sa famille et compromit son avenir. Il sait qu'un conflit aujourd'hui doublera son malheur et qu'alors toutes ses forces devront être tendues pour la survie des siens d'autant que vient de naître une nouvelle enfant dont la santé fragile exige des soins coûteux. Il devra renoncer à ses expériences et ses publications pour passer tout son temps au service d'un gagne-pain. Ce sera le chaos pour des décennies si l'empereur d'Autriche, humaniste éclairé, se laisse persuader d'écraser à jamais la France révolutionnaire.

Or, en ce mois de mars 1792, l'empereur Léopold II trépasse subitement. La mort inattendue de cet homme tempérant à la fleur de l'âge semble des plus suspecte et déjà la rumeur d'un empoisonnement se répand à travers toutes les rues de Vienne. Flairant avidement l'odeur du scandale, la presse s'empare immédiatement de l'opinion publique et demande raison aux médecins de la Cour. Que s'est-il passé ? A-t-on assassiné l'empereur Léopold II ? Qu'ont tenté le docteur Lagusius et ses assistants pour sauver le souverain ? Ont-ils vraiment tout essayé pour lui épargner cette issue fatale ?

Mais du haut de sa superbe, le docteur Lagusius daigne à peine répondre. Certes, il dément fermement l'hypothèse de l'empoisonnement mais, pour expliquer la mort de son illustre patient, il invoque, sentencieux, la fulgurance d'une affection pulmonaire que quatre copieuses saignées n'auraient pu juguler.

La lecture des conclusions de l'enquête médicale publiées dans tous les journaux de l'Empire met Samuel hors de lui. Comment est-il possible que Léopold II fût aux mains d'une telle bande d'incapables ? Pourquoi avoir confié à de tels charlatans la santé du seul homme qui puisse sauver la paix ? Porté par son ardeur coutumière quand il s'agit de dénoncer des pratiques médicales insensées, Samuel rédige un article d'une terrible véhémence à l'encontre du docteur Lagusius : pourquoi, après avoir saigné le souverain une première fois sans succès et s'être acharné à répéter ce traitement par trois fois en vingt-quatre heures ? Pourquoi l'avoir vidé de son énergie vitale alors qu'il était déjà épuisé par les diarrhées ? Qu'a à répondre le docteur Lagusius pour justifier cette thérapeutique assassine ?

Le pamphlet de Samuel fait fureur, le monde médical est en émoi mais ne prend pas parti : le docteur Hahnemann ne s'est que trop illustré par ses positions contraires au dogme médical pour être soutenu dans une offensive si périlleuse.

Débattre de la pertinence du traitement infligé par Lagusius à son illustre patient, évidemment ! D'ailleurs, ce pourrait être un moyen de se faire valoir. Mais risquer sa réputation en affichant un avis bien tranché, certainement pas !

Pourtant, quelqu'un a lu avec grand intérêt l'article de Samuel et a fort apprécié sa légitime colère. Dieu a voulu que cet homme soit le duc Ernst de Saxe-Cobourg-Gotha qui, féru de médecine, recherche un directeur pour l'asile d'aliénés qu'il vient de créer dans son ancien relais de chasse. Aussi, mû par une irrésistible sympathie envers ce médecin intrépide et sincèrement soucieux de la santé d'autrui, le duc invite-t-il Samuel à prendre au plus vite la direction de l'hôpital pour malades mentaux de Gorgenthal.

Samuel et sa famille ne pouvaient souhaiter plus heureux retournement du sort. Au moment où la France déclare finalement la guerre à l'Autriche, où la ruine terrifie tous ceux qui ont du bien et où l'anéantissement menace ceux qui n'ont rien, les Hahnemann émergent enfin de leur disgrâce. Henrietta qui craignait les pires représailles du monde médical ne cesse de remercier la Providence et presse son mari d'accepter au plus vite la proposition du duc.

Ainsi, trois mois après la mort de Léopold II, en juin 1792, Samuel et les siens s'installent à Gorgenthal dans une aile du château qui abrite l'asile. Un logis agréable dans une belle bourgade, un salaire confortable, une entière liberté de choix thérapeutique : Samuel ne pouvait rêver mieux pour rendre la joie de vivre à sa chère famille, reprendre le cours de ses publications et surtout accélérer le rythme de ses expériences sur les vertus curatives des substances médicinales.

Mais en ce début d'été l'hôpital est désert car le duc n'a pas fait encore publicité de son établissement. Ainsi, profitant d'une liberté inespérée et de la clémence des cieux, Samuel passe de longues heures à se promener dans la campagne avec ses chers enfants. Comme jadis son père l'avait instruit des beautés de la Nature, il initie Henriette et Frédéric à la botanique, leur apprend à observer et leur révèle les cycles qui régissent l'univers. Pour la première fois depuis bien longtemps, Samuel retrouve sa « petite dame Henrietta » dans la douce intimité du début de leurs noces : enfin il peut avouer l'atroce déchirement qu'il ressent à l'âme de lui avoir fait vivre de si sombres années, de n'avoir su la mettre à l'abri du besoin alors qu'elle n'a cessé d'avoir foi en lui ! Enfin il lui exprime l'étendue infinie de sa reconnaissance pour tous les sacrifices qu'elle lui a consentis, pour les si beaux enfants qu'elle lui a donnés et pour l'amour immense qu'elle lui a témoigné ! Il l'aime comme au premier jour, il a confiance en elle et se déclare prêt à bouleverser le monde armé de cet amour qui l'a toujours porté, même dans les pires épreuves. Aussi, dans ce moment béni des tendres confidences, Samuel ressent-il l'impérieux besoin de confier à l'aimée les fruits de ses recherches. À la bibliothèque de l'université de Leipzig, il a trouvé une multitude d'écrits datant du Moyen Âge et de l'Antiquité qui confirme unanimement le principe de similitude. Mais surtout il y a découvert une récente étude de thérapeutique expérimentale du fameux docteur Störck qui émet l'hypothèse que la stramoine[1] guérit les fous et les esprits malades justement parce qu'elle trouble les idées, abolit la mémoire et entraîne la démence chez l'homme sain. Lui-même, depuis ces deux années, a clairement constaté que d'autres substances tels l'arnica, l'ipéca, le mercure, l'aconit, la jusquiame, le colchique, la clématite et la pulsatille provoquent sur son organisme en parfaite santé des symptômes

1. Plante toxique également appelée « herbe du diable ».

analogues à ceux qu'ils guérissent durablement. Il tient donc une piste extrêmement sérieuse que devraient confirmer les nombreuses expériences qu'il se propose de faire dans la sérénité et la liberté dont il jouit à Gorgenthal.

Alors, l'âme ressuscitée par la félicité de sa nouvelle vie, Samuel laisse courir sa plume au gré de ses envies : il philosophe, donne des conseils sur le choix d'un médecin ou sur l'aménagement d'une chambre d'enfant. Il disserte longuement sur la satisfaction des sens et les diverses méthodes d'analyser le vin. Il est heureux et persuadé que Dieu attend maintenant de lui qu'il révèle au monde le moyen sûr et simple de guérir.

Or, en août 1792, arrive enfin à l'hôpital de Gorgenthal un patient très spécial. Il s'agit de l'illustre Frédéric Klockenbring, secrétaire général de la chancellerie de Hanovre et poète à ses heures. Cet homme, d'une corpulence et d'une force de travail hors du commun, est connu de toute l'Allemagne et surtout du duc pour ses talents d'administrateur et sa culture encyclopédique. Cependant, depuis cinq ans, la fatigue intellectuelle, la sédentarité et l'excès de bonne chère ont miné son tempérament et il a suffi d'un pamphlet dirigé contre lui par un journaliste mal intentionné pour le plonger dans une incroyable démence. Pendant un an, le docteur Wichmann, un des plus grands médecins de l'époque, lui a prescrit en vain de nombreux traitements. Aussi, dès l'annonce dans la presse de l'ouverture d'un centre pour malades mentaux, madame Klockenbring s'est précipitée à Gorgenthal pour faire soigner son infortuné mari.

Samuel qui, depuis son expérience à la prison de Dresde, est certain que la maltraitance des malades mentaux ne fait qu'aggraver leur triste condition a décidé de procéder en douceur et avec compassion auprès de Klockenbring. Tout d'abord il l'isole, interdit toute visite qui pourrait ébranler cet esprit dérangé. Puis seulement il l'observe dans ses moindres mouvements, ses variations d'humeur, ses désirs changeants. Semaine après semaine, avec bienveillance, Samuel consigne les plus discrets symptômes des ruptures d'équilibre du cœur et de la tête du malheureux dément. Fort de sa conviction qu'avant tout traitement il faut peindre un portrait fidèle de la maladie, Samuel scrute, écoute et note précisément, sans aucun jugement, toutes les extravagances que commet Klockenbring.

D'effroyables fureurs agitent ce dernier : il hurle jour et nuit, condamnant à mort ses anciens chefs de service. Dans son indomptable colère, il déclame des airs de tragédie, récite très exactement des extraits de l'Ancien Testament et compose des sonnets exaltant ses souffrances. Il cite de mémoire livre, chapitre et verset de chaque phrase de la Bible dont il fait usage. Il rédige son autobiographie en latin, écrit des poésies, orne chacune de ses lettres de citations antiques.

Ce délire génial stupéfie Samuel d'autant que Klockenbring se toque soudainement d'une nouvelle obsession : partout il applique le triangle et le nombre trois. Il plie sa couverture en trois, fait trois fois le signe de croix en guise d'exorcisme, crache trois fois avant de boire, manger ou s'habiller.

Plus déroutants encore sont ses désirs changeants – une liqueur, un instrument de musique, du tabac, la visite d'un ami – et ses faims dévorantes que rien ne peut apaiser : dix livres de pain par jour, outre ses trois repas, ne suffisent jamais à le rassasier ! La folie de Klockenbring est vraiment stupéfiante : un mélange d'outrance, de génie créateur, de savoir encyclopédique, d'extravagance puérile et même de prescience !

Un jour, en effet, il demande encre, plume, papier et rédige à sa propre intention une ordonnance très précise dont Samuel constate qu'elle convient parfaitement à son état morbide et pourrait émaner d'un médecin compétent si toutefois Klockenbring n'avait exigé d'accompagner les remèdes de quelques bouteilles de bourgogne et d'épaisses tranches de lard !

Cependant, jour après jour, Samuel gagne la confiance de son patient qu'il soumet au repos, à la frugalité et à la prise de petites doses d'émétique[1] et de stramoine conformément au principe de similitude qu'il cherche à démontrer. Peu à peu, les facultés de divination de Klockenbring s'estompent, son esprit se calme, son appétit se régularise, ses facultés intellectuelles reviennent. Au bout de quatre mois, il est enfin capable de converser une demi-heure sans montrer le moindre signe d'un quelconque dérangement. Et, moins d'un an après son internement, en mars 1793, Klockenbring est totalement guéri.

Samuel est ravi d'avoir su secourir un homme si remarquable et d'être venu à bout d'une folie incroyable en empruntant la voie qu'il a toujours prônée : observation, bienveillance et douceur du traitement. Une fois encore, il vient de démontrer qu'il faut renoncer aux méthodes inhumaines de la médecine du siècle et que la guérison d'une affection profonde s'obtient en appliquant la loi universelle de la similitude.

1. Vomitif.

21

Depuis son arrivée à l'hôpital de Gorgenthal, Samuel a mis à profit le temps libre que lui laissait le soin de son unique patient pour accumuler de nouvelles évidences du bien-fondé du principe de similitude. Ainsi, dans ses cahiers d'observation, il a consigné avec force détails tous les dérèglements qu'ont subis son corps et son esprit après l'absorption à dose massive de près de cinquante remèdes. Il les a rapprochés des vertus curatives de ces mêmes remèdes et a fait un constat indéniable : *Similia similibus curentur*, les semblables sont guéris par les semblables !

Au moment où Klockenbring quitte l'asile, Samuel détient donc de solides preuves de la puissance de la cure par les semblables mais il n'a pas encore éclairci les raisons de son efficacité. Aussi, dans l'attente de nouveaux patients, il se penche avec attention sur les tableaux de symptômes que les substances médicamenteuses ont le pouvoir de provoquer : la Vérité est certainement là, légèrement voilée.

Mais la crise politique qui bouleverse l'Europe ne fait que s'amplifier et s'abat de plein fouet sur le fragile bonheur de la famille Hahnemann. Depuis que les Français ont massacré leur roi et se sont proclamés libérateurs des peuples, ils ont entrepris une guerre de conquête qui les a amenés fin mars 1793 jusqu'à la Rhénanie.

Comme tous les Allemands que cette occupation bouleverse, Samuel est inquiet pour l'avenir de l'Empire. Les conseillers du duc s'alarment eux aussi du tour dramatique que prennent les événements et, pour parer à toute dérive financière en ces temps agités, engagent vivement Ernst de Saxe-Cobourg-Gotha à fermer l'hôpital. Le duc hésite un temps, mais l'asile est désert et il serait vain d'espérer l'arrivée d'un nouveau patient. Aussi, dans un profond regret, le duc prie Samuel de libérer les lieux et lui verse sur-le-champ mille thalers d'honoraires pour le dédommager de ce brutal congé.

Certes, mille thalers représentent une somme considérable qui peut subvenir aux besoins des Hahnemann pendant un an ou deux, en étant économe, mais une fois encore, la famille est plongée dans la précarité. Finie l'insouciance des jours où l'on était certain que le salaire viendrait nourrir le foyer. Finie l'assurance d'un logis solide et confortable dans une bourgade riante où femme et enfants reprenaient goût au bonheur. Fini le rythme serein d'un travail régulier où l'esprit reposé pouvait prendre de la hauteur et imaginer. Voici bientôt revenue l'heure des urgences vitales, de la vie aux abois et de l'âme déchirée par la souffrance des siens. Alors, rapidement, Samuel cherche un toit et, dans l'espace d'un mois, trouve non loin de Gorgenthal une maison moderne, au loyer modéré, pour loger sa famille.

Henrietta qui, à vingt-huit ans, attend son sixième enfant n'est somme toute pas fâchée de ce nouveau logis dans un quartier récent du bourg de Molschleben, car la maison est saine et proche de Gorgenthal, ce qui autoriserait un retour aisé au cas où l'hôpital rouvrirait ses portes. Mais Henrietta aspire à une stabilité que l'époque chaotique ne peut lui assurer. Elle se laisse aller à rêver que Samuel consente à reprendre l'exercice de la médecine mais, à Molschleben, il y a trop peu de gens en mesure de s'offrir les services d'un médecin et, dans une grande ville, les mille thalers seraient vite engloutis, tant la vie y est chère et rude la concurrence. Décidément on ne peut que subir cette époque bouleversée et Henrietta doute même de la bonté divine quand, au mois d'octobre 1793, elle apprend que la France a guillotiné sa reine. Comment est-il possible que ces maudits Français aient osé assassiner la fille de l'impératrice Marie-Thérèse ? Pour sûr, ils se sont vengés d'avoir été chassés de la Rhénanie par l'armée autrichienne. Mais quand cette barbarie aura-t-elle une fin ?

Dans cette violence qui ébranle le monde, Samuel voit bien que personne n'est prêt à œuvrer en faveur de la paix et il songe déjà à quitter Molschleben pour aller plus au nord, loin d'une attaque française qu'il pressent imminente : les Français sont trop fiers pour ne pas réagir à la cuisante défaite qu'ils viennent d'essuyer. Ils reviendront, c'est sûr, et cette fois peut-être bien au-delà du Rhin. « Que ne sommes-nous délivrés de la guerre, ce tombeau des sciences ! » soupire Samuel qui, malgré le chaos, continue ses recherches et achève la première partie de son *Dictionnaire de pharmacie*.

Il prend encore le temps d'écrire quelques mots sur l'analyse du vin et la préparation du jaune de Cassel dont son bien-aimé père a si souvent usé pour peindre la porcelaine. Puis, le moment venu, il essaie de convaincre sa chère Henrietta de partir pour la jolie station thermale de Pyrmont située à cent milles au nord de Molschleben. Mais la jeune femme est plus que réticente car, fin février 1794, le petit Ernst est né et, à trois mois à peine, elle craint que le voyage ne le fatigue trop. Néanmoins, pour rejoindre sans encombre une ville lointaine avec six jeunes enfants et de lourds bagages, elle convient qu'il faut profiter des conditions clémentes du joli mois de mai et accepte à regret de quitter Molschleben.

Dans la lourde voiture tirée par quatre chevaux, les enfants sont joyeux. Depuis le déménagement de Leipzig à Gorgenthal, c'est la deuxième fois qu'ils font un long voyage avec leurs parents et ils sont excités à l'idée de passer deux semaines entières sur les routes de Saxe et du Waldeck-Pyrmont. Pour le plus grand bonheur du petit Frédéric, le cocher roule vite et, dès le premier jour, on approche déjà la ville de Mülhausen. À ce train, songe Samuel, ils seront à Pyrmont dans à peine dix jours. Mais à ce moment même, la course des chevaux soudain se précipite et bringuebale la voiture avec violence. Réalisant tout de suite que les chevaux s'emballent et que la voiture folle est sortie de la route, Henrietta effrayée serre contre sa poitrine son petit nouveau-né tandis que les enfants se mettent à crier. En une fraction de seconde, la berline vacille et va se fracasser sur le bord d'un fossé.

Le choc est terrifiant et résonne déjà de hurlements de douleur. Totalement conscient et cherchant d'instinct à secourir ses proches, Samuel s'extirpe du chaos de bagages et de débris de caisse. Ouvrant grande la portière qui emprisonne les siens, il sort un à un chacun de ses enfants. Ils sont heureusement à peine commotionnés et, à part Wilhemine qui a la jambe cassée, ils souffrent seulement de quelques hématomes. Mais, au fond de la voiture, restent encore Henrietta et son jeune bébé. Serrés l'un contre l'autre, tous deux sont inconscients et Samuel pressent le drame le plus atroce. Au comble du désespoir, il parvient par miracle à ranimer sa femme mais le petit Ernst demeure obstinément plongé dans le coma.

Secourus rapidement par de braves paysans, les Hahnemann sont conduits jusqu'à Mülhausen où ils passent une nuit entourés d'hôtes charitables et compatissants. Mais le lendemain matin, Ernst n'est pas revenu à lui et Wilhemine endure un horrible martyre : il faut de toute urgence rejoindre Göttingen dont l'hôpital pourra accueillir les deux jeunes blessés. Mais le sort s'acharne et, même si Wilhemine est vite soulagée, le pauvre petit Ernst ne peut être sauvé et s'éteint doucement dans les bras de sa mère.

La famille Hahnemann n'a jamais tant souffert. Samuel ne sait plus s'il trouvera un jour la force de repartir d'autant que ses enfants sont soudain terrassés par une violente dysenterie. Henrietta déjà si éprouvée semble perdre la tête. Jour et nuit, inlassable, elle a prié pour le rétablissement de son cher bébé. Ses yeux, son visage sont brûlés par les larmes. Son corps se consume dans une fièvre nerveuse et, quand sa conscience émerge, elle mine son cœur d'un éternel remords : pourquoi n'a-t-elle pas insisté pour rester à Molschleben ? La maison était moderne, le loyer modeste, le quartier agréable et rien ne les obligeait à partir. Pourquoi n'a-t-elle pas résisté à cette envie permanente qu'éprouve Samuel de chercher ailleurs une espèce d'idéal qu'il ne trouvera jamais ?

Détresse et ressentiment s'emparent d'Henrietta dès que ses chers enfants pâtissent des errances de leur père. Et, quand elle s'aperçoit que la dysenterie des petits ne peut être enrayée par la poudre de charbon qu'a prescrite Samuel, elle exige immédiatement un « véritable » médecin.

Ce tragique désaveu poignarde Samuel qui, rongé de remords, effondré de tristesse, se sent atrocement seul. Comme il regrette d'avoir entraîné sa famille dans cette funeste aventure ! Comme il est désemparé devant ce déferlement de malheurs, devant l'inconsolable peine de celle qu'il aime tant ! Dans ce drame cruel, même la science l'abandonne car c'est en prescrivant un remède classique de teinture d'opium et de tartre stibié[1] qu'un médecin de campagne soulage ses enfants.

Heureusement, le temps efface peu à peu les souffrances humaines et, trois semaines plus tard, ayant repris courage, les Hahnemann se décident à rejoindre Pyrmont. Mais, une fois encore, ils sont désappointés car cette ville d'eaux aux charmes luxueux les contraint à louer une maison bien au-dessus de leurs moyens. À peine arrivés, ils doivent déjà songer à reprendre la route.

Aussi, au début de l'hiver 1794, alors que l'Empire semble craquer de toute part, les Hahnemann repartent en direction du nord pour rejoindre Brunswick où ils espèrent enfin trouver un peu de paix.

1. Ou tartre sibié, ou tartre émétique : vomitif employé au XVIIIe siècle.

22

Il fait un froid glacial quand la famille Hahnemann arrive début 1795 dans la ville de Brunswick. Le givre a enveloppé d'un voile de cristal la nature endormie et le souffle du vent est aussi meurtrier qu'une lame d'acier. Dans leur nouveau logis, aux épais murs de briques, les Hahnemann se confinent dans la salle à manger où un grand feu de bois brûle dans la cheminée. Ne quittant pas de la journée manteaux et couvertures, tant cette vieille bâtisse longtemps inoccupée est lente à réchauffer, ils sont tous figés dans un engourdissement que ne distraient même pas les brillants flocons de neige qui derrière les fenêtres tombent en tourbillonnant.

Samuel est inquiet. Il a beau recompter, il reste à peine de quoi subsister cet hiver en espérant surtout que la température ne descende pas plus bas. Il doit dès maintenant faire rentrer l'argent, d'autant qu'Henrietta présente toutes les apparences d'une nouvelle grossesse.

Aussi, malgré l'abattement que lui causent le froid et ses doigts entaillés de profondes gerçures, il saisit sa plume et contacte aussitôt les maisons d'édition. Comme il l'a toujours fait, Samuel propose ses services de traducteur et annonce par la même occasion la rédaction prochaine d'une seconde partie de *L'Ami de la santé*. Il y a trois ans cet ouvrage avait connu un très vif succès et nul doute que la suite sera bien accueillie.

Alors, reprenant ses travaux harassants pour nourrir sa famille, Samuel traduit le *Manuel pour les mères* de Jean-Jacques Rousseau et l'austère *New Edinburg Dispensatory*. Au sortir de l'hiver, il achève *L'Ami de la santé*, entame le second tome de son *Dictionnaire de pharmacie* et retrace dans les moindres détails l'extraordinaire « Cas de folie » de Klockenbring.

L'enthousiasme revient avec le merveilleux réveil de la divine Nature. Henrietta peu à peu retrouve son sourire car insensiblement son jeune cœur s'apprête à accueillir bientôt une nouvelle vie. Les enfants se réjouissent de leur petit jardin et projettent déjà de faire un potager. Tout semble s'apaiser et les maux s'atténuer, comme si enfin le monde devait trouver la paix, en ce doux mois d'avril 1795 officialisant l'arrêt des affrontements franco-prussiens. En chaque être renaît l'espoir d'une vie meilleure, et cette force vitale qui surgit en chacun redonne à Samuel le goût de la recherche.

Depuis le départ de Gorgenthal, le malheur s'est si rudement abattu sur sa chère famille qu'il n'a rien ajouté au nombre de ses expériences. Ces dix-huit mois de cauchemar ne lui ont pas permis de prendre du recul sur l'ensemble des données qu'il a accumulées, mais ici à Brunswick, l'envie et le courage d'exploiter cette précieuse matière scientifique s'emparent soudain de lui.

Relisant ses observations des effets des drogues sur son propre organisme, les recoupant avec des récits d'intoxication accidentelle ou d'essais sur des volontaires en bonne santé et les confrontant aux plus rigoureux travaux cliniques depuis Hippocrate, Samuel en vient toujours à la même conclusion : pris à forte dose, les remèdes provoquent dans un corps sain toutes les affections qu'à faible dose ils guérissent. La loi de similitude se trouve vérifiée non seulement pour le quinquina mais aussi pour les cinquante-quatre substances qu'il a étudiées depuis cinq ans. Ainsi l'ipéca, vomitif puissant, arrête les nausées. Ainsi la belladone, dont la prise massive crée une rubéfaction intense de la peau et une ardente fièvre, guérit la scarlatine. Mais aussi le café, dont l'abus entraîne céphalées et coliques, soulage maux de tête et diarrhées chroniques.

Néanmoins, Samuel redoute que, exposée de la sorte, cette loi n'apparaisse quelque peu arbitraire : certes, les faits confirment la pertinence du principe de similitude, mais quel est le mécanisme à l'œuvre dans ce principe ? La question du comment taraude Samuel et il se plonge encore dans ses piles de notes. Et là, il découvre une propriété remarquable qu'ont en commun la plupart des médicaments. Dès qu'ils sont absorbés, ils produisent dans le corps une première réaction qui s'estompe peu à peu au profit d'une seconde, bien plus durable et dont les symptômes sont exactement opposés à ceux observés lors de la réaction première. Ainsi, le jus de pavot produit en premier lieu une sensation de force, de grand courage, de bonne humeur et de fécondité intellectuelle. Puis, au bout de huit à douze heures, la disposition contraire s'installe peu à peu et l'on ressent alors une vive mélancolie, un malaise, une torpeur qui relâche tout le corps.

Voici donc pourquoi la cure par les contraires s'avère si néfaste ! Après une courte action opposée aux symptômes et la brève illusion de la guérison, les contraires laissent derrière eux des effets secondaires similaires à la maladie. En somme, non seulement ils ne la guérissent pas mais ils la réactivent et l'aggravent. Alors, le médecin adepte des contraires prescrit une nouvelle dose, plus forte que la première, obtient un soulagement plus bref que le premier, puis une récidive puissante et résistante. Et, prescription après prescription, il fait d'une affection bénigne une maladie chronique aux racines si profondes qu'aucun médicament ne peut les extirper !

Samuel vient enfin de décrypter le langage de la Nature et il est temps pour lui de le faire savoir. Alors, d'un seul trait, il rédige son admirable *Essai sur un nouveau principe pour découvrir les vertus curatives des substances médicinales* où, après une revue des thérapeutiques classiques et le constat de leur impuissance et de leur dangerosité, il expose la seule manière sûre et simple de soigner : utiliser les remèdes qui provoquent ordinairement dans un organisme sain une maladie analogue à celle qu'il faut soigner. Et, discréditant d'un coup les recueils assassins que sont les dispensaires, il pose l'unique moyen d'édifier avec certitude une pharmacopée efficace et universelle : l'expérimentation sur l'homme en état de santé.

Ainsi, pour libérer le monde de ses tristes souffrances et des mauvais traitements d'une médecine aveugle, cupide et rétrograde, Samuel révèle cette Vérité simple et qu'il a démontrée :

Similia similibus curentur[1].

Cristallisant les intuitions des hommes en quête de Vérité, réunissant les connaissances éparses depuis l'Antiquité, le docteur Hahnemann fait à l'humanité le don le plus précieux : celui d'une médecine belle, vraie et juste qu'il baptisera bientôt « Homéopathie ».

1. Les semblables se guérissent par les semblables.

La même année, en 1796, à des milles de Brunswick, sur le sol d'Angleterre, le docteur Jenner invente la vaccination[1]...

Le Monde est Un !

Fin de la première partie.
Tome 2 à paraître en janvier 2010.

1. Vaccination antivariolique.

Essai sur un nouveau principe pour découvrir les vertus curatives des substances médicinales, suivi de quelques aperçus sur les principes admis jusqu'à nos jours.

(extraits)

Par le docteur Samuel HAHNEMANN

Publié dans le *Journal de pharmacologie pratique et de chirurgie*
édité par Christoph Wilhelm Hufeland,
professeur titulaire de pharmacologie à Iéna,
tome II, troisième partie, Iéna, Librairie universitaire, 1796.

Traduction de l'allemand réalisée sous la direction d'André Giordan dans le cadre du Laboratoire de didactique et d'épistémologie des sciences (LDES) de l'Université de Genève, publiée dans l'ouvrage de Corine Mure, André Giordan et Daniel Raichvarg, *Aux origines de l'homéopathie*, Éditions Boiron, 1998. Nous la reproduisons ici avec l'aimable autorisation des Éditions Boiron.

391 – Au début de ce siècle, on a tenté, notamment à l'Académie des sciences de Paris, d'attribuer à la chimie l'honneur immérité de la découverte des vertus curatives des médicaments, et en particulier des plantes. On mettait celles-ci dans des ballons à distiller, généralement sans eau et, en utilisant la force du feu, on obtenait presque toujours les mêmes produits à partir des plantes les plus toxiques comme les plus inoffensives : eau, acides, huiles empyreumatiques, charbon et, à partir de ce dernier, sels alcalins, toujours de la même sorte. Des sommes importantes furent gaspillées à détruire des plantes avant que l'on ne comprît qu'il n'était pas possible d'extraire de cette façon les composants essentiels des végétaux, et encore moins de faire la preuve des vertus curatives des plantes par ces essais avec le feu. Ce procédé absurde utilisé pendant près d'un demi-siècle avec diverses variations laissa progressivement une impression si négative chez les nouveaux médecins, pourtant

éclairés au sujet de l'art chimique et de ses limites, qu'ils passèrent presque unanimement à l'affirmation contraire et n'attribuèrent plus aucun mérite à la chimie pour ce qui est de la découverte des vertus curatives des médicaments et des remèdes contre les maux du corps humain.

392 – Mais en cela ils allaient visiblement trop loin. Si je ne reconnais guère à cet art une influence générale sur la médecine, je ne peux néanmoins rester indifférent au fait qu'on lui doit quelques découvertes importantes dans ce domaine, et qu'on lui en devra peut-être d'autres à l'avenir.

393 – Au médecin qui cherchait un palliatif aux troubles de l'acidité morbide de l'estomac, la chimie répondait que les sels alcalins et certaines terres possèdent des vertus curatives contre ce mal. Dans un autre cas, il s'agissait de détruire dans l'estomac des substances toxiques absorbées. Le médecin demandait à la chimie de fournir les antidotes pouvant neutraliser rapidement ces substances toxiques, avant qu'elles n'attaquent le tube digestif et l'organisme. Seule la chimie pouvait lui apprendre que c'est dans les sels alcalins et le savon que se trouvent les antidotes aux poisons acides, à l'huile de vitriol, à l'acide nitrique, à l'arsenic et aux sels métalliques toxiques, que dans les acides se trouvent les antidotes aux sels alcalins, à la chaux vive, etc., et qu'en général le soufre, le foie de soufre et surtout les vapeurs de foie de soufre viennent rapidement à bout de toutes les substances toxiques métalliques.

La chimie nous enseignait comment éliminer le plomb et l'étain parvenus dans les cavités du corps humain avec du mercure, comment dissoudre le fer absorbé avec des acides, des pierres et du verre avalés avec l'acide fluorhydrique et l'acide phosphorique, et comment ce dernier agit dans l'estomac des poules.

394 – La chimie permettait d'obtenir de l'air vital dans toute sa pureté et, comme le physiologiste et clinicien reconnaissait son pouvoir particulier de maintenir et d'augmenter la force vitale, elle a démontré qu'une partie de ce pouvoir se trouve dans le calorique spécifique si important de cet air. Elle le fournissait ensuite, de plus en plus pur, à partir de nombreuses sources, ce que la médecine thérapeutique et la pratique au chevet du malade n'étaient pas capables de faire.

Seule la chimie pouvait découvrir un remède pour soigner les victimes d'asphyxie par l'acide atmosphérique, grâce aux vapeurs des sels alcalins caustiques et volatils.

Qu'aurait pu insuffler l'école galénique dans les poumons des victimes d'asphyxie par l'oxyde de carbone, si la chimie n'avait pas fourni le vrai remède, l'air vital insufflé comme deuxième composant de l'air respiré ?

395 – La chimie a même été capable de trouver le moyen d'éliminer les résidus des substances toxiques dans les secondes voies par les gaz sulfureux présents dans les boissons et les bains.

Qui, avant la renaissance de la chimie, nous a enseigné comment dissoudre les calculs biliaires souvent tenaces à l'origine d'un grand nombre de maladies parmi les plus graves (avec de l'éther nitreux et du sel vinaigré de potasse) ? Qui nous l'a enseigné, si ce n'est la chimie ?

À qui la thérapeutique demande-t-elle depuis des siècles un remède contre les calculs vésicaux, si ce n'est à la chimie ? Le succès dépendait du demandeur. Toutefois, elle n'a pas été complètement inefficace puisqu'elle a proposé la dissolution par des sels alcalins saturés d'acide atmosphérique. Elle trouvera un remède encore plus sûr en recourant à l'acide phosphorique.

Faut-il tenter d'appliquer tous les remèdes disponibles sur

les seins endoloris par le lait caillé ? Ce procédé serait à la fois risqué et inutile. Avec les cataplasmes de sel alcalin volatil, la chimie offre un vrai remède qui reliquéfie le lait caillé.

396 – Les essais chimiques avec la racine de colombo sur la bile altérée ont montré que cette plante pourrait être capable d'améliorer l'état de la bile dans le corps humain. L'expérience pharmacologique a reconnu le bien-fondé de l'hypothèse des chimistes.

Quand la thérapeutique veut savoir si un nouveau remède échauffe le sang, la distillation à l'aide d'eau permet de découvrir, à quelques exceptions près, s'il contient ou non une huile essentielle.

Dans la pratique, l'étude des caractéristiques sensorielles d'une plante ne permet souvent pas de savoir si cette plante contient un élément astringent. La chimie, par contre, en opérant avec le vitriol vert, découvre cette qualité astringente qui présente souvent un certain intérêt dans la pratique. Elle en indique même les degrés les plus fins.

Lorsque la diététique ignore si une nouvelle plante contient des éléments nutritifs, la chimie le démontre en extrayant de la plante le gluten et la fécule. Elle peut aussi indiquer la qualité de sa valeur nutritive en déterminant la quantité de ces substances.

397 – Lorsque la chimie ne peut pas indiquer directement les vertus curatives, elle le fait néanmoins indirectement en signalant l'inefficacité résultant du mélange de médicaments efficaces par eux-mêmes, ou la nocivité du mélange de remèdes inoffensifs par eux-mêmes. Elle interdit d'ajouter des substances contenant de l'acide gallique qui dissout le tartre émétique quand on veut utiliser celui-ci pour provoquer un vomissement ; elle interdit de boire de l'eau de chaux si l'on veut tirer profit des éléments astringents de l'écorce du

Pérou qui sont détruits par l'eau de chaux ; elle interdit de mélanger le quinquina et le fer dans une même potion, afin de ne pas provoquer une coloration ; elle interdit d'ajouter de l'alun à l'eau de Goulard, la rendant ainsi inefficace ; elle interdit d'ajouter un acide quelconque aux sels neutres laxatifs à base de crème de tartre qui éliminent l'acidité des premières voies ; elle interdit de produire un poison en mélangeant certaines substances normalement inoffensives, par exemple l'antimoine sudorifique (surtout quand il est vieux) et la crème de tartre ; en cas de régime à base de lait, elle déconseille l'utilisation des acides végétaux (qui forment un caillé insoluble) et recommande l'acide sulfurique si des acides sont nécessaires.

398 – Elle connaît les signes d'adultération trompeuse des médicaments, elle extrait le sublimé caustique toxique du calomel et apprend à le distinguer du précipité blanc toxique d'apparence tellement similaire.

Ces quelques exemples suffiront à réfuter l'opinion de ceux qui contestent à la chimie la découverte des propriétés curatives des médicaments. Toutefois, si la chimie peut nous faire connaître les moyens de guérison quand il s'agit de détruire directement des substances toxiques dans le corps humain, c'est en vain qu'on l'interrogera pour des affections où le concours des fonctions de l'organisme est nécessaire, comme l'ont montré, entre autres, des essais avec des remèdes antiseptiques. De ces derniers on attendait en effet une action antiputride aussi puissante dans l'organisme qu'au laboratoire. Mais l'expérience a prouvé que le salpêtre par exemple, si antiseptique en dehors du corps, produit un effet exactement contraire en cas de fièvre putride et d'états gangreneux pour la raison – autre que celles évoquées ici – qu'il affaiblit la force vitale. À moins qu'on n'ait voulu ainsi venir à bout des substances putrides présentes dans l'estomac ? Un vomitif les élimine plus efficacement.

399 – Ceux qui ont cherché à découvrir les vertus curatives **en mélangeant des médicaments inconnus au sang tiré d'une veine** pour voir si ce sang devenait plus clair ou plus foncé, plus liquide ou plus coagulable, ont donné de bien plus mauvais conseils encore à la médecine. Comme si nous pouvions introduire des remèdes directement dans le sang par la veine, ainsi qu'on le fait dans une éprouvette ! Comme si les médicaments ne devaient pas d'abord subir d'incroyables modifications dans le tube digestif avant d'arriver dans le sang et ce toujours par quelques détours ! Quelle différence déjà dans l'aspect du sang tiré d'une veine selon qu'il est prélevé sur un corps échauffé ou au repos, par une grande ou une petite ouverture dans la veine, par jet ou par goutte, dans une pièce froide ou chaude, dans un récipient large ou étroit !

400 – Des procédés aussi grossiers pour rechercher les propriétés médicinales sont par eux-mêmes déjà empreints de nullité.

C'est précisément pour cette raison que **l'injection des remèdes dans les veines d'animaux** est une méthode très hétérogène et incertaine. Prenons un seul exemple : une cuillère à café d'eau concentrée de laurier-cerise coûtera presque certainement la vie à un lapin si elle parvient dans son estomac, mais si elle est injectée dans la veine jugulaire, on n'observe aucun changement, l'animal reste vif et en bonne santé.

401 – **L'administration par voie orale aux animaux** nous enseignerait-elle donc quelque chose de précis sur les effets des médicaments ? Absolument pas ! Leur organisme est tellement différent du nôtre ! Le cochon supporte sans dom-

mage une grande quantité de noix vomique, alors que 15 grains suffisent parfois pour tuer une personne. Un chien a supporté une once de feuilles fraîches, de fleurs et de graines d'aconit, mais quel homme n'en mourrait pas ? Les chevaux en mangent les feuilles sèches sans aucun dommage. Bien que les feuilles d'if soient mortelles pour l'homme, certains animaux domestiques engraissent en les mangeant. Comment est-il possible de tirer des conclusions en comparant les effets des médicaments sur l'animal et sur l'homme, alors même qu'ils sont souvent si différents parmi les animaux ? On a observé que l'estomac d'un loup tué par l'aconit était irrité, mais pas celui d'un grand chat ni celui d'un petit, bien qu'ils aient été tués par la même substance. Que peut-on en tirer comme conclusion ? Certainement pas grand-chose, pour ne pas dire rien. Du moins il est certain qu'on ne peut pas connaître chez les animaux les menus changements et sensations internes que l'homme exprime par la parole.

Il est certes possible de vérifier si une substance a des effets très violents ou dangereux (par des expériences sur plusieurs animaux à la fois) en faisant des observations générales ; on obtient des faits perceptibles aux sens, des résultats généraux manifestes sur les mouvements des membres, la température du corps, l'évacuation par l'ouverture du haut ou du bas, etc., mais on n'obtiendra jamais un ensemble cohérent et décisif qui pourrait avoir une influence sur l'appréciation de la véritable vertu curative de la substance chez l'homme. Pour cela, ces essais sont trop obscurs, trop grossiers et, si je puis m'exprimer ainsi, trop rustres.

L'insuccès de ces recherches a nécessairement conduit le systématicien de la pharmacologie à suivre une autre voie qui lui semblait plus sûre. Il se tourna vers les substances médicinales elles-mêmes, pensant y trouver des signes qui pourraient le guider. Il négligea cependant le fait que leurs **signes physiques extérieurs** sont parfois très trompeurs, aussi trompeurs que la physionomie quand on veut deviner les pensées intimes.

403 – Les *lurida* ne sont pas toujours toxiques, loin s'en faut, et les couleurs agréables des plantes ne prouvent pas non plus toujours leur innocuité. De même, les propriétés spécifiques des drogues qu'on peut juger à leur odeur et à leur goût ne permettent pas de tirer des conclusions sûres pour les substances qui n'ont pas encore été expérimentées. Si, pour d'autres raisons, je ne veux pas contester à ces deux sens leur utilité pour confirmer des vertus curatives connues par ailleurs ou supposées connues, je recommande la plus grande prudence à ceux qui veulent porter un jugement uniquement par ces deux sens. Si le principe amer est censé fortifier l'estomac, pourquoi la squille l'affaiblit-il ? Si les substances aromatiques amères sont supposées échauffer, pourquoi le romarin sauvage diminue-t-il si fortement la chaleur vitale ? Si seuls les végétaux que le vitriol vert colore sont censés être astringents, pourquoi la nature fortement astringente des coings, nèfles, etc., ne donne-t-elle pas une coloration ?

404 – Si le goût astringent est censé signaler un fortifiant, pourquoi le vitriol blanc provoque-t-il des vomissements ? Si les acides sont antiputrides, pourquoi l'arsenic provoque-t-il la putréfaction si rapide de l'organisme en cas d'intoxication ? L'élément sucré du sucre de Saturne serait-il également nutritif ? Les huiles essentielles et les substances brûlant la langue échauffent aussi le sang ; pourquoi l'éther, le camphre, l'huile de cajeput, l'essence de menthe et l'huile essentielle des amandes amères et du laurier-cerise font-ils le contraire ? Si l'on s'attend à une odeur répugnante chez les

plantes toxiques, pourquoi est-elle si insignifiante chez l'aconit, la belladone et la digitale, si imperceptible chez la noix vomique, la gomme-gutte ? Si l'on s'attend à un goût répugnant chez les plantes toxiques, pourquoi la sève si rapidement mortelle de la racine de *Jatropha manihot* est-elle seulement douceâtre et même pas forte ? Si les huiles grasses pressées sont souvent émollientes, peut-on en conclure qu'elles le sont toutes, même l'huile inflammatoire pressée des graines de *Jatropha curcas* ? Si les substances qui n'ont ni odeur ni goût sont censées être sans vertu curative, qu'en est-il de l'ipécacuanha, du tartre émétique, du venin de vipère, de l'air méphitique et de la puissante racine de Lopez ? Qui voudra voir dans la bryone un aliment pour la simple raison qu'elle contient beaucoup de fécule ?

405 – Peut-être **la parenté botanique** permet-elle de tirer des conclusions sûres quant à la similitude des effets ? Elle ne le permet pas davantage, car il y a beaucoup d'exceptions de forces contraires ou très divergentes au sein d'une seule famille de plantes ; et il en va de même pour la plupart des familles. Prenons comme base **le système naturel le plus complet**, à savoir celui de Murray.

406 – Dans la famille des conifères, l'écorce interne du **pin sylvestre** (*Pinus sylvestris*) fournit aux peuples les plus septentrionaux une sorte de pain, alors que l'écorce de l'**if** (*Taxus baccata*) est mortelle. Comment se fait-il que la **camomille** (*Anthemis pyrethrum*) avec sa racine brûlante et la **laitue vireuse** (*Lactuca virosa*) qui refroidit mortellement, que le **séneçon vulgaire** (*Senecio vulgaris*) qui provoque des vomissements, que la douce **scorsonère**, que le **gnaphale** (*Gnaphalium arenarium*) ainsi que l'héroïque **arnica** (*Arnica montana*) appartiennent à la même famille des composées ? Le **turbith** (*Globularia alypum*) purgatif a-t-il quelque chose

en commun avec la **statice** dénuée de force, tous deux dans la famille des *Aggregatae* ? Peut-on attendre de la **berle** (*Sium siarum*) et de la racine toxique de l'**œnanthe** (*Œnanthe*) ou de la **ciguë d'eau** (*Cicuta virosa*) une action similaire, parce qu'elles appartiennent toutes à la famille des ombellifères ? Dans la famille des *Hederaceae*, le **lierre grimpant** (*Hedera helix*), loin d'être inoffensif, ressemble-t-il à la **vigne vinifère** (*Vitis vinifera*) en dehors de son aspect extérieur ? Comment le **fragon** (*Ruscus*) dénué de vigueur peut-il appartenir à la même famille des *Sarmentaceae* que la **coque du Levant** (*Menispermum cocculus*) stupéfiante, la **sarrazine** (*Aristolochia*) excitante et l'**oreille d'homme** (*Asarum europaeum*) ? Peut-on s'attendre à une action similaire du **gratteron** (*Galium aparine*) et de la *Spigelia marylaudica* qui est souvent mortelle, parce qu'ils appartiennent tous deux à la famille des *Stellatae* ? Quelle similitude d'action trouve-t-on entre le melon (*Cucumis melo*) et la **momordique** (*Momordica elaterium*), qui appartiennent l'un et l'autre à la famille des cucurbitacées ? Passons à la famille des solanacées : comment l'insipide **bouillon blanc** (*Verbascum thapsus*) peut-il aller de pair avec le brûlant **piment des jardins** (*Capsicum annuum*), ou le **tabac** qui contracte les premières voies avec la **noix vomique** (*Strychnos nux vomica*) qui ralentit les mouvements naturels de l'intestin ? Comment placer dans la famille des *Contortae* la **pervenche** (*Vinca pervinca*) non médicinale à côté du **laurier-rose** (*Nerium oleander*) stupéfiant ? L'aqueuse **herbe aux écus** (*Lysimachia numularia*) agit-elle de la même manière que le **trèfle d'eau** (*Menyantes trifoliata*), le **coucou** (*Primula veris*) dénué de force a-t-il le même effet que le drastique **cyclamen** (*Cyclamen europaeum*) dans la famille des *Rotaceae* ? Peut-on déduire, à partir des propriétés du **raisin d'ours** (*Arbutus uva ursi*), qui fortifie les voies urinaires, celles du **rhododendron** (*Rhododendron chrysanthum*), échauffant et stupéfiant, dans la famille des bicornes ?

408 – Y a-t-il un seul élément comparable entre la **prunelle commune** (*Prunella vulgaris*) à peine astringente, l'inoffensive **bugle pyramidale** (*Ajuga pyramidalis*), la **germandrée maritime** (*Teucrium marum*) éthérée et l'ardent **origan** (*Origanum creticum*), alors que tous appartiennent à la famille des *Verticillatae* ? En quoi les vertus de la **verveine officinale** (*Verbena officinalis*) ressemblent-elles à celles de la violente **gratiole officinale** (*Gratiola officinalis*) au sein de la famille des *Personatae* ? Comme l'action de la **glycérie** est différente de celle de la **geoffroya**, bien qu'elles appartiennent toutes les deux à la famille des papilionacées ! Comment établir un parallèle entre les propriétés du **caroubier** (*Ceratonia siliqua*) et celles de la **fumeterre officinale** (*Fumaria officinalis*), du **polygala de Virginie** (*Polygala senega*) ou du **myroxyle du Pérou** (*Myroxylon peruiferum*), alors qu'ils appartiennent tous à la famille des *Lomentaceae* ? Peut-on dire que les vertus de la **nigelle cultivée** (*Nigella sativa*) et de la **rue fétide** (*Ruta graveolens*), de la **pivoine** (*Paeonia officinalis*) et de la **renoncule scélérate** (*Ranunculus sceleraus*) sont similaires, bien qu'elles appartiennent toutes à la famille des *Multisiliquae* ? La **spirée filipendule** (*Spiraca filipendula*) et la **tormentille droite** (*Tormentilla erecta*) sont réunies dans la famille des *Senticosae*, et pourtant, comme leurs propriétés se ressemblent peu ! Le **groseillier sauvage** (*Ribes rubrum*) et le **laurier-cerise** (*Prunus laurocerasus*), le **sorbier des oiseleurs** (*Sorbus aucuparia*) et le **pêcher** (*Amygdalus persica*) : comme leurs vertus sont différentes et pourtant ils appartiennent tous à la famille des *Pomaceae* ! La famille des *Succulentae* rassemble l'**orpin brûlant** (*Sedum âcre*) et le **pourpier** (*Portulaca oleracea*), mais assurément pas

pour leurs effets similaires ! Comment se fait-il que le **géranium sauvage**, le **lin purgatif** (*Linum catharticum*), la **surelle** (*Oxalis acetosella*) et le **quassia** (*Quassia amara*) appartiennent à la même famille ? Certainement pas en raison de leurs vertus. Comme les vertus médicinales sont différentes au sein de la famille des *Ascyroïdeae*, des *Dumosae* et des *Trihilatae* !

410 – Dans la famille des *Tricoccae*, qu'y a-t-il de commun entre l'**euphorbe** (*Euphorbia officinalis*) et le **buis** (*Buxus sempervirens*) qui n'est pas sans intérêt pour les nerfs ? L'insipide **turquette** (*Hernaria glabra*), le piquant **raisin d'Amérique** (*Phytolacca decandra*), la rafraîchissante **ansérine** (*Chenopodium ambrosioides*) et l'irritant **poivre d'eau** (*Polygonum hydropiper*) : quelle diversité dans la famille des *Oleraceae* ! Comme l'action des *Scabridae* est différente ! Que viennent faire le **lis blanc** (*Lilium candidum*), mucilagineux et doux, à côté de l'**ail** (*Allium sativum*) ou de la **scille maritime** (*Scilla maritima*), l'**asperge** (*Asparagus officinalis*) à côté de l'**ellébore blanc** (*Veratrum album*) toxique, au sein de la famille des liliacées ?

411 – Je n'ai nullement l'intention d'ignorer les nombreuses et importantes indications que le système naturel peut donner au pharmacologue-philosophe qui a la vocation de découvrir de nouveaux médicaments. Mais ces indications ne servent qu'à confirmer et à commenter des faits déjà connus ou, dans le cas de plantes non encore étudiées, à formuler des suppositions ou des hypothèses qui sont encore très éloignées d'une éventuelle certitude.

Comment pourrait-on espérer une similitude générale d'action au sein des groupes de plantes qui souvent n'ont été réunies qu'en fonction de caractères extérieurs communs dans ce qu'on appelle le système naturel, puisque même des végétaux d'une parenté bien plus étroite, à savoir **des plantes d'un seul et même genre**, ont parfois une action médicinale si différente ? Citons pour exemple les espèces des genres *Impatiens*, *Serapias*, *Cytisus*, *Ranunculus*, *Calamus*, *Hibiscus*, *Prunus*, *Sedum*, *Cassia*, *Polygonum*, *Convallaria*, *Linum*, *Rhus*, *Seseli*, *Coriandrum*, *Aethusa*, *Sium*, *Angelica*, *Chenopodium*, *Asclepias*, *Solanum*, *Lolium*, *Allium*, *Rhamnus*, *Amygdalus*, *Rubus*, *Delphinium*, *Sisymbrium*, *Polygala*, *Teucrium*, *Vaccinium*, *Cucumis*, *Apium*, *Pimpinella*, *Anethum*, *Scandix*, *Valeriana*, *Anthemis*, *Artemisia*, *Centaurea*, *Juniperus*, *Brassica*. Quelle différence entre le peu savoureux **bolet ignare** (*Boletus igniarius*) et le **bolet larice** (*Boletus laricis*) amer et drastique, entre l'**agaric délicieux** (*Agaricus deliciosus*) et la **fausse oronge** (*Agaricus muscarius*), entre le filandreux **lichen saxatile** (*Lichen saxatilis*) et le vigoureux **lichen d'Islande** (*Lichen islandicus*) !

412 – J'admets volontiers qu'une similitude d'action se rencontre généralement bien plus souvent parmi les espèces d'un même genre qu'entre des ordres entiers réunis par groupes dans le système naturel, et qu'on peut conclure à une similitude bien plus grande au niveau des espèces. Ma conviction me pousse néanmoins à souligner que, même s'il existait un nombre important d'ordres dont les espèces auraient en commun une grande similitude d'action, les quelques plantes qui agissent de manière très différente devraient nous rendre méfiants à l'égard de cette façon de conclure, car il en va ici de la cause la plus importante et la plus délicate pour l'homme, à savoir sa santé, et non d'un essai de laboratoire.

413 – Cette méthode-là n'est donc pas non plus le principe sûr qui permet de découvrir les vertus médicinales des plantes.

Il ne reste pas d'autre ressource que les **expériences** sur le corps humain. Mais quelles expériences ? Celles qui procèdent du **hasard** ou celles qui sont fondées sur un **principe rationnel** ?

414 – La plupart des vertus des substances médicinales ont été découvertes **grâce à des expériences empiriques approximatives, par hasard** – je le confesse humblement – et ce sont souvent des non-médecins qui les ont observés les premiers. Puis, peu à peu, des médecins audacieux, souvent trop audacieux, les ont expérimentées.

Je n'ai pas l'intention de contester la grande valeur de cette démarche qui a permis de découvrir tant de vertus médicinales ; les faits parlent d'eux-mêmes. Quant à nous, nous ne pouvons rien faire ; le hasard exclut tout dessein, tout travail personnel. Et il est regrettable que l'art le plus noble, le plus indispensable dépende de l'approximatif, ce qui suppose toujours que de nombreuses vies humaines soient mises en danger. Le hasard de telles découvertes suffit-il à parfaire la pharmacologie, à combler les lacunes ? D'année en année, nous découvrons de nouvelles maladies, de nouvelles évolutions et de nouvelles complications d'affections, de nouveaux états pathologiques. Si nous ne disposons pas d'autre méthode que le hasard pour découvrir les remèdes, nous n'avons plus qu'à traiter les maladies avec des remèdes généraux (souvent, je préférerais n'en utiliser **aucun**) ou avec ceux qui ont semblé efficaces pour des maladies ou des états pathologiques apparemment similaires. Toutefois, nous manquons souvent notre objectif, car une chose transformée n'est plus la même. C'est avec tristesse que nous regardons vers les siècles à venir, car c'est le hasard qui fera **peut-être** découvrir un médicament spécifique pour telle maladie particulière, telle évolution particulière d'une maladie, telle circonstance particulière, comme l'écorce du

Pérou pour la vraie fièvre intermittente ou le mercure pour la syphilis.

415 – Que la science la plus importante s'édifie sur une base si précaire – tout comme la rencontre des atomes épicuriens a donné naissance au monde – ne pouvait être la volonté de l'architecte de l'univers si sage et si bon. Il serait en effet humiliant pour le noble genre humain que sa survie dépende uniquement du hasard. Non ! Il est réconfortant de penser que pour chaque maladie spécifique, pour chaque état pathologique caractéristique, il existe des remèdes spécifiques qui agissent directement, ainsi que des moyens **intentionnels** de les découvrir.

416 – Quand je parle de la **découverte intentionnelle des vertus médicinales qui nous manquent encore**, je ne pense pas à ces essais empiriques habituellement pratiqués dans les hôpitaux dans certains cas graves, qui n'ont souvent même pas été observés consciencieusement et pour lesquels les remèdes connus ne sont d'aucun secours. Dans ces cas, on a recours à une drogue qui n'a pas été expérimentée, ou du moins pas dans ce cas, en se laissant guider par le hasard et l'arbitraire ou alors par des suppositions qu'on n'est capable d'expliquer ni à soi ni aux autres. De telles entreprises hasardeuses et empiriques sont – en termes indulgents – des coups de dés absurdes si ce n'est pire encore.

Je ne parlerai pas non plus ici des essais un peu plus rationnels pratiqués empiriquement ici et là sur tel ou tel état pathologique avec des remèdes que l'on recommande sans les avoir expérimentés, ni dans les cabinets privés, ni dans les hôpitaux. Il est vrai que ces essais mettent quelquefois en péril la santé et la vie des patients si l'on ne procède pas dans le respect de certains principes de l'art médical, mais la circonspection et le génie pratique du médecin peuvent aplanir en grande partie les difficultés de ces entreprises semi-empiriques.

417 – Nous avons déjà un grand nombre de médicaments dont nous voyons bien qu'ils sont efficaces, sans connaître exactement le genre de maladie qu'ils sont susceptibles de guérir, et d'autres encore qui ont été tantôt efficaces et tantôt non et dont nous ne savons pas encore exactement contre quelle maladie les utiliser ; il ne devrait donc pas être nécessaire pour le moment d'augmenter le nombre de médicaments. Nous pouvons très vraisemblablement trouver dans ceux que nous possédons déjà toute l'aide (ou presque) dont nous avons besoin.

418 – Mais avant de poursuivre, je dois avouer pour ma défense que je n'attends de remède universel et spécifique pour aucune maladie quelle qu'elle soit, avec toutes ses évolutions possibles, ses troubles accessoires et ses variations, qu'on a tendance à inclure incidemment dans le caractère pathologique essentiel comme autant d'éléments pertinents inaliénables. Et je doute même qu'un tel médicament puisse exister. Le caractère simple et sans équivoque des fièvres intermittentes et de la maladie vénérienne a permis de trouver des antidotes considérés comme spécifiques par beaucoup de médecins, puisque les variations de ces maladies sont généralement bien plus rares et plus insignifiantes que dans d'autres, et que par conséquent l'écorce du Pérou et le mercure ont forcément un effet plus positif que négatif. Toutefois, l'écorce n'est pas davantage spécifique à la fièvre intermittente au sens le plus large, que le mercure ne l'est à la maladie vénérienne au sens le plus large ; mais ils sont probablement spécifiques à ces deux maladies si on les considère sous leur aspect simple et pur, en faisant abstraction de toute complication. Nos grands et éminents observateurs de

ces maladies ont suffisamment compris cette vérité pour que je n'aie pas à m'étendre davantage sur ce sujet.

419 – Or, si je conteste inconditionnellement l'existence de médicaments spécifiques absolus pour différentes maladies selon l'intensité que leur assigne la pathologie ordinaire, je suis par ailleurs convaincu qu'il y a autant de remèdes spécifiques que d'états différents de chaque maladie, c'est-à-dire des remèdes spécifiques pour la maladie simple et des remèdes particuliers pour leurs variantes et d'autres états pathologiques de l'organisme.

Si je ne me trompe pas, la pharmacologie pratique suivait habituellement trois voies pour choisir les remèdes en fonction des affections du corps humain.

422 – La **première voie**, qui consistait à **éliminer ou à détruire les causes fondamentales des maux**, était la plus noble qu'elle pût emprunter. Toutes les pensées des meilleurs médecins de tous les temps tendaient vers ce but, le plus digne de l'art médical. Leurs efforts se limitaient cependant toujours, si vous me permettez une expression alchimique, au domaine de la particule ; jamais ils n'atteignirent la pierre philosophale, la connaissance des causes fondamentales de toute maladie. La plupart de ces dernières resteront à tout jamais inaccessibles à la faiblesse humaine. Toutefois, on a réuni dans la thérapeutique générale la quintessence de l'expérience de tous les temps. C'est ainsi qu'en cas de crampes d'estomac prolongées, on soignait d'abord la faiblesse générale du corps, on venait à bout des crampes provoquées par le ver solitaire en tuant l'animal, on chassait la fièvre provoquée par le contenu altéré de l'estomac au moyen de vomitifs puissants, en cas de refroidissement on rétablissait l'exsudation entravée et on excisait l'abcès provoquant la fièvre septique. Cet objectif reste au-dessus de toute critique, même si les moyens pour

y parvenir n'ont pas toujours été les mieux adaptés. Je laisse pour l'instant cette voie royale de côté pour m'intéresser aux deux autres façons d'utiliser des médicaments.

423 – Dans la **deuxième voie**, on cherchait à supprimer les symptômes existants par des **médicaments qui produisent un effet contraire**, par exemple la constipation par des purgatifs, une inflammation du sang par des saignées, par le froid ou le salpêtre, l'acidité gastrique par des agents alcalins, les douleurs par le jus de pavot. Dans les maladies aiguës, la nature reprend généralement le dessus toute seule à condition que nous parvenions à écarter les obstacles à la guérison pendant quelques jours sans quoi, si nous n'y parvenons pas, la nature est vaincue ; dans les maladies aiguës, disais-je, cette utilisation des médicaments est bonne, opportune et suffisante, tant que nous ne possédons pas encore la pierre philosophale mentionnée ci-dessus (la connaissance de la cause fondamentale de chaque maladie et la façon d'y remédier), ou tant que nous n'avons pas un médicament spécifique d'action rapide qui empêcherait par exemple la contagion par la variole dès le tout début de la maladie. Dans ce cas, je parlerais de remèdes **temporaires**.

424 – Cependant, si la cause fondamentale de la maladie et son traitement direct sont évidents et que, malgré cela, nous combattions les symptômes uniquement avec des remèdes de cette deuxième catégorie, ou que nous combattions avec eux des maladies chroniques, alors cette méthode thérapeutique (qui consiste à combattre la maladie par des remèdes qui produisent un effet contraire) prend le nom de **palliative** et doit être rejetée. Elle ne soulage les maladies chroniques qu'à leur début. Par la suite, il faudra des doses plus fortes de ces remèdes qui sont incapables de guérir la maladie principale, et ils seront donc d'autant plus nocifs que la durée de leur

utilisation sera longue pour les raisons qui seront exposées plus loin.

Certes, je sais bien qu'on continue à soigner la tendance habituelle à la constipation par des remèdes actifs à base d'aloès et par des sels purgatifs ; mais avec quel piètre résultat ! Je sais bien qu'on s'efforce toujours de soulager les congestions chroniques chez les personnes hystériques, cachectiques et hypocondriaques par des saignées répétées bien que petites, par la poudre de salpêtre, etc. ; mais avec quel piètre résultat ! On conseille encore aux sédentaires de prendre continuellement du sel d'Epsom contre leurs troubles gastriques chroniques accompagnés de renvois aigres ; mais avec quel piètre résultat ! On combat encore les douleurs chroniques de toutes sortes par la prise répétée de remèdes à base de jus de pavot ; mais avec quel piètre résultat ! Et même si la majorité de mes confrères contemporains continuaient à vouloir utiliser cette méthode, je ne craindrais pas un seul instant de la qualifier de palliative, de nocive et de néfaste.

425 – J'engage mes confrères à abandonner cette voie (*contraria contrariis*) pour traiter les maladies chroniques ou les maladies aiguës en train de devenir chroniques ; cette voie n'est pas la bonne, c'est un chemin sans issue, on s'y fourvoie comme dans un bois obscur. L'empiriste orgueilleux le prend pour une grande route bien tracée, et il se rengorge du triste pouvoir de soulager le malade pendant quelques heures, sans se soucier du fait que le mal s'enracine plus profondément sous cette fausse apparence.

426 – Mais je suis loin d'être le seul à lancer ces avertissements. Dans le cas de maladies chroniques et de maladies aiguës dégénérant en maladies chroniques, des médecins plus compétents, plus raisonnables et plus consciencieux ont recouru (en empruntant une **troisième voie**) à des remèdes

qui ne devaient pas cacher les symptômes, mais guérir le mal en profondeur, en un mot des **médicaments spécifiques**. Les efforts de ces médecins sont les plus souhaitables et les plus louables qu'on puisse imaginer ! C'est ainsi qu'en essayant par exemple l'arnica contre la dysenterie, on constata qu'elle était spécifiquement utile dans certains cas.

Mais qui les a guidés, quelles raisons les ont amenés à essayer ces remèdes ? Hélas ! Il ne s'agissait que de jeux de hasard empiriques, de pratiques domestiques, de coïncidences qui avaient permis de découvrir que ces substances étaient plus ou moins utiles pour l'une ou l'autre maladie, souvent dans des combinaisons particulières passées inaperçues et qui ne se reproduiraient peut-être jamais, parfois aussi pour des maladies sans complications.

Il serait certes dommage que seuls le hasard et l'à-propos empirique nous guident dans la découverte et l'utilisation des médicaments combattant les maladies chroniques, sans doute parmi les plus nombreuses des affections humaines.

427 – Pour étudier les effets des remèdes dans le but de les adapter aux troubles physiques, on devrait éviter de se fier au hasard et tenter plutôt de procéder de manière rationnelle et méthodique. Nous avons vu que pour atteindre cet objectif le concours de la chimie laisse encore à désirer et qu'elle doit être consultée avec circonspection, que les analogies observées entre les familles de plantes au sein du système naturel et entre les espèces d'une même famille ne donnent que des indications vagues, que les propriétés physiques des substances médicinales ne nous apprennent que des généralités limitées par beaucoup d'exceptions, que les modifications du sang recueilli par saignée ne nous renseignent pas sur les altérations produites par son mélange avec des médicaments, et que l'injection de ces médicaments dans les veines des animaux, ainsi que les succès

obtenus après leur avoir administré le médicament à l'essai, sont des méthodes beaucoup trop imprécises pour qu'un jugement puisse être porté sur les effet subtils des remèdes.

428 – **Il ne nous reste qu'à expérimenter directement sur le corps humain les médicaments que nous voulons étudier.** C'est une nécessité qui a été comprise de tout temps, mais on a généralement fait fausse route en ne les utilisant que de façon empirique et fortuite comme nous l'avons mentionné ci-dessus. Or, la réaction du malade à un médicament qui n'a pas encore été essayé ou qu'on ne connaît pas suffisamment présente des phénomènes si complexes qu'il est difficile pour le médecin le plus perspicace de porter un jugement. Le remède ne produit aucun résultat ou alors une aggravation, une modification, une amélioration, la guérison, la mort, sans que l'homme à l'esprit pratique le plus génial soit en mesure de deviner quelle part attribuer au corps malade ou au médicament (la dose était-elle trop élevée, moyenne ou trop faible ?). Ces expériences ne nous apprennent rien et nous incitent à émettre de fausses hypothèses. Les médecins taisaient les conséquences néfastes de leurs traitements et ne mentionnaient que le nom de la maladie (qu'ils confondaient souvent avec une autre), pour laquelle tel ou tel remède semblait avoir été efficace. C'est ainsi que l'on vit apparaître les ouvrages inutiles et nuisibles des **Schröder**, **Rutty**, **Zorn**, **Chomel**, **Pomet** et d'autres, dont les épais volumes contiennent une quantité énorme de médicaments, la plupart du temps inefficaces, chacun d'entre eux étant supposé avoir guéri complètement telle maladie précise et encore dix ou vingt autres.

429 – Pour le vrai médecin qui prend à cœur la perfection de son art, seules comptent les informations suivantes sur les médicaments :

Premièrement, **quelle est l'action pure que telle ou telle dose exerce sur le corps humain en bonne santé ?**

430 – Deuxièmement, **qu'apprenons-nous en observant son action dans telle ou telle maladie, simple ou complexe ?**

Ce dernier objectif est en partie atteint dans les écrits pratiques des meilleurs observateurs de tous les temps, en particulier ceux des époques récentes. Ces écrits contiennent en ordre dispersé l'ensemble, jusqu'à présent unique, des vraies connaissances des vertus médicinales des remèdes. Les drogues les plus simples ont été expérimentées dans des cas décrits avec précision. Ces textes expliquent où et comment elles ont été salutaires, nocives ou moins utiles. (Plût à Dieu que leur nombre ne fût pas aussi restreint !)

Mais comme ces récits se contredisent fréquemment – dans un cas précis, l'un rejette ce que l'autre prétend avoir trouvé excellent dans un cas similaire –, nous nous rendons bien compte qu'il nous manque encore une norme qui pourrait nous être donnée par la nature et qui nous permettrait d'évaluer le bien-fondé de leurs expériences et d'en mesurer l'exactitude.

431 – Cette norme, me semble-t-il, peut être déduite uniquement à partir des effets qu'une substance médicinale donnée a produits à telle ou telle dose sur le corps humain en bonne santé.

C'est ici qu'il faut classer les récits de substances médicinales ou de poisons avalés par imprudence ou ignorance, et de substances qu'on a essayées en les prenant soi-même ou en les administrant à dessein à des volontaires en bonne santé, à des grands criminels, etc. Il faut aussi intégrer les récits de substances impropres, très actives ou prises à des doses élevées, utilisées comme remèdes de bonne femme ou comme remèdes pour soigner des maladies bénignes ou faciles à diagnostiquer.

Un recueil complet de ce genre d'informations, avec mention de la crédibilité de leurs auteurs, serait, sauf erreur de ma part, le codex de base de la pharmacologie, le livre saint de sa révélation.

432 – Seules ces informations permettent de découvrir **rationnellement** la véritable nature, l'action réelle des substances médicinales. À partir d'elles, on peut imaginer dans quels cas elles doivent être utilisées avec succès et en toute sécurité.

Mais puisque de toute évidence il nous manque encore une clé, je suis heureux d'exposer ici le principe selon lequel on pourrait procéder pour combler les lacunes de la thérapeutique et pour la perfectionner, ainsi que pour découvrir progressivement, dans l'arsenal des médicaments connus (ou inconnus) à ce jour, un remède spécifique adéquat pour chaque affection, surtout chronique, **en fonction des causes**, et l'administrer en fonction de ces causes. Ce principe repose à peu près sur ceci :

433 – **Tout médicament efficace provoque dans le corps humain un genre de maladie particulière qui est d'autant plus caractéristique, marquée et violente que le médicament est plus efficace.**

Imitons la nature qui guérit parfois une maladie chronique par une autre qui vient s'y ajouter, et **utilisons pour la maladie à guérir** (surtout chronique) **le médicament qui est à même de provoquer une autre maladie artificielle, la plus semblable possible**, et la première sera guérie ; *similia similibus*.

434 – Il suffira de connaître d'un côté les caractéristiques essentielles et la nature fortuite des maladies du corps

humain et de l'autre l'action isolée des médicaments, à savoir les caractères essentiels et les symptômes de la maladie artificielle spécifique qu'ils provoquent généralement en fonction de la dose, de la forme, etc. On pourra ainsi guérir les maladies les plus graves, à condition de choisir pour la maladie naturelle donnée un remède qui provoque une maladie artificielle la plus semblable possible.

435 – Ce principe, je l'avoue, ressemble tellement à une formule stérile, analytique et générale, que je m'empresse de l'expliquer en procédant par synthèse. Voici d'abord quelques rappels :

I. La plupart des médicaments ont plus d'une seule action, à savoir une action initiale **directe** qui évolue peu à peu vers une seconde action (que j'appelle action ultérieure **indirecte**). Cette dernière produit généralement un état opposé au premier. C'est ainsi qu'agissent la plupart des végétaux.

436 – II. Seuls quelques médicaments font exception à cette règle et continuent à exercer leur action initiale de façon ininterrompue mais homogène, quoique à un degré de plus en plus faible, jusqu'au moment où l'action n'est plus perçue et où la santé est rétablie. Il en est ainsi des médicaments métalliques (et peut-être d'autres remèdes minéraux ?) comme l'arsenic, le mercure et le plomb.

437 – III. Lorsque, dans le cas d'une maladie chronique, on choisit un remède dont l'action principale initiale directe lui est très proche, l'action ultérieure indirecte est alors parfois précisément cette disposition physique que l'on cherche à obtenir chez le malade. Mais l'action ultérieure peut aussi provoquer une indisposition pendant quelques heures, rarement quelques jours, surtout en cas d'erreur de dosage. Une dose quelque peu élevée de suc de jusquiame produit une sensation de grande anxiété comme effet ultérieur ; cette

indisposition ne disparaît parfois qu'après plusieurs heures. Si cet effet est gênant et s'il faut écourter sa durée, une petite dose de jus de pavot apporte une aide spécifique presque immédiate : l'anxiété a disparu. Certes, le jus de pavot n'agit ici que de manière contraire et palliative ; mais il suffit précisément d'un remède palliatif et temporaire pour supprimer définitivement un mal transitoire, comme c'est aussi le cas pour les maladies aiguës.

IV. La raison probable pour laquelle les remèdes palliatifs sont si nocifs dans les maladies chroniques, au point de les rendre plus tenaces, est qu'ils laissent derrière eux des effets ultérieurs similaires au mal principal après leur première action contraire aux symptômes.

438 – V. Plus l'action directe du médicament provoque des symptômes identiques à ceux de la maladie à guérir, plus la maladie artificielle se rapprochera de la maladie à supprimer et plus on sera certain d'un bon résultat.

VI. Puisqu'on peut pratiquement considérer comme un axiome le fait que les symptômes de l'action ultérieure sont exactement contraires à ceux de l'action directe, il est permis à un maître de l'art, dans les cas où les informations sur les symptômes de l'action directe sont lacunaires, de compléter ces informations manquantes par déduction, c'est-à-dire par le contraire des symptômes de l'action ultérieure, et de considérer le résultat uniquement comme une contribution et non comme la base de ses décisions.

439 – Après ces remarques préliminaires, je poursuivrai en étayant par des exemples mon principe selon lequel, **pour découvrir les véritables vertus curatives d'un médicament dans les maladies chroniques, il faut tenir compte de la maladie artificielle spécifique qu'il provoque généralement dans l'organisme. Il faut ensuite le faire corres-**

pondre à un état pathologique très similaire qu'il s'agit de supprimer.

Ainsi sera mis en évidence le principe très semblable selon lequel **il faut chercher des médicaments qui provoquent habituellement une maladie similaire, voire très similaire, pour supprimer radicalement certaines maladies chroniques.**

CHRONOLOGIE ET PRINCIPALES PUBLICATIONS DU DOCTEUR HAHNEMANN

1755 : Naissance de Christian Friedrich Samuel Hahnemann, le 10 avril à Meissen en Saxe.

1775-1776 : Études de médecine à l'université de Leipzig.

1777 : Études de médecine clinique à l'université de Vienne.

1778 : Médecin personnel et bibliothécaire du baron von Brückenthal, gouverneur de Transylvanie, à Hermannstadt.

1779 : Doctorat de médecine à l'université d'Erlangen.

1780 : Médecin à Hettstedt.

1781 : Rencontre avec Henrietta Küchler, fille adoptive du pharmacien Häseler exerçant à Dessau.

1782-1784 : Médecin fonctionnaire municipal à Gommern et mariage avec Henrietta Küchler.
Les premières petites dissertations médicales
Guide pour guérir radicalement les plaies anciennes et les ulcères putrides

1784-1789 : Médecin de la prison de Dresde.
Sur l'empoisonnement par l'arsenic, son traitement et sa constatation du point de vue légal
Sur les difficultés de préparer l'alcali minéral par la potasse et le sel marin

Dissertation sur les préjugés contre le chauffage par le charbon de terre, la manière d'améliorer ce combustible et son utilisation pour le chauffage des fours
Les caractères de la pureté et de la falsification des médicaments
Sur un moyen très puissant d'arrêter la putréfaction
Sur la bile et les calculs biliaires
Sur les moyens de reconnaître le fer et le plomb dans le vin
De l'influence de quelques gaz sur la fermentation du vin
Découverte d'un nouveau principe constituant dans la plombagine
Essais malheureux de quelques prétendues découvertes modernes
Instruction pour les chirurgiens sur les maladies vénériennes, avec l'indication de quelques préparations mercurielles
Mode exact de préparation du mercure soluble
Un mot sur le principe astringent des végétaux

1789-1792 : Installation à Leipzig et abandon de l'exercice médical. Focalisation sur la recherche scientifique et découverte du principe de similitude.
Exposé complet de la manière de préparer le mercure soluble
Moyens de prévenir la salivation et les effets désastreux du mercure
Insolubilité de quelques métaux et de leurs oxydes dans l'ammoniaque caustique
Considération sur la méthode d'analyse du vin
Sur la préparation du sel de Glauber, d'après le procédé de Ballen
L'ami de la santé, 1re partie

1792-1793 : Directeur de l'asile d'aliénés de Gotha.
Dictionnaire de pharmacie (A-E)
Préparation du jaune de Cassel
Quelques mots sur la méthode d'analyser le vin

1793-1795 : Errance (Molschleben, Pyrmont).

1795-1796 : Formalisation du principe de similitude à Brunswick : « *Similia similibus curentur* ».
Essai sur un nouveau principe pour découvrir les vertus curatives des substances médicinales
Une chambre d'enfant
Sur les croûtes de lait
Dictionnaire de pharmacie (F-K)
L'ami de la santé, 2e partie
Du choix d'un médecin
Portrait de Klockenbring pendant sa folie
Manuel pour les mères

1796-1799 : Médecin à Königslutter.
Quelques mots sur la fève de Saint-Ignace
Une observation de mal de ventre guéri subitement
Les obstacles à la certitude et à la simplicité de la médecine pratique sont-ils insurmontables ?
De quelques espèces de fièvres continues et rémittentes
De quelques maladies périodiques à type hebdomadaire
Antidotes de quelques substances végétales héroïques

1799-1800 : Médecin à Hambourg-Altona – L'affaire de la scarlatine.

1800-1801 : Médecin à Mölln, Machern – L'affaire du borax.
Sur la puissance des petites doses
Guérison et prévention de la fièvre scarlatine
Réflexion sur les éléments de médecine de Brown
Réflexion sur les trois méthodes accréditées de traiter les maladies
Considération sur le corps médical au début du nouveau siècle

1801-1804 : Médecin à Eilenburg.
Des effets du café
Réflexion sur l'opportunité du remède recommandé dans le

Reichanzeiger (7 et 49) contre les suites de la morsure des chiens enragés

1804-1805 : Séjour à Dessau

1805-1811 : Médecin à Torgau et formalisation de la doctrine homéopathique avec la publication de l'*Organon de l'art de guérir.*

Fragmenta de viribus medicamentorum positivis sive in sano corpore humano observatis (*Observations partielles des effets positifs des médicaments étudiés sur l'homme sain.*)
Esculape dans la balance
Réflexion sur le succédané de china
Fièvre scarlatine et fièvre miliaire pourprée
Qu'est-ce qu'un poison ? Qu'est-ce qu'un remède ?
La médecine de l'expérience
Indication au sujet de l'emploi homéopathique des remèdes usités jusqu'à ce jour
Sur la pénurie actuelle des remèdes extra-européens
Sur les succédanés des remèdes étrangers
Remarques sur la fièvre scarlatine
Valeurs des systèmes spéculatifs en médecine
Lettre à un médecin de haut rang sur l'usage d'une réforme en médecine
Signe des temps dans la pharmacie ordinaire
Instruction au sujet de la fièvre régnante
Conseils à un aspirant au doctorat
Organon de l'art de guérir : 1re édition

1811-1821 : Médecin et professeur à Leipzig – Édification de la matière médicale homéopathique.
Matière médicale pure : 1re édition
Organon : 2e édition
Dissertation historique et médicale sur l'helléborisme des Anciens

1821-1828 : Médecin à Köthen - Formalisation du traitement des maladies chroniques.
Matière médicale pure : 2e édition
Organon : 3e édition
Doctrine et traitement homéopathique des maladies chroniques : 1re édition

1829 : Jubilé du docteur Hahnemann célébré le 10 août 1829 à Köthen.
Organon : 4e édition

1830 : Mort d'Henrietta Hahnemann célébrée le 31 mars 1830 à Köthen.

1831-1835 : Victoire contre l'épidémie de choléra de 1831 et approfondissement de la doctrine homéopathique.
Matière médicale pure : 3e édition
Organon : 5e édition
Dissertations sur le choléra
Doctrine et traitement homéopathique des maladies chroniques : 2e édition

1835 : Mariage avec Mélanie d'Hervilly-Gohier et départ pour Paris.

1835-1843 : Médecin à Paris.
Organon : préparation de la 6e édition

1843 : Mort du docteur Hahnemann, le 2 juillet 1843, à Paris.

Cet ouvrage a été composé par
IGS-CP à L'Isle-d'Espagnac
et achevé d'imprimer sur Roto-Page
par l'Imprimerie Floch à Mayenne
Dépôt légal : octobre 2010
N° d'édition : 1028/01
N° d'impression : 77783
Imprimé en France